PACT 총서 시리즈 III

과학기술로 여는 대한민국 내일

나경원이 묻고 31인이 답하다

김병필 · 김소영 · 김재완 · 김정호 · 류석영 · 문제일 · 박형순
배충식 · 백홍열 · 신성철 · 윤군진 · 이긍원 · 이우영 · 정태옥 · 조용훈 · 황일순

박영사

발간사PREFACE
위기의 대한민국, 기회와 희망의 대한민국으로

대한민국이 직면한 인구와 기후위기 그리고 기술패권시대를 맞은 글로벌 경쟁의 격랑 속에서 내일의 생존과 지속 가능한 번영을 걱정하는 많은 분들과 뜻을 모아 사단법인 인구와기후그리고내일(PACT)이 출범한 지 1년이 되었습니다. PACT는 '인구', '기후', '과학기술' 세 가지 주제와 관련하여 최고의 전문가들이 함께 정책대안을 연구, 개발하고 입법과 정책에 반영하는 비영리 최고 권위의 민간 싱크탱크를 지향해 나갈 것임을 선언하였습니다.

창립 이후 인구와 기후 그리고 과학기술의 미래 대응과 전략에 대한 8차례의 라운드테이블과 3차례의 포럼을 통하여 전문가들의 열띤 토론이 진행되었습니다. 이러한 결과를 토대로 31인의 전문가들이 PACT 창립 1주년에 맞춰 세 가지 주제에 관한 책자를 발간하기로 하고 지난 반년간의 집필 과정을 거쳐 드디어 세 권의 책을 동시에 발간하게 되었습니다.

책의 부제에서 알 수 있듯이 이사장인 제가 주제별 화두를 질문의 형태로 분야별 전문가에게 제시하였습니다. 인구 분야 9명, 기후 분야

2

7명, 과학기술 분야 16명의 전문가들이 다양한 주제들에 대하여 독자 누구나 쉽게 읽고 이해할 수 있도록 답을 내주었습니다.

미국에서는 전문가들로 구성된 헤리티지 재단과 같은 싱크탱크가 활발하게 입법, 정부 정책 과정에 참여하여 입법과 정책의 전문성과 타당성을 높이고 있습니다. 반면에 우리나라는 몇몇 국책 연구기관들을 제외하고는 비영리 민간법인의 형태로 제대로 된 싱크탱크를 찾기 어려운 안타까운 현실입니다. PACT는 이번 출간을 시작으로 입법, 정책 지향의 연구 성과물을 주기적으로 출간하여 우리 사회에 닥치는 여러 위기와 과제에 대한 진단과 해법을 제시해 나가고자 합니다.

세 가지 주제는 그 내용을 달리하지만 하나같이 대한민국의 오늘과 미래, 우리나라 국민 한 사람 한 사람의 삶과 직결된 사활적 이슈들입니다. 아울러 각 주제의 원인, 결과, 해법은 서로 긴밀하게 연결되어 있습니다. PACT가 한 가지 주제도 어려운데 세 가지 주제를 동시에 사단법인의 핵심 연구 분야로 야심차게 정한 이유이기도 합니다. 한정된 주제에 관한 연구 개발 대신 세 가지 주제를 상호 연결하여 종합적으로 다룸으로써 보다 체계적인 접근이 가능함을 향후 연구와 입법, 정책 대안 개발 활동을 통해 보여드리고자 합니다.

많은 사람들이 100년 후 대한민국의 존속과 인류 생존 터전인 지구의 지속성에 대해 의문을 표시하고 대응책 마련에 부심하고 있습니다. 사실 우리는 오늘의 대전환 없이 내일을 말할 수 없는 절박한 상황에 놓여 있습니다. 우리가 놓치고 있는 문제의 원인은 무엇이며, 원인에 대한 진단이 잘못되었다면 그 오진의 이유는 무엇인지 규명해 나가겠습니다. 천문학적인 투자에도 불구하고 왜 정책의 효과가 제한적인지, 그렇다면 어떤 패러다임의 전환이 필요한지 깊이 성찰하고 따져봐야 합니다. 우리가 겪고 있는 위기는 실존적 위기인 만큼 개개인의 자발적 결단뿐 아니라 세대와 세대, 개인과 사회 간의 사회적 협약 체결, 바람직한 행동의 유인 등 여러 접근의 조화로운 배합이 필요합니다. 실존적 위기 상황이 임계점에 이르러 속수무책으로 파국을 맞이하지 않도록 하는 총체적 노력이 필요함을 우리 사회에 일깨우고 그 해결 방향과 전략을 연구해 나가고자 합니다.

국민 개개인은 보호받거나 혜택을 받는 수동적인 자세에서 벗어나 적극적으로 문제를 해결하는 주체로 나서는 국민 이니셔티브가 필요합니다. PACT는 이러한 국민의 주도적 참여를 함양하는 데도 각별한 관심을 갖도록 하겠습니다.

우리는 지난 수천 년의 역사를 통하여 숱한 위기를 극복하고 오늘에 이르렀습니다. 우리 국민은 지금의 위기를 가장 대한민국다운 방식으로 헤쳐나가고, 오히려 기회로 바꾸어 나갈 수 있는 뛰어난 역량을 가지고 있습니다. 이를 위하여 국가 차원에서 인구와 기후 위기, 과학기술 경쟁의 격랑에서 지금 대전환 없이는 내일 살아남을 수 없다는 절박한 심정으로 철저한 패러다임 혁신이 필요함을 다시 한 번 강조합니다.

끝으로 각 분야에서 연구와 강의 등으로 촌음을 아껴 쓰고 계신 여러 분야의 전문가분들께서 이번 저술에 기꺼이 시간을 내어주신 데 깊이 감사드립니다. 좌장으로서 책임 집필자의 역할을 맡아주신 인구 분야의 최인 교수님, 기후 분야의 신각수 전 외교부 차관님, 과학기술 분야의 신성철 전 KAIST 총장님께 특별한 감사를 드립니다. 여러 전문가가 함께 하는 책의 집필은 다양하고 폭넓은 지식을 집약할 수 있다는 장점에도 불구하고, 집필 방향과 내용 그리고 일정에 대한 세심한 조율이 필요합니다. 이러한 어려움에도 세 분 좌장께서 열정적으로 나서주셔서 처음 목표한 일정에 맞춰 모든 작업을 마무리할 수 있었습니다.

앞으로 PACT는 구체적이고 실천적인 대안을 연구하고 개발하는 일에 더욱 힘을 쏟고자 합니다. 대한민국이 지속가능한 공동체가 되고 G7을 넘어 G5로 진입하기 위해 정책 입안, 사회적 여론 환기, 국민 공감 확대, 후진 양성 등에도 노력할 것입니다. PACT는 22대 국회에서 창립한 국회포럼 인구와기후그리고내일과의 협업을 통하여 그 사명과 역할을 보다 효과적으로 수행할 것으로 기대합니다.

이번 세 권의 책이 인구, 기후, 과학기술이라는 국가 과제에 대한 우리 사회의 이해를 높이고 절박함에 대한 인식을 새롭게 하며, 국가와 사회, 개인 차원에서 어떤 노력과 공조가 필요한지를 성찰하고 실행으로 이어지는 데 도움이 되길 기대합니다.

사단법인 인구와기후그리고내일(PACT) 이사장
국회의원 나경원

프롤로그 PROLOGUE

　70여 년 전 전쟁으로 참혹하게 폐허가 된 한국의 모습을 보고 "이 나라가 재건되기 위해서는 최소 100년은 걸릴 것이다."라는 것이 세계인들의 공통된 예측이었습니다. 그러나 대한민국은 1953년 국민소득 67 달러 세계 최빈국에서 2023년 국민소득 3만 2천 달러의 경이적 성장을 이룬 국가가 되었습니다. 유엔무역개발회의(UNCTAD)는 지난 2021년 한국을 개발도상국에서 선진국으로 만장일치로 격상하였습니다. 1964년 유엔무역개발회의 창설 이래 개발도상국에서 선진국으로 탈바꿈한 최초의 나라가 된 것입니다. 지구촌 많은 개도국들이 한국의 경이적 성장을 롤 모델로 삼으며 배우려 하고 있습니다. 우리나라가 단기간에 이룬 경이적 성장의 비결을 한마디로 요약하면 농업국가에서 산업국가로 비전을 가지고 과학기술 기반의 '빠른 추격자' 전략을 성공적으로 구현했기 때문입니다.

　선진국에 진입한 대한민국이 21세기 품어야 할 새로운 국가 비전은 '초일류 선도국' 구현이라고 생각합니다. 21세기 세계는, 국가의 생존과 안보와 번영이 과학기술 경쟁력에 좌우되는 기술패권시대를 맞이하고 있습니다. 기술패권시대의 특징은 '승자독식'입니다. 최고의 과학

6

기술을 보유한 국가와 기업이 세계 시장을 독식하는 것입니다. 그러므로 우리나라가 지금까지 이룬 경이적 성장을 발판으로 초일류 선도국으로 도약하기 위해서는 과학기술 강국 구현이 필요불가결합니다. 우리나라가 과학기술 강국이 되기 위해서는 지금까지 '빠른 추격자' 전략에서 '글로벌 선도자' 전략으로 탈바꿈하여야 합니다. 이를 성공적으로 구현하기 위해서는 범국가적인 정책이 시급히 마련되어야 합니다.

본 저서는 과학기술 강국 도약을 위한 글로벌 선도 전략을 위해 우리나라 대표적 과학기술인 16분의 미래 통찰과 정책 혜안을 문답 형식으로 담았습니다. 1장은 총론으로 기술패권시대 우리나라 현황을 진단하고, 초격차 기술 개발을 위한 과학기술 정책과 21세기 글로벌 선도국이 되기 위한 전략을 논하였습니다. 2장에서는 4차 산업혁명시대 국가의 핵심 산업인 반도체 산업의 글로벌 경쟁력 방안을 심도 있게 다루었습니다. 특히, 인공지능 반도체, 인공지능의 심장인 고대역폭 메모리(HBM), 반도체 관련 소재·부품·장비 연구개발의 글로벌 선도 전략과 더불어 우수 인력 양성 방안을 제시하였습니다. 3장에서는 발전 단가가 가장 저렴하며 탄소 중립을 실현할 수 있고 원자력 에너지의 안정성을 담보할 수 있는 한국형 소형모듈원자로(SMR)를 제안하였고, 아울러 사용후핵연료 관리 국가 정책을 논의하였습니다. 한편, 4장에서는 인공지능 기술 선도를 위한 국가 전략과 함께 인공지능 규제 주도권을 확보하기 위한 방안과 인공지능과 인간의 상호 공존 방안을 논의하였습니다.

5장에서는 정보통신 기술과 탄소중립 동력기술 발달로 기존의 자동차, 항공, 선박 등 수송수단이 친환경 기술융합으로 부상하고 있기에 미래 모빌리티 혁신을 준비하기 위한 전략을 다양하게 제시하였습니다. 6장에서는 디지털 기술을 대체할 게임 체인저로 각광을 받고 있는 양자 과학기술의 연구개발 현황을 살펴보고, 우리나라가 퀀텀 점프할 수 있는 가능성과 이를 위한 핵심인재 육성 방안을 다루었습니다. 7장에서는 인류 최대 난제인 기후변화와 에너지 위기를 타개하기 위한 과학기술 방안과 국가 정책을 제시하였습니다. 8장에서는 초고령화 시대 개인과 사회의 건강을 담보할 수 있는 첨단 바이오 연구 및 산업을 살펴보고, 특히 뇌연구 분야 및 바이오헬스 로봇분야의 국가전략을 중점적으로 논의하였습니다.

9장에서는 21세기 뉴스페이스 시대, 우주개발 연구의 당위성을 설명하고 천문학적 연구개발비가 요구되는 동 분야의 효과적 연구개발을 위한 국방－공공－민간 협업 전략과 전문 인력 양성 방안을 제시하였습니다. 10장에서는 국방과학기술 고도화를 통한 방산 수출국으로서 국가 경제와 위상을 제고하고, 나아가 북한의 군사 위협으로부터 국가 안보를 견고히 하는 방안을 논의하였습니다. 11장에서는 인구절벽 시대 과학기술인재 확보 및 육성을 위한 교육 방안 및 글로벌 우수인재 유치 방안을 제시하였습니다. 마지막으로, 12장에서는 지역 균형 발전을 위한 과학기술 정책을 제시하고, 한편 남북 통일시대를 대비한 통합적 과학기술 방안을 논의하였습니다.

아무쪼록 본 저서가 21세기 대한민국이 '과학기술 글로벌 선도자' 전략을 통해 초일류 선도국 비전이 이루어지길 염원하는 독자들에게 미래에 대한 통찰과 정책적 혜안을 주는 참고서가 되길 바랍니다.

2024년 8월

신성철

차례CONTENTS

과학기술로 여는
대한민국 내일

1

과학기술 강국
도약을 위한
글로벌 선도 전략

● ● ●

대한민국은 반세기만에 최빈국에서 선진국으로 전환한 세계 유일 국가로서 '빠른 추격자'에서 '글로벌 선도자'로 도약하기 위한 국가적 차원의 과학기술 혁신 정책은 무엇인가?

지금 세계는 4차 산업혁명으로 인해 국가의 생존과 번영이 과학기술 경쟁력에 좌우되는 기술패권시대를 맞이하고 있습니다. 기술패권시대 특징은 무엇이며 글로벌 상황이 어떠한가요?

신성철 세계사 흐름을 '패권' 관점에서 조명해 보면 19세기 말까지는 '패권국가시대'로 한 국가가 전 세계를 지배하겠다는 야망을 갖고 영토를 확장한 시대였습니다. 인류 역사 최초의 패권국가인 페르시아(BC 550년~BC 330년)를 시작으로 로마제국, 몽골제국, 대영제국이 있었습니다. 20세기 중반까지는 '군사패권시대'로 정치적 이념이 같은 국가들이 군사 동맹을 맺고 세계를 지배하려고 했지요. 이로 인해 인류는 1차, 2차 세계대전을 치러야 했고, 나아가 자유민주주의와 공산주의의 충돌로 한국 전쟁과 베트남 전쟁을 겪었습니다. 그 이후 미국 닉슨 대통령이 "한 국가의 정치적 문제 해결을 위해 군사적 개입을 하지 않겠다."는 일명 '닉슨 독트린(1969년)'을 천명하면서 동·서 진영 간의 냉전시대가 종식되고 데탕트 시대가 시작되었습니다. 1990년대 구소련 체제 붕괴 이후 세계화 바람과 함께 자국의 경제적 이익을 추구하는, '경제패권시대'가 도래하였습니다. 경제패권시대에는 국가 간 자유무역협정(FTA)을 확대하며 기축통화를 확보하는 것이 중요한데, 우리나라는 기축통화인 미국 달러를 제대로 확보하지 못해 지난 1997년 외환위기를

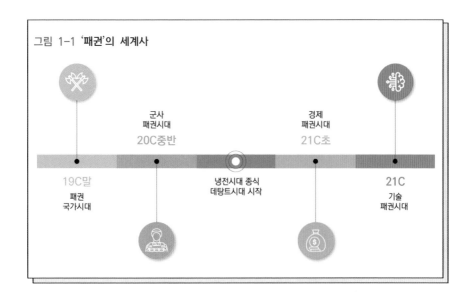

그림 1-1 '패권'의 세계사

군사
패권시대
20C중반

경제
패권시대
21C초

19C말
패권
국가시대

냉전시대 종식
데탕트시대 시작

21C
기술
패권시대

겪어야 했습니다.

　세계경제포럼(World Economic Forum: WEF) 클라우스 슈밥 회장은 지난 2016년 다보스포럼에서 "4차 산업혁명이 쓰나미처럼 다가올 것이며 그 혁명의 폭과 깊이와 속도는 역사상 전대미문일 것이다."라고 예고하였습니다. 그의 예견대로 4차 산업혁명이 가속화되면서 세계는 새로운 패권시대, 즉 '기술패권(Pax Technica)시대'를 맞이하게 되었습니다. 기술패권시대에는 국가의 생존과 번영이 과학기술 경쟁력에 의해 좌우됩니다. 최근 미·중 간의 무역 갈등이 양보 없는 치킨 게임(Game of Chicken)이 되고 있습니다. 이 치킨 게임의 최종 승자는 누구일까요? 반도체, 2차전지, AI, 6G 등 첨단 기술 분야에서 우위를 점유하는 국가일 것입니다. 미·중 간의 무역 갈등은 근본적으로 첨단 기술패권 경쟁이지요.

우리나라에서 기술패권시대가 도래했음을 절실하게 체감한 계기가 있었습니다. 지난 2019년 8월 일본이 반도체, 디스플레이 핵심 소재인 플루오린 폴리이미드, 불화수소, 감광액 수출 규제를 하였습니다. 이어 한 달 후 한국을 백색국가에서 제외했습니다. 이로 인해 그동안 일본에 의존하던 소재, 부품, 장비 관련 1,200여 개 품목 수입에 제동이 걸렸지요. 기업은 말할 것도 없고 국가적으로도 패닉 상태였습니다. 100년 전 군사패권시대, 일본이 무력으로 우리나라를 침략했는데 이제 기술패권시대, 첨단기술로 한국을 침략한 것입니다. 당시 카이스트 총장이었던 필자는 "군사패권시대에는 군인이 나라를 지키는 용사이지만, 기술패권시대에는 과학기술자가 나라를 지키는 용사여야 한다."는 내용의 메일을 전 교수에게 보내, 130여 명 교수들이 자발적으로 참여하는 『소재·부품·장비 기술자문단』을 출범하여 기업이 당면한 기술적 문제를 해결하려고 하였습니다.

　　기술패권시대 특징은 기술 우위의 국가가 세계 시장 대부분 점유하는 승자독식입니다. 메모리 반도체의 경우 다행히도 우리나라가 세계적 경쟁력을 보유하고 있는데, D램(DRAM) 메모리 반도체의 경우 세계 시장의 70% 이상을 점유하고 있습니다. 그러나 시스템 반도체의 경우 인텔(INTEL), 엔비디아(NVIDIA) 등 미국 회사들이 세계 시장의 70%를 차지하고 있습니다. 특히, 엔비디아는 AI 구현의 핵심 반도체인 GPU 시장의 95%를 독식하고 있습니다. 반도체 위탁 생산인 파운드리 경우 대만의 TSMC가 세계 시장의 61%를 점유하고 있고, 반도체 장비의 경우 어플라이드 머티어리얼즈(Applied Materials) 등 미국 기업과, 도쿄 일렉트론 등 일본 기업들이 세계 시장의 60%를 점유하고 있습니다. 한편, 드론은 중국의 DJI가 세계 시장의 76%를 차지하며 절대적 우위를 점유하고 있습니다. 고로, 최고의 기술을 보유하고 있는 한, 두 나라가 세계 시장을 독식하고 있는 것입니다. 기술패권시대의 또 다른 특징은 첨단 산업이 얽히고설킨 글로벌 공급망으로 이루어진 것입니다. 첨단 산업 완제품을 오로지 자국의 중간재와 부품으로 생산하는 국가는 없습니다. 우리나라 반도체의 경우 20여 국이 참여하는 글로벌 분업 구조로 되어 있습니다. 주요 소재·부품·장비는 외국에 의존하고 있고, 한국은 제조를 잘 하는 것이지요. 미국의 애플 아이폰은 부품을 한국, 일본, 대만 등 주로 아시아 국가에 의존하고 있습니다. 고로 기술패권시대에는 글로벌 가치사슬(Global Value Chain)을 최적화하는 글로벌 공급망 관리가 경제안보의 핵심입니다.

글로벌 공급망 위기는 코로나 19 팬데믹으로 인해 자국 보호주의가 팽배하면서 시작되어 미·중 기술패권 경쟁이 심화되면서 점점 고조되어 가고 있습니다. 미국은 인도－태평양 경제 동맹 플랫폼을 구축하여 아시아 지역에서 미국 영향력을 확대하며 중국을 배제한 첨단 산업 공급망을 재편하는 소위 '알타시아(Altasia: Alternative Asia Supply Chain)' 정책을 추구하고 있습니다. 한편, 미국 주도로 한국, 일본, 영국 등 13개국이 참여하는 '핵심광물 안보 파트너십(Mineral Safety Partnership)'을 2022년 6월 출범하여 핵심광물 공급망 안정화를 위한 공동개발을 통해 중국의 영향을 차단하려고 하지요. 미국이 중국과의 첨단기술 경쟁을 자본주의와 공산주의 가치 동맹 중심의 무역 질서로 중국을 견제하기 때문에 갈등은 장기간 지속될 것으로 예상됩니다.

미국은 21세기 G1 국가 유지를 위한 정책 및 입법을 초당적·범정부적으로 하고 있습니다. 지난 트럼프 정부에서는 '미국 최우선(America First)', 현 바이든 정부에서는 '더 나은 재건(Build Back Better:

BBB)'의 미국 우선 정책 기조로 법안을 마련하여 동맹국인 우리나라까지 압박하고 있습니다. 대표적 법안이 지난 2022년 7월과 8월에 각각 발효된 '반도체와 과학법(The Chips and Science Act)'과 '인플레이션 감축법(Inflation Reduction Act: IRA)'입니다. '반도체와 과학법'은 미국 반도체 산업 육성을 위한 기업 지원 법안인데, 향후 10년간 중국 등 해외 우려 국가에 반도체 시설 투자를 금지하고 있습니다. 더구나 중국 공장에서 생산되는 반도체 증산 한도를 10년간 5%로 제한하고 있어 중국 내 한국 기업들이 타격을 받게 되지요. 한편, '인플레이션 감축법'은 기후변화에 대응하기 위한 예산 지원 법안인데 전기차 보조금을 전액 지원받기 위해서는 2차전지의 양극재, 음극재, 분리막, 전해질 핵심 소재를 미국 혹은 미국과 FTA 체결국에서 공급 받아야 한다는 독소 조항이 있습니다. 이런 핵심 소재의 대부분을 중국에 의존하는 한국 전기차 제조업체 및 2차전지 생산업체는 보조금을 받을 수 없는 상황입니다. 바이든 정부가 전기차 2차전지 공급망을 중국 중심에서 미국 중심으로 재편하고자 하는 의지가 확고한 것이지요.

1-2 글로벌 공급망 대응

기술패권시대 글로벌 공급망 관리가 경제 안보의 핵심인데 우리나라는 글로벌 공급망이 취약한 국가로 알고 있습니다. 현재 어떤 상황이고, 향후 어떻게 대응해 나가야 할까요?

신성철 　우리나라는 안타깝게도 글로벌 공급망이 매우 취약한 국가입니다. 한국무역협회 설문조사(2022년)에 의하면 설문에 응한 1,094개 수출 기업 중 86%가 글로벌 공급망 애로를 겪고 있다고 응답하였고 특히, 응답 기업의 25%는 실질적 대응 방안이 없다고 하였습니다. 우리나라는 글로벌 공급망의 구조적 문제가 있습니다.

첫째, 중국에 대한 공급망 의존도가 매우 높습니다. 우리나라 전체 수입 품목 중 특정국 수입 비중이 70% 이상인 취약 품목 수는 중국에서 수입하는 품목이 2,400여 개로 미국, 일본 등 다른 국가에서 수입하는 품목보다 압도적으로 많습니다. 한편, 중국은 우리나라 중간재 수출 비중이 80%인 최대 국가이고, 수입 비중이 64%인 핵심 국가입니다. 수출 효자 품목인 반도체 경우 수출의 40%를 중국에 하고 있습니다.

둘째, 일본에 대한 소재·부품·장비 의존도가 여전히 높습니다. 2019년 우리나라가 일본의 백색 국가에서 제외되면서 자체 연구개발로 일본 의존도가 다소 감소되었으나 아직도 100대 핵심 품목의 일본 의존도가 25%입니다. 특히 반도체, 디스플레이 핵심 소재인 포토 리지스트 및 플루오린 폴리이미드의 경우 일본 의존도가 90% 이상이 됩니다. 그래서 우리나라 주력 수출 품목인 반도체, 디스플레이 수출이 증가할수록 아이러니하게도 대일(對日) 소재·부품·장비 수입이 증가하여 이 분야 무역적자가 전체 대일 적자의 99%를 차지하고 있습니다.

셋째, 우리나라는 핵심 광물의 대부분을 소수 특정 국가에 의존하고 있습니다. 2차전지 양극재인 리튬(Li), 코발트(Co), 니켈(Ni)은 중국, 호주, 콩고에 의존하고, 2차전지 음극재인 흑연(Graphite)은 중국에 의존하고 있습니다. 한편, 전기차 모터나 풍력 발전기의 강자석 핵심 소재인 희토금속(Tb, Dy, Sm)은 거의 중국에서 수입하고 있습니다. 이런 핵심 광물의 수요가 급증하는 추세인데, 국제에너지기구(International Energy Agency: IEA)는 10년 후 최대 40여 배 증가할 것으로 예측하고 있습니다. 이로 인해 자원 민족주의 현상이 심화될 가능성이 있습니다.

넷째, 우리나라는 에너지 대외 의존도가 매우 높습니다. 석탄, 원유, 천연가스 등 화석연료의 93%를 수입에 의존하고 있습니다. 그러므로 국제 에너지 가격과 공급의 불확실성은 에너지 안보 및 국내 경제에 매우 큰 위험 요인이 되고 있습니다. 코로나 19 팬데믹이 종식되고 세계적으로 경제활동이 재개되면서 에너지 가격이 상승하기 시작했습니다. 여기에 러시아-우크라이나 전쟁이 지속되면서 국제 에너지 가격이 더욱 상승하고 있는 추세여서 우리나라 경제에 부담이 되고 있습니다.

그러면 우리나라는 취약한 글로벌 공급망 대응을 어떻게 해야 할까요? 우선, 민·관 협업으로 글로벌 공급망을 능동적으로 관리하여야 합니다. 주요 수출입 품목 모니터링 및 분석을 통해 관련 기업에 재빠르게 정보를 제공하는 콘트롤 타워(Control tower)가 필요합니다. 나아가 공급망 다변화를 위한 탈중국, 탈일본을 적극 모색하여야 합니다. 이를 위해 니어쇼어링(Nearshoring) 정책으로 베트남, 인도네시아 등 신남방 국가와 전략적 협력이 필요합니다. 한편, 광물 부유국과 - 예로서 리튬(Li)은 멕시코, 아르헨티나, 칠레, 코발트(Co)는 콩고, 니켈(Ni)은 필리핀 - 과학기술 공동연구 및 인력 양성을 통한 호혜적 협력을 추구하면 좋을 것입니다. 장기적으로는 공급망의 길목을 지키는 소재·부품·장비 분야의 초격차 기술을 개발하는 것이 아주 중요합니다. 그 기술이 없으면 제품을 생산할 수 없는 핵심 기술이지요. 반도체의 경우 네덜란드 ASML이 개발한 극자외선 노광장비가 대표적인 예입니다. 인텔, 삼성, TSMC 등 세계 반도체 제조 회사들이 이 장비가 없으면 고집적도 반도체 생산을 제대로 할 수 없는 초격차 길목 장비이지요. 이런 초격차 기술을 개발하기 위해서는 산업체와 대학 간의 긴밀한 협력을 통한 장기간 공동 연구가 효과적이라고 생각합니다.

기술패권의 신냉전시대에 우리나라가 생존하고 번영하기 위해서는 초격차 기술을 개발할 수 있는 과학기술 강국으로 도약해야 하는데 이를 위해 과학기술 정책을 어떻게 혁신해야 할까요?

신성철　무엇보다도 글로벌 선도 연구개발을 추구하여야 합니다. 대한민국은 지난 반세기 '빠른 추격자' 전략으로 놀라운 양적 성장을 이루었습니다. 반세기 전 국제학술지 논문 출판은 30여 편으로 미미하였으나 지금은 연간 7만여 편 국제논문을 출판하는 세계 12위 국가입니다. 또한 반세기 전 국제 특허 출원은 상상도 못했으나 지금은 세계 4위 특허 강국이 되었습니다. 그러나 세계를 선도하는 연구 분야가 거의 없고, 특허 강국임에도 불구하고 기술 수출료보다 기술 수입료가 많은 기술 무역수지 적자국입니다. 지금까지 대부분 연구개발은 새로운 지식을 창출하지도 못하고 경제적 부가가치 창출 효과가 별로 없는 어중간한 '역U자형' 연구였습니다. 앞으로는 '글로벌 선도자' 전략으로 새로운 지식을 창출하거나 경제적 부가 가치를 창출하는 양 극단의 연구를 하는 'U자형' 연구를 수행하며 세계 최고, 최초, 유일, 즉 'BFO(Best, First, Only)' 연구를 추구해야 합니다. 이런 세계 선도 연구가 우리나라에서 결실을 맺기 위해서는 도전적 실패를 용인하는 사회 분위기가 정착되어야 합니다. 추격 연구에서는 다른 나라에서 성공한 연구 결과를 모방하는 것이기에 성공 확률이 99%였습니다. 그러나 'BFO'를 목표로 하는 선도 연구에서는 다른 연구자들이 시도하지 않은 혁신적이고 창의적인 아이디어의 도전적 연구를 수행하기에 실패할 확률이 매우 높습니다. 연구가 실패할 경우 연구자는 감사기관으로부터 혹독한 감사를 받고 문책을 받기에 대부분 연구자들은 도전적 연구를 기피하고 성공 확률이 높은 추격 연구에 안주하게 됩니다. 그러므로 성실히 연구를 수행한 도전적 실패는 연구개발비의 낭비가 아니라 새로운 창조적 연구 결실의 자양분이 된다는 우리 사회 인식이 필요합니다.

우리나라 국민들이 염원하는 노벨과학상을 아직 배출하지 못한 이유가 학문의 역사가 과학 선진국에 비해 짧은 이유도 있지만, 도전적 실패를 수용하지 못하는 사회적 분위기도 있습니다. 노벨과학상은 '최초' 혹은 '유일'의 도전적인 창의 연구를 수행한 과학자에게 주어지는 상입니다. 우리나라 과학자 중 세계적 명성과 인지도를 가진 학자들은 여럿 있으나 최초 혹은 유일한 연구로 평가를 받는 학자가 없기에 아직 노벨과학상 수상자가 없습니다. 2023년도 노벨물리학상은 아토초(100경분의 1초) 연구, 노벨화학상은 양자점(Quantum dot) 연구, 노벨생리의학상은 mRNA 연구 분야에서 각각 나왔습니다. 우리나라에도 이 분야에서 국제적으로 활발하게 연구하는 과학자들이 있지만 분야를 최초로 개척한 과학자들이 아니기에 노벨상에 이르지 못한 것입니다.

이웃 일본은 교토대학 유카와 히데키 교수가 1949년 중간자 이론으로 첫 노벨물리학상을 수상한 이래 2023년까지 총 25명 노벨과학상 수상자를 배출하여 우리가 부러워하고 있지요. 일본이 이렇게 다수 노벨과학상을 배출하는 비결은 창의적, 도전적 아이디어에 대한 긴 호흡의 장기적 연구지원입니다. 한 사례로 2014년 일본에 노벨물리학상을

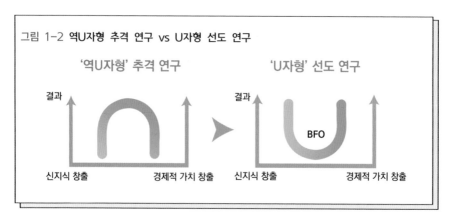

그림 1-2 역U자형 추격 연구 vs U자형 선도 연구

'역U자형' 추격 연구   'U자형' 선도 연구

결과   결과

신지식 창출   경제적 가치 창출   신지식 창출   경제적 가치 창출

BFO

자료: 신성철, 대한민국 과학기술 미래전략, 김영사(2021)

안겨준 청색 발광 다이오드(Light Emitting Diode: LED) 연구입니다. 붉은 색 및 초록색의 발광 다이오드는 발견되었으나 청색을 내는 발광 다이오드는 오랫동안 발견하지 못했습니다. 나고야 대학의 아카사키 이사무 교수와 제자인 아마노 히로시 교수가 질화갈륨(GaN)이란 새로운 반도체 물질을 30여 년간 끈질기게 연구하여 청색 발광 다이오드를 최초로 발견하였고, LED 디스플레이에 활용되면서 마침내 노벨물리학상을 수상하게 된 것입니다. 일본 대학은 메이지유신 때부터 '강좌제'라는 독특한 제도를 도입하여 교수가 은퇴하여도 우수한 후계자가 연구실을 이어 받아 연구를 지속적으로 하고 있습니다. 우리나라에서도 최초 혹은 유일한 창의적 아이디어가 사장되지 않고 지속적인 연구를 통해 결실을 맺을 수 있도록 장기적 연구 지원 제도가 마련되어야 합니다. 이를 위해 카이스트에서는 2018년부터 원로 교수와 젊은 교수가 세대를 초월하여 함께 협업 연구를 하는 『초세대 협업연구실』제도를 새롭게 도입하여 원로 교수가 은퇴한 후에도 후배 교수에 의해 연구가 지속적으로 이어지게 하고 있습니다.

한편, 산·학·연 협업 생태계를 구축해야 합니다. 세계적인 기초 연구 결과를 첨단 제품으로 상품화하려면 통상 응용 연구와 상용화 연구를 통해 '악마의 강'과 '죽음의 계곡'을 넘어야 합니다. 일반적으로 대학에서 기초 연구를, 출연연구소에서 응용 연구를, 기업에서 기술 사업을 위한 상용화 연구 및 제품 개발을 합니다. 그러므로 이들 대학, 연구소, 기업 세 주체 간의 긴밀한 협업 체계가 새로운 연구 결과를 재빨리 상품화하는 데 매우 중요합니다. 대부분 선진국들은 산·학·연 협력 생태계가 잘 구축되어 있습니다. 미국의 실리콘밸리가 세계적 혁신 클러스터 위상을 갖게 된 것은 스탠포드 대학과 주변의 기업 및 연구소 간의 격의 없는 협력 생태계가 구축되었기 때문입니다. 또한, 독일이 세계 시장을 지배하는 글로벌 강소기업, 소위 히든챔피언(Hidden Champion)을 1,300여 개 보유하며 세계적 제조업 국가가 된 배경에는 기초연구를 수행하는 대학 및 막스플랑크 연구소, 응용 연구를 수행하는 프라운호퍼 연구소, 그리고 기업들의 협력 생태계가 잘 구축되었기 때문입니다.

우리나라에서 산·학·연 협력의 필요성은 오래전부터 제기되어 왔으나, 아직도 세 주체 간의 장벽이 높아 협력 생태계가 제대로 구축되지 않은 실정입니다. 대학은 학문적 논문 위주의 기초 연구에 치중하고 있고, 산업체에서는 대학의 기초 연구 결과에 대한 불신이 있습니다. 한편, 선진국에서는 박사급 인력이 산·학·연에 고루 분포되어 있는 것에 반해, 우리나라는 박사급 인력의 80% 이상이 대학과 연구소에 편중되어 있고 중소기업에는 박사급 인력이 거의 없습니다. 그러므로 산·학·연 협력 부재는 혁신형 기술기반 기업 성장, 특히 중소기업 성장에 큰 걸림돌이 되고 있습니다. 특별히, 우리나라가 취약한 소재·부품·장비 분야의 국제 경쟁력 제고를 위해서는 산·학·연 협력 생태계를 견고

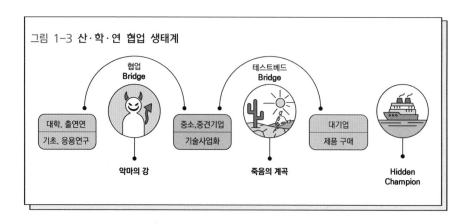

그림 1-3 산·학·연 협업 생태계

대학, 출연연
기초, 응용연구

협업
Bridge

악마의 강

중소,중견기업
기술사업화

테스트베드
Bridge

죽음의 계곡

대기업
제품 구매

Hidden
Champion

히 구축하는 것이 시급합니다. 이를 위해서는 기업이 대학이나 출연연구소에 기업 캠퍼스 연구소를 설치하고 기업 연구원을 파견하여 공동연구 수행을 하는 것이 연구 결과를 빠르게 상용화하는 데 효과적입니다. 한편, 중소기업이 개발한 시제품을 대기업이 테스트 베드 역할을 해주어 사업 초기의 '죽음의 계곡'을 넘어 히든 챔피언이 되도록 도와주어야 합니다.

산·학 협력 활성화를 위해서는 무엇보다도 대학 교육이 근본적으로 변해야 합니다. 원래 대학 본연의 역할은 교육, 즉 지식을 전달하는 것이었습니다. 그런데 20세기 초부터 대학원 과정이 생기며 연구가 중요시되는 대학의 1차 혁명이 일어났지요. 20세기 중반부터는 지식의 경제적 부가가치 창출이 대학의 또 다른 중요한 역할로 부상하면서 기업가정신(Entrepreneurship) 교육을 중요시하는 대학의 2차 혁명이 일어났습니다. 미국의 경우 스탠퍼드 대학이 1930년대부터 기업가정신 교육을 가장 먼저 도입하여 지금까지 동 대학 졸업생이 창업한 기업이 4만여 개에 이르고, 이들 기업이 창출하는 연매출이 2.7조 달러에 이릅니다. 한 대학 졸업생이 창출하는 연매출이 우리나라 1년 GDP의 1.5배에 이르는 엄청난 액수입니다. 세계적 선도 대학들이 기업가정신 대학을 지향하고 있는 데 반해, 우리나라 주요 대학들이 연구 중심 대학을 표방하고 있습니다. 우리나라 대학도 기업가정신 교육 강화를 통해 학생들에게 경제적 부가가치 창출 능력과 도전정신을 심어주어야 할 것입니다.

1-4 세계 선도연구 창출

우리나라 GDP 대비 연구개발비는 지난 30여 년 지속적으로 증가하여 2022년 기준 5.2%로 이스라엘 다음으로 높은 국가이지만, 국가 총 연구개발비는 미국의 1/10 수준이고, 연구 인력은 중국의 1/5 수준으로 알고 있습니다. 이런 부족한 연구자원으로 세계를 선도하는 연구 결과를 창출하기 위해 어떻게 해야 할까요?

신성철 **과학기술 강국과 국제 공동연구를 추구해야 합니다.** 우리 정부는 반도체·디스플레이, 2차전지, 첨단 모빌리티, 차세대 원자력, 첨단 바이오, 우주항공·해양, 수소, 사이버 보안, 인공지능, 차세대 통신, 첨단 로봇, 양자기술을 12대 국가 전략기술로 선정하였습니다. 하나같이 국가 미래를 위해 매우 중요한 분야입니다. 그런데, 12대 국가 전략 분야는 미국, EU, 중국, 일본 등 과학기술 강국에서 추진하고 있는 중요 연구 분야이기에 우리나라가 어떻게 글로벌 경쟁력을 확보하느냐가 국가 차원의 큰 이슈입니다. [그림 1-4]에서 보는 바와 같이 우리나라 총 연구개발비는 2022년 기준 872억 달러로 미국의 11%, 중국의 20%, 일본의 53% 수준입니다. 한편, 연구원은 48만 9천명으로 중국의 20%, 미국의 33%, 일본의 69% 수준으로 과학기술 강국 대비 연구자원이 많이 부족합니다. 이런 부족한 연구자원으로 세계 선도연구 결과를 창출하기 위해서는 과학기술 선도국과 글로벌 협력이 매우 중요합니다. 특

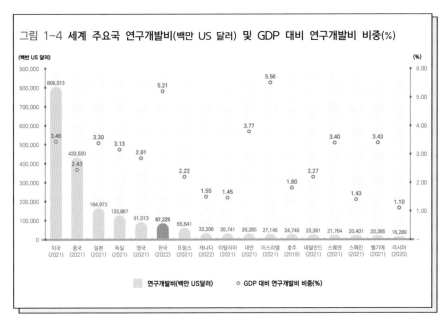

그림 1-4 세계 주요국 연구개발비(백만 US 달러) 및 GDP 대비 연구개발비 비중(%)

자료: 이세롬·한웅용, KISTEP(2023)

히, 막대한 연구비가 소요되는 메가 프로젝트나 거대 시설이 필요한 메가 사이언스는 양국 혹은 다국가 간의 협업적 연구 수행이 효과적입니다.

대표적 메가 프로젝트 분야 중 하나가 항공우주 분야입니다. 이 분야는 천문학적 연구비와 수많은 연구 인력이 필요한 분야로 우리나라가 독자적으로 연구하기에는 어려움이 있어 선도국과 국제 협력이 절실히 필요합니다. 아폴로 프로젝트 이후 반세기 만에 부활한 미국 주도 유인 달 탐사 프로그램, 일명 '아르테미스(Artemis) 프로그램'에 21개국과 함께 우리나라가 참여하게 된 것은 다행입니다. 지난 2022년 11월 아르테미스 1호의 성공적 발사를 시작으로, 향후 유인 착륙선을 발사하며 2030년까지 달 장기 체류를 목표하고 있습니다. 한국은 달 탐사선

다누리호에서 NASA가 개발한 음영카메라 섀도캠 성능 실험을 하며 협업적 연구를 수행하고 있습니다.

양자기술은 현재의 디지털 기술을 대체할 21세기 게임 체인저 (Game Changer) 가능성이 있어 미국, 중국, EU, 일본, 캐나다 등에서 국가 전략기술로 연구하는 분야입니다. 우리나라도 이 분야를 국가 전략기술의 하나로 추진하고 있으나 현재 연구 수준이나 연구 자원이 매우 부족합니다. 특허는 최다 특허 보유국인 미국의 1/20 수준이고, 큐빗 (Qubit) 개발은 선도국에서 2026년까지 4,000큐빗을 목표하고 있는 데 비해 우리나라는 50큐빗을 목표로 하고 있어 큰 격차가 있습니다. 한편, 우리나라 연구개발비는 중국의 1/20, 미국의 1/10 수준이고, 박사급 연구 인력은 150명 정도입니다. 그러므로, 우리나라만의 독자적 연구로는 경쟁력을 확보할 수 없고 과학 선도국과 협업적 국제협력 연구가 절실히 필요한 분야입니다. 이 분야 국제협력 연구를 위해서는 유럽의 대표적 강소국인 스위스 및 오스트리아와 국제협력을 추구하면 효과적이라고 생각합니다. 스위스는 취리히 연방공대를 중심으로 양자기술 분야의 세계적 연구 업적을 내고 있습니다. 2023년 8월 양자과학기술 분야의 한국과 스위스의 대표적 젊은 과학자들이 연구개발 양해각서를 맺고 협력 연구를 추진하고 있습니다. 한편, 오스트리아는 슈뢰딩거(Erwin Schrödinger) 교수가 양자역학의 기본 방정식인 슈뢰딩거 방정식을 학문적으로 정립하여 노벨물리학상을 수상(1933년)하였고, 최근에는 차일링거(Anton Zeilinger) 교수가 양자얽힘 현상을 실험적으로 증명하여 노벨물리학상을 수상(2022년)하는 등 양자과학기술 연구의 대표적 선도국입니다. 오스트리아의 기초 과학과 한국의 응용 기술의 상호보완적 협업 연구를 추진하면 좋을 것입니다.

우리나라가 국제공동 연구를 능동적으로 추진하기 위해서는 국가 전략분야의 해외 과학기술 선도 기관 연구현황 및 대표적 연구자들의 데이터베이스, '(가칭)코리아 사이언스 글로벌 네트워크'를 국가 차원에서 통합적으로 구축하여 운영할 필요가 있습니다. 현지 정보 수집을 위해서는 전 세계에 위치한 167개 재외 공관 및 19개 재외한인과학기술자협회가 교량적 역할을 하면 좋을 것입니다. 과학 강소국인 스위스는 2000년부터 연구 혁신을 선도하는 세계 허브 지역과 스위스를 연결하는 일명 'Swissnex' 프로그램을 도입하여 현재 29개 해외지역의 과학기술 정보를 파악하고 협력을 지원하고 있습니다.

우리나라가 글로벌 자원을 효과적으로 활용하기 위해서는 **과학기술외교를 강화해야 합니다.** '탱고를 추려면 두 사람이 필요하다(It takes two to tango.)'는 말이 있지요. 기술패권시대 국가의 생존과 번영을 위해서는 과학기술과 외교가 함께해야 합니다. 과학기술 없는 외교는 힘이 없고, 외교 없는 과학기술은 경쟁력을 상실하기 때문입니다. 첨단기술 부품, 핵심광물, 에너지, 수출입무역의 해외 의존도가 매우 높은 우리나라는 더욱 그러합니다. 영국왕립학회는 과학외교를 3영역으로 분류한 바 있습니다. 과학기술 발전을 위한 외교적 노력인 '과학을 위한 외교(Diplomacy for Science)', 국가 간 외교 문제 해결을 위해 과학기술을 활용하는 '외교를 위한 과학(Science for Diplomacy)', 글로벌 이슈 해결을 위해 과학기술 국제기구에서 활동하는 '외교속의 과학(Science in Diplomacy)'입니다. 최근에는 빅테크 기업의 국가적 영향력이 커지면서 외국 정부가 아닌 빅테크 기업을 대상으로 외교 활동을 하는 '기술외교(Techplomacy)'가 등장하였습니다. 덴마크 정부가 2017년부터 기술대사 제도를 처음 도입하여 실리콘밸리에 파견한 이래 독일, 프랑스 등 19

개 국가가 기술대사 제도를 활용하고 있습니다. 코로나 19 팬데믹, 우크라이나－러시아 전쟁 장기화, 특히 미·중 기술패권 경쟁이 고조되면서 자국 및 진영 이익을 위한 탈세계화의 과학기술외교를 추구하여 과거의 글로벌 협력 위주의 순수한 과학기술외교는 종말을 맞이하고 있습니다.

우리나라는 다행히도 과학기술외교의 독특한 국제적 위상을 갖고 있습니다. 개발도상국들은 한국을 과학기술 기반의 압축 경제 성장을 이룩한 국가로 존중하며 벤치마킹하고 싶어 합니다. 한편, 선진국들은 한국을 과학기술 혁신 국가로 평가하며 협력을 통해 상호 발전을 도모하고, 나아가 지구촌의 발전과 번영을 위해 함께 기여하기를 원하고 있습니다. 20여 년 전에는 상상할 수 없는 국가적 위상이 된 것입니다. 이런 국가적 위상을 십분 활용하여 국가 경쟁력(Competitiveness)을 제고하고, 선진국과 상호보완적 협력(Collaboration)을 하며, 개발도상국 발전과 인류사회 번영에 기여(Contribution)하는 '3C' 과학기술외교를 목표로 하면 좋겠다고 생각합니다. 이를 통해 우리나라가 21세기 국제사회에서 선도적 역할을 하며 지구촌 발전에 기여하는 글로벌 중추국가(Global Pivotal State)의 비전을 실현하리라 기대합니다.

과학기술외교를 강화하기 위해 국가적으로 추진해야 할 여러 가지 과제가 있습니다. 무엇보다도 과학기술 및 첨단 산업 외교 협상 테이블에서 과학기술의 전문성을 가지고 국익을 위한 외교를 당당하게 펼칠 수 있는 과학기술외교 융합인재 확보가 급선무입니다. 이를 위해 필자의 제안으로 작년부터 외교부에서 『과학기술외교 아카데미』를 개설하여 외교관을 위한 첨단 과학기술 교육을 실시하고 있습니다. 장기적으로는 대학에서 외교관을 위한 이공계 교육, 과학기술자를 위한 외교 교육을 하는 초학제 프로그램을 도입하여 기술패권시대를 대비한 과학기술외교 인재를 양성하여야 합니다. 또한, 우리나라도 선진국처럼 과학참사관(Science Attache) 제도를 활성화하여, 주요 국가와 과학기술 협력의 교량적 역할을 담당하게 하여야 합니다. 한편, 호혜적 과학기술외교 철학으로 개발도상국 이공계 우수 인력 양성을 능동적으로 추진하여야 합니다. 한국의 대표적 대학에서 공부할 수 있는 기회를 확대할 뿐 아니라, 나아가 Kenya KAIST 프로젝트 같이 공적개발원조(Official Development Assistance: ODA) 자금으로 개발도상국에 대학을 설립하여 리더급 우수 인재 양성을 적극 지원해 주어야 합니다. 이들 대학 졸업생들은 대한민국 지경과 경제적 영토를 넓히는 친한(親韓) 리더가 되어 줄 것입니다. 끝으로, 과학기술외교는 과학기술부, 외교부뿐 아니라 여러 정부 부처와 연관되므로 효과적 업무 수행을 위한 범부처 콘트롤 타워(Control tower) 행정 조직을 설치해야 합니다.

과학기술 싱크탱크 육성

우리나라가 4차 산업혁명, 나아가 포스트 4차 산업혁명의 글로벌 선도국이 되기 위해서는 국가 미래를 준비하는 싱크탱크 그룹이 있어야 한다고 생각합니다. 특별히, 21세기 기술패권시대 우리나라만의 독특한 과학기술 미래 전략을 제시하는 싱크탱크가 필요한데 어떻게 준비해야 할까요?

신성철 18세기 중반 증기기관 발명으로 촉발된 1차 산업혁명은 기계화 혁명을, 19세기 후반 전기의 발명으로 촉발된 2차 산업혁명은 대량생산 혁명을, 그리고 20세기 중반 반도체 발명으로 촉발된 3차 산업혁명은 디지털 혁명을 인류사회에 불러왔습니다. 우리나라는 1, 2, 3차 산업혁명을 선도국에 비해 50~100년 늦게 시작하였지만 빠른 추격자 전략으로 짧은 기간 내에 성공적으로 따라잡을 수 있었습니다. 지금 인류사회는 인공지능과 빅데이터로 촉발된 4차 산업혁명을 목격하고 있고, 머지않은 미래에 초지능·초융합의 포스트 4차 산업혁명을 맞닥뜨리게 될 것입니다. 미래학자 커즈와일(Ray Kurzweil)은 2045년경에는 모든 면에서 인공지능이 인간지능을 뛰어넘는 특이점(Singularity point)에 도달할 것으로 예견하였습니다. 4차 산업혁명, 그리고 포스트 4차 산업혁명은 지금까지 추격자 전략에 익숙한 우리에게 큰 도전입니다. 그러나 우리나라뿐 아니라 전 세계 국가들이 공통으로 맞닥뜨린 도전이기에 대한민국 특유의 성공 방정식을 만들어 미래를 준비한다면 21세기 초일류 선도국으로 도약할 수 있는 절호의 기회가 될 수 있습니다. 이를 위해서는 우리나라만의 독특한 미래지향적 과학기술 전략을 세울 싱크탱크 그룹이 절실히 필요합니다.

전 세계에는 정치, 경제, 군사, 과학 등 다양한 분야의 싱크탱크 그룹이 6,000여 개 있는데 이 중 30%가 미국에 있는 것으로 알려져 있습니다. 랜드연구소, 브루킹스 연구소, 헤리티지 재단, 국립 한림원 등이 미국의 대표적 싱크탱크이지요. 전문가 중심의 싱크탱크가 국가 발전을 위한 미래지향적 안을 마련하고, 정부가 이를 받아 정권을 초월하여 장기간 사업을 수행하는 것입니다. 이런 거버넌스 체제가 미국을 세계 G1 국가로 만드는 중요한 비결이라고 생각합니다. 과학기술 분야의 대표적 사례가 있습니다. 미국 의회는 21세기 미국이 세계 최선도국 위상을 지속적으로 유지하기 위한 정책 방안을 미국 과학기술 분야의 대표적 싱크탱크인 국립 한림원에 요청하였습니다. 이에 한림원은 산업체, 대학, 연구소의 대표적 인사들로 위원회를 구성하여 방대한 작업을 통해 '미국경쟁력계획(American Competitiveness Initiative)' 보고서를 작성하였습니다(2006년). 초·중·고 수학 과학 교육 강화, 기초연구 강화, 우수 이공계 인력 양성, 지식 재산권 및 기술혁신 강화가 보고서의 핵심 내용이었습니다. 이 보고서 제안을 의회가 인준하고 예산을 확보하여, 공화당 부시 정부에서 사업을 시작하여('07~'09) 민주당 오바마 정부까지('09~'17) 10년간 사업을 수행하였습니다. 우리가 주목해야 할 사실은 전문가 중심의 싱크탱크가 마련한 안을 국가가 정권을 초월하여 지속적으로 수행했다는 것입니다. 30여 년 전 중국은 과학기술 후진국이었습니다. 중국이 오늘날 과학기술 강국으로 빠르게 도약한 이유도 테크노크라트들이 마련한 과학기술 정책을 장쩌민('93~'03), 후진타오('03~'13), 시진핑('13~현재) 정권에 걸쳐 장기간 계승·발전하였기 때문임을 주목해야 합니다.

　　우리나라는 새 정부가 들어설 때마다 정부 주도의 위원회를 만들어 국가 과학기술 계획을 단기간에 급조하였습니다. 김영삼 정부의 '2025 계획', 김대중 정부의 '6T 육성계획', 노무현 정부의 '차세대 10대 성장동력 육성사업 종합계획', 이명박 정부의 '577계획', 박근혜 정부의 '창조경제 계획' 등입니다. 그러나 이런 계획들은 국가의 지속적인 발전 전략으로 남지 못하고 5년 정권 퇴진과 함께 사장되고 추진하던 사업은 대부분 중단되었습니다. 한 정권의 홍보용으로 그친 것이지요. 이제 우리나라도 전략 수립에서 집행까지 정부가 모두 주도하는 개발도상국 국가 운영 체제에서 탈피하여야 합니다. 계획은 정권과 무관한 민간 싱크탱크 그룹에서 장기간 숙고를 통해 우리나라 특유의 과학기술 글로벌 선도 전략을 마련하고, 이를 정부에서 정권을 초월하여 지속적으로 집행하는 선진국 국가 운영체제로　혁신하여야 합니다. 그래야 세계 최고, 최초, 유일한 연구 결과를 창출하며 빠르게 과학기술 강국으로 도약할 수 있을 것입니다.

　　현재 정부 조직상 국가 과학기술 정책 수립을 담당하는 기구는 『국가과학기술자문회의』와 『과학기술정책연구소(STEPI)』입니다. 『국가과학기술자문회의』는 대통령을 위원장으로, 민간 부의장을 비롯해 30명 이내의 민간 위원으로 구성되어 있습니다. 문제는 민간 위원 모두가 임기 1년의 비상근이라는 것입니다. 이런 짧은 임기의 비상근 체제로는 심도 있는 장기 정책 개발이 사실상 불가능합니다. 『과학기술정책연구소(STEPI)』는 대부분 전문 분야의 연구 경험이 없는 직원이어서 깊이 있는 연구 정책 개발에 한계가 있습니다. 이런 문제점을 개선하기 위해

30여 명의 전문가로 구성된 상근 체제의 『(가칭)국가과학기술전략위원회』를 설치하여 운영할 필요가 있습니다. 『국가과학기술전략위원회』위원들은 과학기술 각 분야 연구 현장에서 국제적 수준의 연구 업적을 쌓고, 아울러 정책 기안 능력을 겸비한 과학기술자이어야 합니다. 이들에게 국가 과학기술 발전 장기계획과 전략수립을 마련하게 하고, 정부는 이를 집행하며 정권을 초월하여 계승 발전시킨다면 과학기술 강국 진입이 앞당겨질 것입니다.

참고
문헌

레이 커즈와일. (2007). 특이점이 온다. 김영사.

신성철. (2021). 대한민국 과학기술 미래전략. 김영사.

이새롬·한웅용. (2023). 2022년 우리나라와 주요국의 연구개발투자 현황. KISTEP.

한혁. (2023). 한국의 과학기술논문 발표 및 피인용 현황. KISTEP.

헤르만 지몬. (2008). 히든 챔피언. 흐름출판.

과학기술 강국
도약을 위한
글로벌 선도 전략

2

반도체 산업의
글로벌 경쟁력 제고

● ● ●

반도체는 4차 산업혁명 시대 국가의 핵심 전략 물자로 기술 선진국들이 국가 차원에서 육성하고 있는데, 우리나라는 메모리 반도체 분야에서는 세계 최고의 경쟁력을 보유하며 글로벌 시장의 2/3를 점유하고 있다. 하지만 전체 반도체 시장의 3/4를 차지하는 시스템 반도체 분야는 세계시장 점유율이 3% 수준으로 매우 취약한데 이 분야의 글로벌 경쟁력을 어떻게 제고해야 하나?

인공지능과 AI 반도체

인공지능이 사회 경제 국가의 패러다임 변화를 주도하고 있습니다. 판단형 인공지능을 넘어 생성 인공지능으로 발전하고 있고 가까운 미래에 AGI(Artificial General Intelligence)라고 불리는 일반인공지능이 등장할 것으로 예측합니다. 이러한 인공지능 시대에 왜 AI 반도체가 핵심 패권으로 등장하나요? 인공지능과 반도체가 어떤 관계가 있는지 그 이유가 궁금합니다.

김정호 2020년 이전 인공지능은 주로 '판단형 인공지능'이라고 봅니다. 판단형 인공지능은 사진을 판독하거나 주가 그래프를 보고 살지 혹은 팔지 결정을 내립니다. 또는 바둑판을 보고 승률이 가장 높은 다음 '수'를 추천하기도 합니다. 수많은 학습을 통해서 최선의 결정을 내릴 수 있도록 훈련 받았습니다. 하지만 수년 만에 인공지능 세계에도 큰 변화가 있습니다. 챗GPT가 나오면서부터 '생성형 인공지능' 시대로 변화하고 있는 것입니다. 생성형 인공지능이 글도 쓰고, 말도 하고, 음악도 작곡하고, 소리도 만들고, 그림도 그립니다. 문서, 전자메일도 작성하고 파워포인트 발표자료도 만들어 줍니다. 이제 영화도 만들 수 있는 멀티모달 인공지능 시대로 진화하고 있습니다. 뿐만 아니라 수학문제도 풀고 추론도 가능하게 되었습니다. 10년 이내에는 이들 생성 인공지능이 감정과 윤리도 학습해서 인간과 비슷한 일반인공지능(AGI: Artificial

General Intelligence) 시대가 도래할 것으로 예측됩니다. 이들은 상상력도 가지고 희망과 꿈도 갖게 될 것입니다. 그렇게 되면 대부분의 인간 활동은 인공지능으로 대체되어 인간의 경제, 사회, 정치 활동에 큰 변화가 예상됩니다. 이들 인공지능의 변화를 주도하는 국가나 기업이 세계를 지배하게 될 것입니다. 인공지능이 패권이 되는 것입니다.

생성 인공지능의 초기 모델의 시작은 2014년 구글 브레인에서 기계학습을 연구했던 이안 굿펠로우(Ian Goodfellow)가 NIPS(신경정보처리시스템학회)에서 발표한 GAN(Generative Adversarial Network)이라고 봅니다. '적대적 생성신경망'이라고도 부르는 GAN 안에는 작품 발생기(Generator)와 작품 감별기(Discriminator)가 같이 있습니다. 인공지능이 모방하려는 그림이 반 고흐의 그림이라면 발생기는 계속 모방 그림을 그려내고, 감별기는 가짜 그림을 진짜 고흐의 원본 그림과 비교합니다. 감별기가 도저히 가짜 그림을 판별할 수 없을 때까지 발생기는 가짜 모방 그림을 계속 그립니다. 이렇게 생성기와 감별기가 경쟁하면서 발전하고 있습니다. 마침내 참과 거짓을 가릴 수 없을 때가 되면 학습을 마치고 GAN은 완벽히 모방 그림을 그려냅니다. 이들을 이용해서 새로운 그림을 그리고, 이들이 모이면 화풍이 만들어지게 됩니다. 이후에 다른 그림이나 사진과 합성하거나 변형해서 새 작품을 만들어 냅니다.

최근에 등장한 챗GPT가 대표적인 생성형 인공지능입니다. 핵심적으로 챗GPT는 변환기(Transformer) 구조를 가진 인공지능입니다. 문장을 입력하면 내부의 인코더(Encoder)에서 입력을 디지털 암호로 전환하고, 디코더(Decoder)에서 숨겨진 암호를 다시 해독해서 출력을 내는 구조입니다. 이들 변환기 구조에서는 암호전환과 암호해독 과정에서 각 글자와 문단들 사이의 관계와 맥락을 이해하기 위해서 관계망

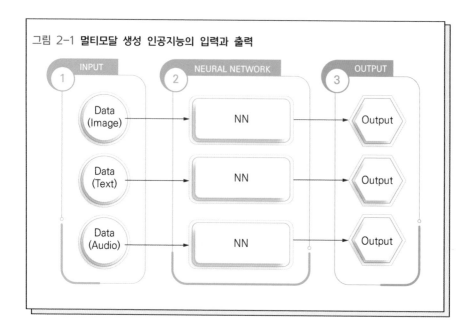

그림 2-1 멀티모달 생성 인공지능의 입력과 출력

(Attention Network)이 추가되었습니다. 관계 중요도와 순서를 학습하고 기억합니다. 이렇게 단어와 문장의 관계와 위치를 기억하는 원리로 챗GPT는 더욱 그럴듯한 문장을 만들어 내기 시작했습니다. 여기서 입력으로는 보통 문장(Text)이 들어가고, 출력으로는 문장, 영상, 혹은 음악이 나오게 됩니다. 특히 질문을 입력하면 다양한 언어의 문장으로 출력합니다. 이러한 원리로 생성 인공지능인 챗GPT는 문장을 생성하고 달리(DALL-E)는 그림을 생성합니다. 이렇게 보면 챗GPT는 일종의 다매체(Multi-media) 번역기로도 볼 수 있습니다. 기능을 더욱 확대해서 문학, 음악과 미술 작품을 융합해서 동시에 생성할 수도 있습니다. 이러한 생성 인공지능의 창작 수준과 속도 그리고 성능은 학습에 사용된 데이터의 크기와 사용된 AI 컴퓨터의 성능과 규모를 따릅니다. 그리고 컴퓨터의 성능은 AI 반도체에 의해서 결정됩니다. AI 컴퓨터의 규모는

자본의 전쟁입니다. 결국 AI 반도체와 자본이 AI 시대의 패권을 결정합니다. 그래서 AI 반도체가 가장 중요하게 되었습니다.

생성 인공지능이 다루는 입출력 데이터는 '벡터' 혹은 다차원 '행렬' 형태를 갖게 됩니다. 인공지능을 컴퓨터 소프트웨어 코드로 구현하는 과정을 보면, 그 과정에서 수많은 '벡터' 혹은 '행렬' 데이터를 곱하고 더하기를 반복한다고 볼 수 있습니다. 학습과 생성에 디지털 데이터의 곱셈과 덧셈이 반드시 필요하기 때문입니다. 그런데 한 개의 A 행렬과 다음 B 행렬이 곱해질 때, 하나하나 숫자가 순서대로 곱해지는 것이 아니라 동시에 병렬로 이루어집니다. 인공지능망 구조도 병렬적이고 학습 계산 자체가 병렬적입니다. 그 결과 인공지능 알고리즘 구현과정에서 필요한 다차원 디지털 행렬의 곱셈, 덧셈 과정은 매우 병렬적입니다. 그래서 인공지능 반도체는 병렬 데이터 처리에 높은 성능을 가져야 합니다. 대표적 프로세서는 엔비디아의 GPU이고 메모리로는 삼성전자와 SK하이닉스의 HBM이 있습니다. 병렬 계산과 저장이 핵심 구조로, 기존의 영상 신호 병렬 처리에 유리한 그래픽 프로세서(GPU) 반도체가 인공지능에 핵심적인 역할을 합니다. 그래서 GPU를 생산하는 엔비디아의 주가가 계속 오르고 있는 것입니다. 이렇게 인공지능 학습과 생성 작업에 반드시 필요한 행렬계산 전문 반도체를 인공지능 가속기(AI accelerator)라고 부릅니다. GPU와 NPU(Neural Processing Unit)도 인공지능 가속기의 하나로 인공지능 반도체 없이는 생성 인공지능도 없고 AGI도 없습니다. 인공지능 패권을 위해서 반드시 필요한 부품이 바로 GPU를 대표적으로 하는 AI 반도체입니다.

거기에 더해서 행렬 계산과정에서의 결과를 메모리 소자에 빠르게 저장해야 합니다. 이러한 이유로 인공지능용 전용 고대역폭 메모리

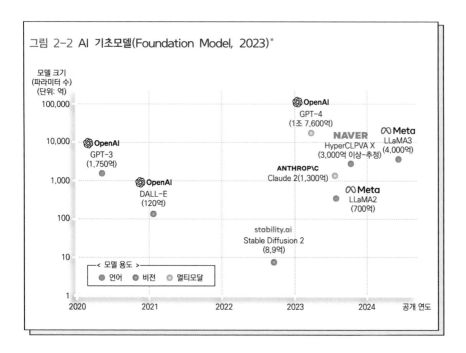

그림 2-2 AI 기초모델(Foundation Model, 2023)*

모델 크기
(파라미터 수)
(단위: 억)

< 모델 용도 >
언어   비전   멀티모달

2020   2021   2022   2023   2024   공개 연도

OpenAI
GPT-4
(1조 7,600억)

NAVER
HyperCLPVA X
(3,000억 이상-추정)

Meta
LLaMA3
(4,000억)

OpenAI
GPT-3
(1,750억)

ANTHROP\C
Claude 2(1,300억)

OpenAI
DALL-E
(120억)

Meta
LLaMA2
(700억)

stability.ai
Stable Diffusion 2
(8,9억)

(HBM: High Bandwidth Memory)가 필요하게 됩니다. 인공지능의 생성능력이 HBM에 의해서 결정됩니다. 그래서 처리 속도를 높이기 위해서는 물리적으로 기억 소자의 위치가 프로세서에 병렬적이면서도 동시에 극단적으로 더욱 근접하게 배치되어야 합니다. 앞으로는 인공지능이 초거대화되면서 학습변수(Parameter)가 조 단위 이상으로 증가할 것으로 예상합니다. AGI가 되기 위해서는 필수 조건입니다. 미래에는 1,000조 단위까지 증가할 수도 있습니다. 그러려면 병렬처리 성능이 지금의 GPU보다 1,000배 이상 향상되어야 합니다. 또한 계산과 기억을 하기 위해 걸리는 지연시간(Latency)도 지금보다 1,000분의 1 이하로 줄여야 하고 다음으로 전력 소모 또한 지금의 1,000분의 1 이하로 줄여야 합니다.

* 증가하는 학습 변수에 따라 더 높은 성능의 AI 반도체가 필요하게 된다.

그래야 누구에게나 언제든 AGI 인공지능 서비스를 제공할 수 있습니다. 인공지능은 값이 비싸고 고성능 반도체가 필요하기 때문입니다. 이들이 수만 대 혹은 수십만 대가 서로 연결되어 인공지능 슈퍼컴퓨터를 만듭니다. AI 반도체 없이는 생성 인공지능과 AGI 서비스도 없으므로 결과적으로 AI 반도체가 패권이 될 것입니다.

2-2 AI 반도체의 정의

AI 반도체는 AI 학습과 AI 생성 작업에 가장 필수적인 기술입니다. 그 결과 AI 반도체는 이러한 AI 서비스의 경쟁력을 결정합니다. AI와 AI 반도체의 관계가 궁금합니다. AI 반도체의 정의, 기능과 미래 전망에 대해서 말씀해 주세요.

김정호 인공지능 반도체는 인공지능 학습과 생성에 필요한 반도체입니다. 다양한 이름으로 불리는데 GPU와 HBM이 대표적 인공지능 반도체입니다. 다른 이름으로 인공지능 가속기라고 부르며 학습과 생성 작업 중에 시간을 단축하는 것과 전력 소모를 줄이는 것이 핵심 조건이 됩니다. 인공지능 학습 변수가 조 단위로 되면서 점점 더 큰 인공지능 반도체를 요구합니다. 수백 수만 대의 인공지능 반도체가 연결되고 협력해서 인공지능 슈퍼컴퓨터가 됩니다. 인공지능 반도체의 성능이 인공지능 생성 서비스의 경쟁력을 결정합니다.

인공지능 반도체는 기본적으로 폰 노이만 컴퓨터 구조를 갖고 있습니다. 그래서 폰 노이만 구조의 장점과 단점을 함께 갖고 있습니다. 폰 노이만의 컴퓨터 구조는 범용 컴퓨터 구조입니다. 이전의 컴퓨터는 새로운 계산을 할 때마다 엔지니어들이 진공관 회로의 물리적 스위치를 처음부터 하나하나 조정하여 새로이 입력을 처리해야 하는 방식이었습니다. 폰 노이만의 논문 "전자계산기의 이론 설계 서론"에서 프로세서, 메모리 하드웨어 구조를 제시하고 프로그램을 내장하여 하드웨어의 변경이 없이 컴퓨터를 구동하는 아이디어를 처음 제시했습니다. 그래서 현대의 컴퓨터 구조를 폰 노이만(Von-Neumann) 구조라고 부릅니다. 프로그램과 데이터가 메모리에 저장되어 있고 필요할 때마다 프로세서에서 꺼내어 쓰는 구조적인 유연성을 가질 수 있습니다. 이렇게 폰 노이만 컴퓨터 구조에서 프로세서와 메모리가 물리적으로 구분된 데에는 또 다른 기술적인 이유도 있습니다. 프로세서를 위한 실리콘 반도체 공정은 실리콘 메모리 소자 공정과 확연히 다릅니다. 경제적인 입장에서 두 소자를 동일한 공정으로 만드는 경제적인 이유가 없으니 프로세서 소자와 메모리 소자가 분리될 수밖에 없습니다. 그래서 다양한 프로그램과 데이터를 처리할 수 있습니다. 인공지능 학습과 생성에도 필요한 조건입니다. 이러한 이유로 인공지능 컴퓨터에서도 CPU, GPU, NPU와 같은 프로세서와 HBM과 같은 메모리가 분리되어 있습니다. 설계 기업도 다르고 공정 기업도 다르기 때문에 생성 인공지능 시대에서는 이들의 연결과 데이터 전송이 인공지능 생성 서비스의 성능을 좌우합니다.

폰 노이만 구조에서 컴퓨터가 동작하려면 몇 가지 단계를 거칩니다. 제일 먼저 프로그램이 메모리에 저장됩니다. 프로세서가 메모리에 저장된 프로그램을 읽어(Fetch 작업)들이고 그 명령을 해석합니다(Decode 작업). 그리고 명령에 따라 계산을 수행하게 됩니다(Execution 작업). 그리고 마지막으로 그 결과를 다시 메모리에 다시 저장합니다(Store 작업). 이러한 일련의 직렬이고 순차적 작업은 일정한 시간 간격(Clock)에 맞추어 차례대로 진행됩니다. 이렇게 작업이 직렬로 수행되면 컴퓨터에 여러 작업 단계가 순차적으로 필요하게 되어 작업 시간이 많이 걸립니

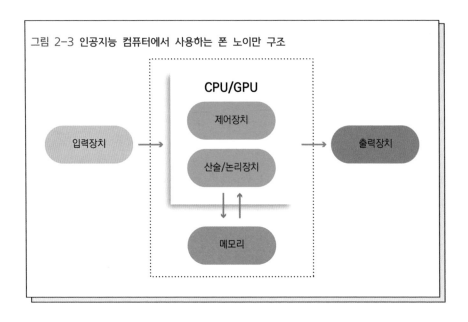

그림 2-3 인공지능 컴퓨터에서 사용하는 폰 노이만 구조

다. 특히 메모리로부터 프로그램이나 데이터를 읽어 들이고 쓰는 작업에 많은 시간이 걸립니다. 그에 따라 전력 소모도 많아지게 되어 인공지능 가속기에는 프로세서와 메모리가 한 패키징에 3차원적으로 집적됩니다. 이들 사이의 데이터 전송 대역폭을 높이고 생성 인공지능의 생성 속도와 전력 소모를 결정하는 것이 미래의 인공지능 반도체 설계 방향입니다. 단순히 이야기해서 GPU와 HBM 사이에 데이터 전송 속도가 인공지능의 성능이 되고 있고 이러한 방향에서 인공지능 반도체의 혁신이 일어나고 있습니다.

인공지능 학습과 생성 알고리즘은 다수의 신경세포의 값들을 동시에 학습하고, 기록해야 합니다. 뇌 신경세포가 병렬로 연결되어 있기 때문입니다. 마찬가지로 GPU나 HBM도 병렬 구조입니다. 인공지능 알고리즘에는 수백만 또는 수억 개의 작업이 병렬로 이루어져야 합니다.

이 작업이 직렬로 이루어지면 시간 소모가 어마어마하게 됩니다. 이러한 현상을 폰 노이만 병목 현상(Von-Neumann Bottleneck)이라고 합니다. 따라서 4차 산업혁명을 맞아 인공지능 기능을 효과적으로 수행하기 위해서는 인공지능 반도체 구조의 병렬 구조로의 전환이 필요하게 되었습니다. 대표적인 병렬 처리 반도체가 GPU입니다. 최근 연구되고 있는 인공지능 반도체로 뉴로모픽 칩(Neuromorphic Chip)이 있습니다. 거의 뇌 수준의 병렬 컴퓨팅 시스템을 실리콘 반도체로 구현합니다. 신경 세포인 뉴런(Neuron)과 연결선(Synapse)을 실리콘 트랜지스터 회로와 메모리 소자로 분산 구현합니다. 미래 인공지능 반도체는 폰 노이만 구조를 유지하면서 계산과 저장의 병렬화를 극단적으로 향상시키는 방향으로 발전합니다.

한편 지난 50여 년간 반도체 혁신을 이끌었고 인공지능 시대를 가능하게 했던, 반도체 '무어의 법칙(Moore's Law)'이 이제 서서히 끝나가고 있습니다. 반도체 나노 공정의 혁신을 이끌었던 무어의 법칙에 따르면 매 2년마다 공간의 크기가 반으로 줄어들고 그에 따라 트랜지스터의 숫자도 늘어납니다. 마침내 공간이 너무 좁아 반도체 속의 전자가 양자역학 세계로 들어갔습니다. 양자역학 불확실성 이론에 따르면 전자의 존재 여부가 공간에 갇히지 않습니다. 확률로 존재할 뿐입니다. 이제 디지털 '1'과 '0'이 기억되기 어렵습니다. 이제 인공지능 반도체의 혁신은 3차원적인 고층 패키징 구조가 이끕니다. 인공지능 컴퓨터, 데이터 센터 서버, 자율자동차 컴퓨터, 그리고 메타버스의 성능이 반도체 패키징 기술에 의해 좌우되고 있습니다. 반도체 산업의 패러다임이 바뀌고 있습니다. 따라서 패키징 기술 개발에 대한 국가 차원의 투자와 산업 지원, 그리고 인재 육성에 대한 파격적인 추진 전략이 필요합니다. '패키징 기술'은 우리나라가 메모리뿐만 아니라 시스템 반도체와 파운드리 산업 분야에서도 진정한 세계 1등이 되기 위한 비장의 '초격차 무기'입니다. 쉽게 이야기해서 반도체로 수백 층 고층빌딩을 짓는 것입니다. 그러면 평면적으로 배치하는 것보다 훨씬 가깝게 공간 거리를 줄일 수 있습니다. 그러면 빠르게 데이터를 주고받을 수 있습니다. 일종의 초고층 주상복합 건물과 비슷합니다. 아래 층에는 주로 프로세서를 배치하고 고층에는 메모리 반도체를 설치합니다. 그리고 초고속 엘리베이터 수만 개, 혹은 수백만 개를 설치합니다. 그 속도는 빛의 속도입니다. 이렇게 좁은 공간에 반도체 초고층 건물을 제작하는 기술을 '반도체 패키징(Packaging)' 기술이라고 합니다. 그리고 초고속 엘리베이터 구조에 해당하는 데이터 소통 구조를 '관통 실리콘 전극(TSV: Through Silicon Via)'이라고 부릅니다. 이렇게 데이터 기억에 필요한 시간과 공간 그리고 전력 효율을 최대화하기 위해 반도체가 고층 구조로 발전하고 있습니다. 매년 수직으로 쌓는 층수가 지속적으로 늘어납니다. 3차원 패키지가 인공지능 반도체의 혁신 방향입니다.

AI 학습과 생성을 위해서는 필수적으로 GPU가 필요합니다. 그런데 GPU 시장에서 엔비디아가 90% 이상의 시장을 점유하고 있습니다. 내년에 나올 블랙웰 GPU 가속기는 그 값이 1억 원을 넘을 전망입니다. 1만대 GPU를 장착한 AI 데이터 센터의 투자비용만 해도 쉽게 1조원이 넘습니다. GPU 가격이 너무 오르고 있습니다. 엔비디아의 독주가 언제까지 계속되고, 누가 잠재적 경쟁자인가요?

김정호 인공지능 가속기에 들어가는 대표적인 반도체가 엔비디아의 GPU입니다. 전세계 인공지능 가속기 시장의 90% 이상을 차지하고 있습니다. 엔비디아의 지배력은 앞으로 2~3년간 더 지속될 것으로 예상합니다. 그럼 엔비디아의 경쟁력은 어디서 올까요? 기본적으로 GPU 시장을 선점하고 있습니다. 다음으로 GPU프로그램 플랫폼인 소프트웨어 CUDA의 경쟁력이 막강합니다. 인공지능을 개발하려면 CUDA 소프트웨어를 사용해야 합니다. CUDA는 엔비디아의 GPU에서만 동작합니다. 그리고 더 나아가 인공지능 슈퍼컴퓨터 솔루션도 제공합니다. 그리고 인공지능 모델과 서비스 자체도 개발하고 있습니다. 현재 엔비디아는 인공지능에 대한 토탈 솔루션을 갖고 있으며 인공지능 생태계를 장악하고 있다고 볼 수 있습니다.

지난해 5월 대만 타이베이에서 열린 '컴퓨텍스 2023 박람회'에서

트레이드 마크인 검은색 가죽 재킷 차림의 젠슨 황 엔비디아 최고경영자(CEO)가 기조연설 도중에 수백 개의 슈퍼칩을 연결한 거대한 엔비디아 슈퍼컴퓨터의 정체를 공개하며 말했습니다. "이(슈퍼컴퓨터) 안에는 150마일(241km) 길이의 광섬유 케이블과 2,000개의 냉각팬이 들어있습니다. 무게는 4만 파운드(약 18.1t), 코끼리 네 마리 무게죠. 이것이 엔비디아의 인공지능(AI) 슈퍼컴퓨터이자, 하나의 (거대한) 그래픽 처리 장치(GPU)입니다. 이것을 통해 AI 경계를 확장할 겁니다." 엔비디아가 반도체 산업계 패권을 거머쥐게 된 건 AI 슈퍼칩을 넘어선 비장의 무기들이 있기 때문입니다. 슈퍼컴퓨터가 대표적입니다. 엔비디아는 이제 AI(슈퍼칩을 연결한) 슈퍼컴퓨터 분야에서도 '슈퍼 파워'로 올라서고 있습니다.

챗GPT 같은 초거대 생성형 AI를 실시간으로 수백만 명에게 동시에 서비스 하려면 GPU 한 대만으로는 절대적으로 부족하고 턱도 없이 모자랍니다. 한 대로 거대언어 모델(LLM)을 학습시킨다면 수백년의 시간이 걸릴 수도 있습니다. 그래서 2년 전 나온 오픈AI의 GPT-3.5의 경우 1만 개의 GPU로 서비스됩니다. GPU 개수를 늘릴수록 학습 시간은 획기적으로 줄어들게 될 것입니다. 학습 과정에서 GPU끼리 서로 학습 변수를 교환하고, 큰 행렬 계산은 나눠서 했다가 합치기도 합니다. 이러한 초거대 AI 컴퓨터를 'AI 슈퍼컴퓨터'라고 부르고 있지만 엔비디아는 AI 슈퍼컴퓨터도 직접 개발해서 AI 서비스 기업에 제공하고 있었습니다. 단순히 GPU만 파는 게 아니란 뜻입니다. AI 슈퍼컴퓨터에선 수백 개 혹은 수만 개의 GPU가 서로 광통신으로 연결되었습니다. 엔비디아가 지난해 발표한 AI 슈퍼컴퓨터 'DGX GH200'은, 엔비디아 차세대 AI 슈퍼칩의 정수(精髓)라는 '그레이스 호퍼(GH) 200'을 256개 연결했습니다. 이 슈퍼컴퓨터는 엑사플롭스(ExaFlops)의 계산 성능을 가집니다. 엑사플롭스는 1초당 100경(京) 번 연산을 처리할 수 있는 능력을 말합니다. 현재 전 세계 10대 AI 슈퍼컴퓨터 가운데 일곱 곳이 엔비디아의 GPU 및 슈퍼컴퓨터 솔루션을 쓰고 있습니다. 엔비디아가 AI 슈퍼컴퓨터 분야에서도 막강한 영향력을 가진 강자로 올라섰다는 얘기입니다.

그런데 엔비디아의 경쟁력은 끝내주는 AI 슈퍼칩 때문만은 아닙니다. 엔비디아 경쟁력의 비밀은 바로 소프트웨어 '쿠다(CUDA: Compute Unified Device Architecture)'에 있습니다. 2006년 당시 엔비디아는 게임용 GPU의 고속 병렬 계산이 게임뿐 아니라 다양한 분야에도 쓰일 수 있을 것이라고 자각하고 쿠다라는 소프트웨어를 내놨다고 합니다. 쿠다는 쉽게 말하자면 '번역가'입니다. 인간이 AI 알고리즘을 새로 개발하려면 이를 코딩해야 합니다. 알고리즘은 파이선(Python)과 같은 코딩 언어로 표현되는데, 이들 언어는 인간의 언어와 유사하고 GPU와 같은 반도체는 '1'과 '0'으로 이뤄진 2진수 언어인 '기계어'만 이해한다고 합니다. 쿠다는 이렇게 인간 수준의 언어와 기계어를 번역하는 기능을 하는 것입니다. 더구나 쿠다는 초거대 생성형 AI 학습에 필요한 행렬 계산을 위한 최적의 스케줄과 역할 분담이란 비서 역할도 해줍니다. 이에 AI 개발자들은 편리하고 신뢰성 있는 쿠다를 쓰는 게 이미 습관화됐으며 AI 개발은 시간과의 싸움이라 개발자들은 개발 중 사소한 위험도 감수하려 하지 않는다며 엔비디아 GPU를 쓰려는 이유는 바로 쿠다에 있다는 평이 나왔습니다. 쿠다가 곧 엔비디아의 핵심 경쟁력인 셈입니다.

AI 산업 생태계를 스스로 구축하려 하고 있습니다. 직접 AI 모델도 개발하며 '북 치고 장구친다'는 느낌입니다. 특히 엔비디아는 AI발(發) 생명공학 혁신에 도전하고 있습니다. AI 신약 개발 플랫폼 '바이오니모(BioNeMo)'를 직접 개발하고, 바이오 및 신약 개발 분야에 맞게 확장된

AI 서비스를 제공하기 시작한 것입니다. 엔비디아는 지난 1월 미국 샌프란시스코에서 열린 'JP모건 헬스케어 콘퍼런스(JPMHC)'에 참석해 바이오니모를 공개했습니다. 이 자리에서 엔비디아는 글로벌 제약바이오 기업 암젠(Amgen)이 자사의 바이오니모 AI 모델을 도입하고, 아이슬란드에서 엔비디아 AI 슈퍼컴퓨터 '프레이자(Freyja)'를 구축하고 있다고 밝혔습니다. 엔비디아는 마치 GPT처럼 언어 기반의 모델을 통해 단백질 서열을 해독해 패턴을 학습하거나, 문자 형식으로 변환된 화학 분자 구조 또한 인식이 가능해진다고 봤습니다. 이를 통해 특정 질병이나 치료 분야에 특화된 신약 개발을 빠르게 이뤄낼 수 있다는 기대일 것입니다. 지금까지는 신약 개발을 할 때 후보물질 탐색부터 임상 시험 이후 허가까지 평균 10년 이상의 시간이 걸렸으나 미래에는 AI가 신약 후보물질 탐색은 물론, 임상까지 걸리는 시간을 대폭 줄여 신약 개발 시간을 단축하고 정확성을 크게 높일 수 있다는 게 엔비디아의 꿈입니다.

그러나 엔비디아에 대한 위협 요소도 만만치 않습니다. 우선 AMD, 인텔, 구글, 메타 등이 AI 반도체를 개발하며 추격 중입니다. 독점적인 엔비디아의 GPU를 쓰기엔 너무 비싸서입니다. 당장은 엔비디아 천하지만, 2~3년 지나면 경쟁 기업들이 시장을 잠식해 나갈 것입니다. 그 기업이 마하의 삼성일 수도 있습니다. 국내 벤처 기업인 리벨리온, 퓨리오사, 사피온, 또는 하이퍼엑셀일 수도 있습니다. 영원한 것은 없습니다. 시장이 1개 기업의 독주를 원하지 않습니다. 그리고 가격이 너무 비쌉니다. 이처럼 AI를 통한 사업 확장은 상상을 뛰어 넘는 자본투자를 전제로 한다는 것도 걸림돌입니다. 샘 올트먼 오픈AI 최고경영자(CEO)는 AI 반도체 자체 설계·생산을 위해 9,000조원에 달하는 투자

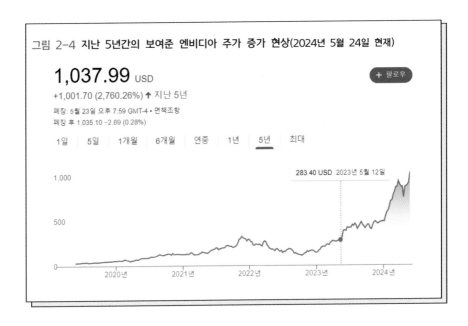

그림 2-4 지난 5년간의 보여준 엔비디아 주가 증가 현상(2024년 5월 24일 현재)

1,037.99 USD

+1,001.70 (2,760.26%) ↑ 지난 5년

폐장: 5월 23일 오후 7:59 GMT-4 · 면책조항
폐장 후 1,035.10 -2.89 (0.28%)

| 1일 | 5일 | 1개월 | 6개월 | 연중 | 1년 | 5년 | 최대 |

283.40 USD 2023년 5월 12일

금이 필요하다고 보고 협력 국가와 기업을 찾고 있습니다. 조만간 1경원이 넘는 투자 시대가 올 수도 있습니다. 전 세계 10억 명 인구가 매달 10만원씩, 10년 간 모아야 만들어지는 돈이 1경 2,000조원입니다. AI에 누가 그만한 비용을 선뜻 지불 가능하겠느냐가 위험 요소인 셈입니다. 결국 인공지능은 '쩐'의 전쟁이었습니다. 이 비용을 지속적으로 감당할 수 있는가 도전이 예상됩니다. 천문학적 비용 때문에 2~3년 후에 엔비디아의 위험이 도래할 수도 있으므로 유심히 지켜볼 일입니다.

2-4 HBM

AI 가속기에는 GPU와 함께 고대역폭 메모리라고 불리는 HBM이 들어간다고 합니다. HBM의 원리는 무엇인지 왜 AI 가속기에 필수적인 반도체인지 궁금합니다. 다시 말해서 HBM이 왜 중요한가요? 그리고 우리나라 기업들에게는 어떤 기회가 있나요? HBM의 미래 모습은 무엇인가요?

김정호 '인공지능(AI)의 심장'이라는 고대역폭 메모리(HBM)를 둘러싼 경쟁이 불붙고 있습니다. HBM이 인공지능 가속기의 성능을 결정하기 때문입니다. 반도체 업계에선 지금 HBM을 두고 생존을 건 한판 승부가 벌어지고 있습니다. 도대체 HBM이 뭐길래, 이를 둘러싸고 격전이 펼쳐질까요? HBM(High Bandwidth Memory)은 영어 단어 뜻 그대로 넓은 대역폭(帶域幅)을 지닌 메모리를 말합니다. '대역폭'은 순간적으로 보낼 수 있는 데이터 양이 얼마나 되는지를 뜻합니다. 고속도로의 차선이 넓을수록 더 많은 차들이 빨리 지나갈 수 있는 것처럼 대역폭이 넓을수록 데이터 전송 속도나 처리량이 늘어나는 이치입니다. 인공지능 슈퍼컴퓨터 등이 AI를 구현하려면 방대한 양의 데이터를 더하고, 빼고, 나누고, 곱하면서 학습을 한 뒤 스스로 추론하고, 이를 재빨리 처리해야 합니다. 이 과정에서 HBM은 데이터를 가장 빠르게 처리하는 데 필수품으로 자리하게 됐습니다. 최근 AI 모델과 서비스 개발에 기업 간 또는 국가 간 경쟁이 치열한데, 이 경쟁의 승패는 '컴퓨팅 능력(Computing Power)'에 달렸습니다. 많은 정보를 얼마나 빠르게 계산하고 처리해낼 수 있느냐에 달렸다는 얘기입니다. 그런데 이 컴퓨팅 능력은 'GPU(그래픽 처리 장치)'와 'HBM' 그리고 이들을 어떻게 묶고 쌓는지를 뜻하는 '패키징'에 의해 결정됩니다. 그중에서도 HBM이 더욱 중요해지고 있습니다. 생성형 AI 계산 과정에선 GPU보다 HBM이 더 바쁘게 돌아가기 때문입니다. 이런 폭발적인 양의 데이터를 빠르게 처리하려면 넓은 고속도로에 정보를 빠르게 지나다니게 해야 하는데, 그 역할을 HBM이 합니다. GPU가 아무리 좋아도 HBM이 없으면 제 성능을 발휘하지 못한다는 얘기입니다. '앙꼬 빠진 찐빵'으로 비유하자면, 찐빵의 '앙꼬'가 바로 HBM입니다.

이처럼 생성형 AI 시대의 핵심으로 통하는 HBM의 역사는 10여 년 전으로 거슬러 올라갑니다. 당시 그래픽카드용 GPU를 설계하던 엔비디아와 AMD의 제안으로 SK하이닉스는 이들과 HBM을 공동 개발하기 시작했습니다. 2013년 SK하이닉스는 세계 처음으로 HBM을 개발했고, 이 HBM이 2020년쯤 생성형 AI 시대가 도래하자 그 꽃을 피운 것입니다. SK하이닉스는 HBM의 성능과 용량을 계속 향상시켜 올해 상반기 중 8단 또는 12단의 HBM3E를 양산할 계획입니다. HBM은 '아파트' 같은 구조라서 '단층집'인 D램을 여러 겹 켜켜이 쌓아 놓은 형태입니다. 층과 층 사이는 '엘리베이터'처럼 서로를 연결하는 TSV(실리콘 관통전극)까지 뚫어 저장 용량을 늘리게 됩니다. HBM은 성능 개선에 따라 1세대(HBM)에서 2세대(HBM2), 3세대(HBM2E)를 거쳐 4세대(HBM3), 5세대(HBM3E)로 진화했습니다. HBM3 다음에 붙는 알파벳 'E'는 HBM3에서 일부 성능을 개선해 확장(Extended)한 버전이란 의미입니다. 업계에서는 2026년 6세대인 HBM4 양산 시대가 열릴 것으로 예상했습니다. 메모리

업계 3강(SK하이닉스·삼성전자·미이크론)의 '반도체 삼국지' 경쟁도 격화하고 있습니다. SK하이닉스와 삼성전자가 양분해 온 HBM 시장에 미국의 마이크론도 본격 참전하는 모양새입니다.

그렇다면 각 기업들이 2026년 양산을 목표로 하는 6세대 HBM4는 어떤 모습일까요. 기존 HBM은 여러 개 D램을 쌓은 뒤, 곳곳에 1,024개의 구멍을 뚫어 정보 출입 통로를 만들었습니다. 그런데 HBM4는 이 통로 숫자가 2배로 늘어난 2,048개가 됩니다. 또 연결선 하나당 데이터 전송 속도는 더욱 빨라집니다. 그 결과, 대역폭이 이전 세대인 HBM3E보다 두 배 이상 증가했습니다. 쌓아 올리는 단층집(D램) 층수도 12층에서 16층까지 늘어나 저장 데이터 용량도 늘어납니다. 10년 이상 더 먼 미래의 HBM은 어떤 모습일까요? 먼저 GPU와 HBM을 지금처럼 수평으로 배치하는 게 아니라, 수직으로 쌓아 '주상 복합 건물' 구조(3D 패키징)처럼 만들 것으로 예상했습니다. 또 주상 복합에서 '백화점·상가 부분(GPU)'과 '아파트 부분(HBM)' 사이 경계도 모호해질 것입니다. 마치 아파트 중간 층에 카페나 피트니스 센터를 넣는 것처럼, GPU에 있던 일부 계산 기능이 HBM으로 올라갈 수 있습니다. 이렇게 되면 GPU와 HBM의 경계가 무너지는 시대가 도래하게 될 것입니다. 미래엔 오히려 HBM이 GPU에 계산 명령을 하는 지휘자가 될 수도 있습니다. 이렇게 되면 데이터 저장을 하던 메모리 반도체는 데이터 처리의 변방이 아니라 중심이 됩니다. 우리나라가 HBM을 절대 사수해야 하는 이유입니다.

인공지능 반도체에서 열이 나는 것은 기본적으로 '디지털' 회로로 만들어져 있기 때문입니다. 디지털 회로는 '1'과 '0'의 두 가지 상태가 존재합니다. 논리 '1'의 경우 정전기인 '캐패시터(Capacitor)'가 '전자'로 채워져 있는 상태를 말합니다. 정전기는 디지털 회로에서 전자를 담는

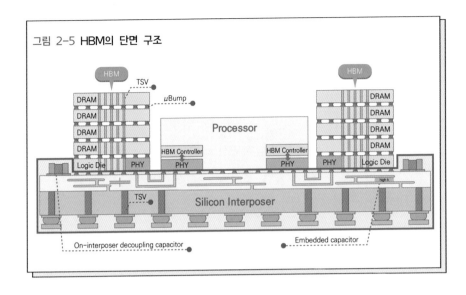

그림 2-5 **HBM의 단면 구조**

그릇입니다. 전자는 전기를 갖고 있는 최소 단위의 입자입니다. 그리고 정전기에 전자를 비우게 되면 논리 '0'이 됩니다. 인공지능 반도체를 포함한 디지털 회로는 논리 1과 논리 0의 끝없는 계산과 저장을 반복(1초에 조 단위)합니다. GPU 안의 수백억 개의 트랜지스터가 이렇게 전자 채우기와 비우기를 계속합니다. 그래서 인공지능이 학습을 합니다. 생성할 때 글도 쓰고, 말도 하고, 음악도 작곡하고 영화도 만듭니다. 조만간 인간이 작성하는 PPT, 전자메일, 문서 작성, 보고서 작성도 인간을 대신해서 인공지능이 하게 됩니다. 이 과정에서 수많은 전자 채우기와 비우기를 반복합니다. 전자 채우기, 비우기 그리고 논리 계산이 무수히 반복되었습니다.

특히 HBM4에서는 메모리 맨 아래층에 GPU의 일부 계산 기능이 들어갑니다. 다시 말해서 전력소모가 일어나고 열이 발생할 가능성이 높습니다. 더욱 세심한 냉각 설계가 필요하게 되었습니다. 냉각과 방열

설계가 충분하지 않으면 반도체 일부에 열점(hot spot)이 발생하고 이
부분의 온도가 급격히 올라가며 성능이 떨어집니다. 특히 HBM4에서는
베이스 다이(Base Die)에 들어가는 계산 기능과 열 방출 성능이 전체 메
모리의 성능을 좌우할 전망입니다. HBM4부터는 설계 과정에서 열 설
계 모델링과 시뮬레이션이 추가됩니다. 인공지능 반도체의 냉각과 열설
계에 따라 같은 생성작업을 하면서도 속도가 빨라집니다. 이처럼 인공
지능 반도체도 열을 받아 냉각이 초격차 기술이 되었습니다. 특히
HBM4에서 핵심 경쟁력이 될 전망입니다.

2-5 AI 반도체 발전 전략

결국 AI에 대한 경쟁력을 갖기 위해서는 AI 반도체에 대한 경쟁력이 필요
합니다. 우리나라 기업은 GPU를 개발하기 어렵나요? 이를 대체할 AI 반
도체는 무엇인가요? AI 반도체에 대해 우리가 가져야 할 전략을 알고 싶
습니다.

김정호 16세기 이후 한반도 주변에서 발생한 전쟁들은 중국과 러시
아를 중심으로 한 동아시아 '대륙세력'과 미국, 영국, 일본, 스페인, 포
르투갈 등을 중심으로 한 '해양세력' 사이의 패권 충돌과정으로 볼 수
있습니다. 1592년 조선과 일본 사이에 일어난 전쟁인 임진왜란도 대륙
세력인 명나라도 원군을 파견한 국제적 성격의 전쟁이었습니다. 이러한
역사의 연장 선상에서 1950년 1월 10일 발표된 미국의 극동 방위선인
'애치슨 라인(Acheson Line)'도 그 맥락을 이해할 수 있습니다. 이때 대한
민국과 중화민국, 인도차이나 반도가 미국의 방위선에서 사실상 제외되
었고 지금은 인공지능 반도체가 新 애치슨 라인을 만들어 가고 있습니
다. 바로 그 경계선이 삼성전자와 SK하이닉스 공장이 있는 경기도 이천
과 평택, 그리고 대만의 TSMC 위를 지나갑니다. 인공지능 시대를 맞아
이제 반도체 덕분에 새로운 애치슨 라인이 만들어질 수 있었습니다. 새
로운 애치슨 라인에서 한반도와 대만이 제외될 수도 있었습니다. 경우
에 따라서는 태평양 하와이 인근으로 후퇴될 수도 있었습니다. 그렇게

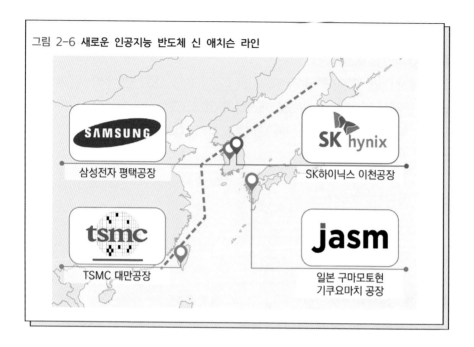

그림 2-6 새로운 인공지능 반도체 신 애치슨 라인

삼성전자 평택공장

SK하이닉스 이천공장

TSMC 대만공장

일본 구마모토현
기쿠요마치 공장

되면 인공지능과 반도체 패권이 아시아 지역을 벗어나 안보적으로도 위험 요소가 됩니다. 그러기 때문에 인공지능 반도체 애치슨 라인을 사수해야 합니다. 초격차 기술의 확보와 인재의 확보가 애치슨 라인을 지키는 것입니다.

이를 위해서는 경쟁력 있는 반도체 공장이 한반도 내에 설치되어야 합니다. 각국과 유치 경쟁이 치열하므로 그러기 위해서는 반도체 생산 인프라에 필요한 원활한 전기와 용수 공급이 해결되어야 했습니다. 최첨단 반도체 공장 건설의 경우 이들 조건이 모두 만족될 때 시작해도 부지 정비 및 공장 건설에만 7~8년 이상 소요됩니다. 1~2년 단축이 절실했습니다. 더 파격적으로 2~3년 내에 공장이 계획되고 건설되어야 했습니다. 인공지능 반도체는 시간 싸움이 승패를 결정하는 타이밍 산업이기 때문입니다. 특히 미국의 대 중국 투자 규제로 인해서 국내 반도체 기업들의 중국 생산 공장 라인에 대한 보완 투자가 사실상 어려운 상황입니다. 잘못해서 국내 투자가 지체될 경우 반도체 제조 경쟁력 전체가 붕괴될 수 있습니다. 반드시 국가적 차원의 파격적 지원을 바탕으로 국가 반도체 산업단지가 조성되어 반도체 메모리 산업의 초격차 경쟁력을 확보해야 했습니다. 바로 '국가(國家)와 정치(政治)의 책무'이기 때문입니다. 고성능 반도체 메모리 산업은 반드시 한반도(韓半島) 내에 지켜야 했습니다. 그래야 2023년도 신(新) 애치슨 라인을 지킬 수 있기 때문입니다.

다음으로 지속적인 세대를 뛰어넘어 반도체 산업을 성장하기 위한 '우수 인재의 지속적 육성'입니다. 현재 한국 반도체 산업을 이끌고 있는 리더들은 대부분 70년대 혹은 80년대 대학을 입학해서 전자공학, 재료공학 등을 전공하고 국내외에서 석박사 학위를 받은 우수 인재들입니다. 앞으로도 미래 한국 반도체 산업을 이끌 주역들을 끊임없이 발굴하고 배출하고, 성장시켜야 합니다. 더불어, 현재 삼성전자, SK하이닉스와 함께 성장한 우수 인재의 해외 유출을 막아야 합니다. 그러기 위해서는 충분한 경제적인 보상, 맘껏 오랫동안 일할 수 있는 환경을 마련해 주어야 합니다. 한 명의 우수한 개발자의 중국 유출은 반도체 격차의 벽을 허무는 틈이 될 수 있기 때문입니다. 결국, 사람이 가장 중요합니다. 인재가 인공지능 반도체로 구축된 애치슨 라인을 지키는 핵심이기 때문입니다.

AI 인재의 조건

AI를 위해서는 AI에 담겨진 알고리즘이 필요합니다. 다양한 멀티모달 생성 기능이 필요합니다. 경량화를 통해서 스마트폰 안에도 넣어야 합니다. AI 알고리즘에서도 우리가 경쟁력을 가져야 합니다. AI 알고리즘은 결국 수학이라고 알려져 있습니다. 이런 관점에서 우리가 필요로 하는 AI 인재의 조건은 무엇인가요?

김정호 미래 인공지능에서는 학습 자체도 스스로 진화하고 있습니다. 기존 학습 결과를 재활용하는 전이학습(Transfer Learning) 알고리즘도 사용되었습니다. 특정 분야에서 학습된 신경망의 일부를 유사한 분야나 새로운 분야에서 재사용하는 학습방법입니다. 그래서 학습 시간과 비용 그리고 필요한 데이터를 줄일 수 있습니다. 사과 깎는 방법을 학습한 인공지능을 조금 변경하여 배를 깎는 인공지능으로 만드는 것입니다. 스탠퍼드 대학은 기존의 이미지 분류 인공지능을 전이학습으로 학습시켜 피부과 전문의 수준으로 정확하게 피부암 진단을 진단하는 인공지능을 개발하였습니다. 이렇게 되면 한 가지를 알면 열 가지를 깨닫는 인공지능이 됩니다. 결국 인공지능은 점점 인간의 손을 떠나 '자기주도 자율학습'의 세계에 진입하고 있습니다. 미래에는 학습과정 자체의 설계도 인공지능이 하게 될 것입니다. 인공지능 스스로 주도하는 것입니다. 여기에 더해 미래 인공지능 기술의 발전 방향은 효율화, 복합화, 근접화, 가상화, 그리고 탈인간화로 대표됩니다. 사람과 같이 보고, 듣고, 말하고, 창작하고, 사유하며 동시에 자아를 가진 복합 인공지능이 개발되었습니다. 그리고 물리적으로 인간 인체와 뇌에 더 가까이 설치되어 마침내 가상화와 탈인간화를 통해서 '자기 주도' 능력과 '자율학습' 능력을 갖게 될 것입니다. 이런 인공지능을 개발하기 위해서 세계 각국들이 치열하게 경쟁하고 있습니다. 매년 급격히 증가되는 기계학습 논문 숫자가 말해주고 있습니다. 국가 간 '인공지능 격차(AI Divide)'는 엄청나게 커지고 있습니다.

인공지능 시대에 우수한 '인간(人間) 인재(人材)'의 조건은 튼튼한 기초지식, 창의력과 리더십을 기본으로 하고, 자기주도 자율학습 능력이 추가되었습니다. 여기에 더해서 끈기, 열정, 집념과 더불어 높은 윤리수준, 그리고 소통과 협업 능력이 요구되었습니다. 미래 인공지능의 요구 조건도 완전히 똑같았습니다. 특히 행렬 수학은 인공지능에서 데이터의 공간 변환, 인공지능망 최적설계, 확률의 추출 과정에서 필수적인 수학적 도구입니다. 인공지능의 불완전성을 수학의 확률이 보완할 수 있습니다. 그래서 인공지능에는 확률이론, 통계이론, 정보이론, 게임이론, 이산수학 등 고급수학들도 필요합니다. 수학 없는 인공지능은 없습니다. 마찬가지로 인공지능 반도체의 기초도 수학입니다. 미분방정식, 복소수학 등이 핵심 이론을 만들었습니다. 기초 위에 건물을 짓고 꽃을 피운 것입니다.

이렇게 반도체 설계에서도 수학의 힘이 절대적입니다. 반도체 칩하나에는 수백억 개의 전류와 전압 파형(Waveform)이 존재합니다. 반도체의 정상 동작을 위해서는 정해진 시간 내에 약속된 이러한 파형들이 정확히 전달되어야 합니다. 이들 파형들을 수학으로 표현하면 바로 다

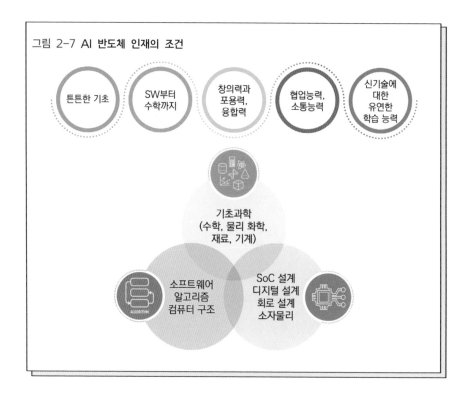

그림 2-7 AI 반도체 인재의 조건

튼튼한 기초

SW부터 수학까지

창의력과 포용력, 융합력

협업능력, 소통능력

신기술에 대한 유연한 학습 능력

기초과학 (수학, 물리 화학, 재료, 기계)

소프트웨어 알고리즘 컴퓨터 구조

SoC 설계 디지털 설계 회로 설계 소자물리

변수(Multi-variable) 미분방정식(Differential Equation)이 됩니다. 영화에서 존 내시가 MIT 수업시간에 칠판에 가득히 풀던 방정식들입니다. 수학 미분은 사물의 변화를 표현합니다. 반도체 속에서도 마찬가지입니다. 결국 반도체 설계의 완성을 수학적으로 확인(Verification)하기 위해서는 수백억 개의 미분방정식을 동시에 풀어야 했습니다. 인간은 그 많고 복잡한 방정식을 풀 수 없으므로 컴퓨터가 대신 정확하고 빠르게 풀어주었습니다. 이렇게 반도체 설계 능력도 수학 실력이 되었습니다.

여기에 더해 이제 '수학 교육의 내용과 방식'도 변화되어야 합니다. 수업 진행도 개념 위주, 토론 위주, 문제 자체를 스스로 만드는 연습,

컴퓨터를 이용한 문제풀이, 즐거운 협력의 수업 방식이 되어야 합니다. 진정한 수학 실력은 개념 정립과 논리의 확립에 있습니다. 인공지능에 필요한 수학 교육에서도 마찬가지입니다. 그렇지만 현재 우리나라 고등학교 수학 교육의 문제의 뿌리는 모든 교육의 관점이 대학입시의 공정성과 변별력에 맞춰져 있다는 점입니다. 정시와 수시 비중의 논란은 영원히 결론이 나지 않는 소모적인 논쟁일 뿐이고 또한 현행 대학입시 수학 시험은 짧은 시간에 틀리지 않고, 많은 문제를 푸는 기능 테스트에 불과하다는 것입니다. 이는 의미 없는 퇴행적 시험 방식일 뿐입니다. 이러한 기능은 고성능 반도체와 컴퓨터, 그리고 네트워크로 무장한 인공지능이 훨씬 빠르고, 정확하다는 것입니다. 인공지능 시대의 수학 교육은 더 이상 문제 풀이가 될 수 없는 것입니다. 언어는 사람과 사람의 소통 수단이고 수학은 인간과 자연과의 대화 방법입니다. 여기에 더해, 이제 인공지능 시대를 맞아, 수학은 인간과 인공지능을 관통(貫通)하는 가교(架橋)가 되고 있습니다. 수학은 인공지능 시대의 혁신 방법이면서 동시에 개인과 국가 경쟁력의 원천(源泉)이 됩니다. 그리고 인공지능 반도체 설계력도 수학이라고 할 수 있습니다. 이러한 인재의 공급이 가장 중요한 국가 전략입니다.

반도체 관련 소부장(소재·부품·장비) 분야의 기술이 대부분 일본, 미국, 네덜란드 등 외국에 의존하는 현황과 신기술 특징은 무엇인가요?

이우영　현재 우리는 국가의 생존과 번영이 과학기술 경쟁력에 좌우되는 기술패권시대를 살고 있습니다. 역사적으로 인류 문명의 원동력은 과학기술이며, 그 근간에는 시대마다 새롭게 발명된 다양한 기술과 새롭게 발견된 소재가 있었습니다. 고대시대에 청동과 철 소재의 발견과 이를 가공하는 제조기술의 발달이 대표적인 예입니다. 20세기는 실리콘 시대라고 부를 수 있습니다. 이 기간 동안 실리콘 소재를 기반으로 한 반도체 기술이 트랜지스터의 발명(1947년), 집적회로(IC)의 개발(1958년), 마이크로프로세서의 출현(1971년)으로 이어져 컴퓨터, 통신, 자동차 등 다양한 분야에서 혁신을 이끌었기 때문입니다. 현재 우리나라의 반도체 기술은 21세기 기술패권시대에서 기술 우위의 국가로서 세계를 선도할 수 있는 핵심 역량입니다.

우리나라의 반도체 산업은 국가 경제에서 중요한 위치를 차지하고 있습니다. 2023년 기준 반도체는 한국 전체 수출대비 약 18.9%입니다. 국내 주요 반도체 기업인 삼성전자와 SK하이닉스는 세계 DRAM 시장에서 약 73%, NAND 플래시 시장에서 약 51%의 점유율을 갖고 있으며, 국내외 경제에 미치는 영향이 매우 큽니다. 이러한 높은 시장 점유율은 국내 기업들의 지속적인 연구개발과 기술혁신에 기반하고 있습니다. 즉, 반도체 기술은 우리나라가 기술패권시대에 세계를 선도하는 주요 동력이며, 국가의 경제 성장과 글로벌 경쟁력 강화에 매우 중요한 역할을 합니다.

하지만 우리나라 반도체 산업에서 소부장(소재·부품·장비) 분야의 기술이 대부분 미국, 일본, 네덜란드 등 외국 의존에 대한 우려의 목소리가 높습니다. "소부장"은 "소재, 부품, 장비"의 줄임말로, 제조업의 핵심 요소를 의미합니다. 이 용어는 2019년 일본의 수출 규제 조치 이후, 우리나라의 소재, 부품, 장비 산업에 대한 문제 인식과 개선의 필요성을 강조하기 위하여 국산화와 경쟁력 강화를 목표로 정부와 업계에서 적극적으로 사용해 왔습니다. "소재"는 제품을 만드는 기본적인 물질을 의미하고, "부품"은 제품의 일부를 구성하는 요소, "장비"는 제조 공정에 필요한 기계를 뜻합니다. 이 세 가지는 제조업의 기반을 이루며, 특히 반도체, 자동차, 전자 산업 등에서 매우 중요한 역할을 합니다. 따라서, 우리나라 반도체 산업에서 소부장의 대외 의존도는 경제 및 산업 전략에 중대한 영향을 미칠 수 있으며, 향후 국내 반도체 산업의 안정적인 성장에 있어 매우 중요한 고려사항입니다. 2019년 일본 정부는 우리나라를 백색 국가에서 제외하면서 반도체와 디스플레이 제조에 필수적인 포토레지스트, 고순도 플루오린화수소 및 폴리이미드 등 3개의 핵심 소재에 대한 수출 규제 조치를 공식 발표했습니다. 우리나라는 이에 대한 대책으로 중요 소재의 국산화를 촉진하고 공급망을 다변화하여 일본 의존도가 다소 감소되었으나 아직도 100대 핵심 품목의 일본 의존도가 25%로 매우 높습니다.

우리나라의 반도체 소부장 분야에서 주요 의존 국가는 미국, 중국, 일본 등입니다. 소재의 경우, 대부분의 원자료를 미국(38.5%), 중국(24%), 일본(24.9%)의 수입에 의존하며, 특히 포토레지스트, 고순도 플루오린화수소 및 폴리이미드에 대한 일본의 의존도는 여전히 높습니다. 실리콘 웨이퍼, 포토레지스트, 에칭 및 증착 재료, 폴리실리콘, 다양한 화학약품 및 가스 등이 포함됩니다. 이러한 소재들은 반도체 칩의 성능과 품질에 직접적인 영향을 미칩니다.

부품 및 장비의 경우도 대외 의존도가 높습니다. 반도체 제조에 필요한 고가의 첨단장비의 77.5%가 미국, 일본, 네덜란드 등에서 수입되며, 이는 고도의 기술력이 요구되는 분야에서 우리나라의 경쟁력이 미흡하다는 것을 보여 주고 있습니다. 반도체 제조 장비는 수많은 정밀부품으로 구성되어 있습니다. 이러한 부품들은 장비의 성능을 결정하며, 고장 없이 안정적인 운영을 보장하는 데 필수적입니다. 반도체 제조에 필요한 주요 장비로는 포토리소그래피 장비, 에칭 장비, 증착 장비, 폴리싱 장비, 검사 및 측정 장비 등이 있습니다. 이러한 장비들은 반도체 칩의 패턴을 형성하고, 불순물을 제거하며, 칩의 전기적 특성을 검증하는 등의 역할을 수행합니다. 이들 각각은 반도체 칩의 제조 과정에서 필수적인 역할을 하며, 그 품질과 기능은 최종 제품의 성능에 직접적인 영향을 미칩니다.

특히 극자외선(Extreme Ultraviolet, EUV) 포토리소그래피 장비는 네덜란드 ASML이 독점하고 있어 이에 대한 의존도가 매우 큽니다. 인텔 및 TSMC 등 세계 반도체 제조 회사들도 이 장비가 없으면 초고집적도 반도체 생산을 제대로 할 수 없는 신기술이며 초격차 기술 분야입니다. 메모리, CPU, GPU 등 반도체 소자 생산을 위한 제조 공정은 매우 복잡

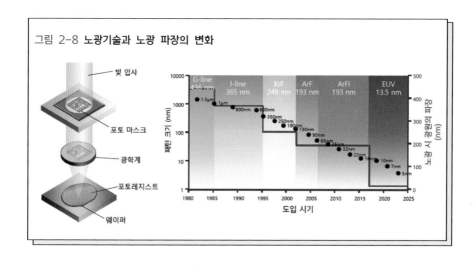

그림 2-8 노광기술과 노광 파장의 변화

하고 정밀한 여러 단계를 거쳐 이루어지며, 반도체의 성능과 최종 제품의 효율성에 중대한 영향을 미칩니다. 특히 반도체 제조 공정 중 포토리소그래피(Photolithography)는 반도체 소자의 집적화에 가장 중요한 공정입니다. 반도체 소자가 점점 작아짐에 따라 소자 패턴의 크기가 작아지며, 이에 따라 보다 작은 파장의 빛이 필요합니다. 기존의 수백 nm 파장영역에서의 빛을 이용해 왔는데 최근에는 10nm보다 짧은 파장의 극자외선(EUV) 포토리소그래피가 관련 기술을 주도하고 있습니다([그림 2-8] 참조).

현재 극자외선(EUV) 포토리소그래피 장치는 네덜란드의 ASML이 유일하게 생산하고 있으며, 2023년 기준 장비 한 대당 가격이 1억 8,300만 달러(2,400억 원)로 반도체 장비 중 가장 고가의 장비입니다. 이 장비는 전 세계 반도체 제조업체들에게 공급되고 있습니다. ASML은 2023년 한 해 동안 총 53대의 EUV 포토리소그래피 장비를 생산했고 총 매출은 276억 유로(약 37조 원)에 달했습니다. 이외에도 ASML은 다양한 반도체 제조장비를 제공하고 있으며, 이러한 장비들은 반도체 산업의 필수적인 요소기술로 자리 잡고 있습니다. 국내에서도 지난 20년간 EUV 포토리소그라피에 대한 많은 연구가 이루어졌지만 아직 최고 수준의 기술에 도달하지 못했으며, 더 많은 투자와 지원이 필요한 기술 분야입니다.

소부장 분야 기술자립

반도체 산업에서 필요한 소재, 부품, 장비를 외국에 의존하지 않고 우리나라에서 독자적으로 생산할 수 있도록 기술력을 강화하려면 어떤 방법들이 있을까요?

이우영 우리나라 반도체 소부장의 자립은 특정 국가나 기업에 대한 의존도를 낮추고, 국내 생산 능력을 강화함으로써 경제적 자립을 도모할 수 있다는 점에서 매우 중요합니다. 핵심 소부장을 외국에 의존할 경우, 외교적 갈등이나 무역 분쟁 시 공급망이 중단될 위험이 있습니다. 2019년 일본의 수출 규제 조치가 그 대표적인 예입니다. 또한 소부장의 자립은 기술 혁신과 생산 효율성을 높여 기업의 역량을 강화하고, 글로벌 시장에서의 경쟁력을 높이는 데 기여합니다. 뿐만 아니라 국내 산업 생태계를 강화하고, 이는 더 많은 일자리와 경제 성장을 가져올 수 있습니다. 이러한 이유들로 인해 소부장 자립은 국가 경제와 안보, 산업 발전을 위해 매우 중요한 과제입니다.

그렇다면, 반도체 소부장의 기술자립도를 제고하는 방안으로 어떤 것들이 있을까요? 반도체 소부장 기술 자립화를 위해 정부, 기업, 대학의 공조와 협력이 요구됩니다. 정부는 소부장 기술의 자립을 위해 다양한 정책을 추진해야 합니다. 반도체 소부장의 산업에서 연구 개발(R&D)을 통한 산학 협력의 중요성이 매우 큽니다. 소부장 자립을 위한 적극적인 연구 개발(R&D) 투자는 기술력을 높이고, 새로운 기술을 개발하는 계기가 되어 장기적으로 국가의 기술력과 산업 기반을 강화합니다. 정부는 대학과 기업이 상호 협력하여 퍼스트 무버(First Mover)로서 글로벌 반도체 산업을 리드하는 기술 혁신을 가져올 수 있도록 지원해야 합니다 ([그림 2-9] 참조). 대학과 국책 연구소에서의 기초 연구는 종종 새로운 기술과 발명의 원천이 됩니다. 이러한 기술들이 산업계에 도입될 때, 특히 반도체 산업과 같이 기술 집약적인 분야에서 혁신적인 발전을 이룰 수 있습니다. 산학협력을 통해 기업은 대학의 연구 결과와 혁신적인 아이디어를 활용하여 제품 개발을 가속화하고 기술 경쟁력을 강화할 수 있습니다.

2024년 현재 경기도 용인에 조성 중인 반도체 클러스터는 세계 최대 규모의 고기술 반도체 집적 단지가 될 예정입니다. 이 프로젝트는 2023년 3월에 발표되었으며, 총 300조 원(약 2,300억 달러)의 투자가 되는 인프라 구축 사업입니다. 주요 투자자는 삼성전자와 SK하이닉스 등 국내 주요 반도체 기업들입니다. 이 계획은 2042년 완공을 목표로 세계 최대의 반도체 허브가 될 예정이며, 생산 능력 증대와 수백만 개의 일자리 창출이 예상됩니다. 이 클러스터는 삼성과 SK하이닉스와 같은 주요 기업들이 대규모 투자를 진행하여, 5개의 최첨단 반도체 제조 공장을 건설하고, 최대 150개의 국내외 소재, 부품, 장비 기업과 팹리스(fabless) 기업을 유치할 예정입니다. 정부는 이 프로젝트를 지원하기 위해 세제 혜택, 인프라 지원, 연구 개발(R&D) 자금 지원 등을 제공할 계획입니다. 이와 같은 인프라 구축 사업은 반도체 신기술 산업 생태계 조성 및 국내 반도체 산업의 자립도 향상에 크게 기여하기 때문에 차질 없이 진행되어야 합니다.

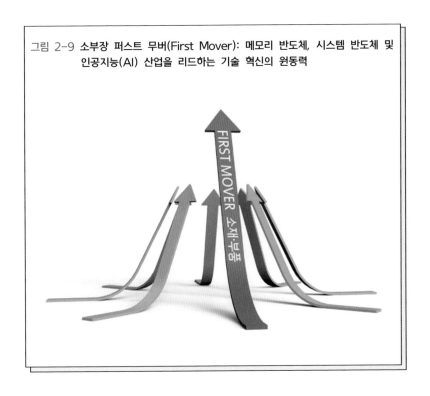

그림 2-9 **소부장 퍼스트 무버(First Mover): 메모리 반도체, 시스템 반도체 및 인공지능(AI) 산업을 리드하는 기술 혁신의 원동력**

뿐만 아니라 반도체 소부장의 자립화를 위하여 반도체 산업에 필요한 고급 기술 인력 양성도 매우 중요합니다. 주요 대학 내에 반도체 관련 학과를 신설하거나 강화하고, 연구기관과 협력하여 최신 기술 교육을 제공함으로써 학생들이 실무에 필요한 지식과 기술을 습득할 수 있도록 해야 합니다. 반도체 및 소부장 분야에 특화된 전문 교육 과정을 마련하여 산업 현장의 기술자들과 학생들에게 제공해야 합니다. 대학과 기업 간의 인턴십 프로그램을 활성화하여 학생들이 실제 현장에서 경험을 쌓을 수 있도록 하고, 기업과 대학이 공동으로 연구 프로젝트를 수행하여 실질적인 문제 해결과 기술 개발에 기여할 수 있도록 합니다. 정부는 소부장 분야의 인력 양성을 위한 연구개발(R&D) 자금 지원 프로그램도 적극적으로 마련해야 합니다.

　소부장 산업의 발전을 저해하는 불필요한 규제를 완화하고 소부장 산업 발전을 위한 특별법 제정 및 관련 정책을 추진하는 것이 바람직합니다. 소부장 기업에 대한 저리 융자, 보조금 등을 제공하여 자금 조달을 지원하고 민간 투자를 활성화하기 위해 다양한 금융 인센티브를 제공해야 합니다. 미중 무역 전쟁과 같은 국제 정세의 변화에 능동적으로 대처하고, 우리나라의 이익을 보호할 수 있는 외교적 노력이 중요합니다. 글로벌 공급망의 협력 네트워크를 구축하여 안정적인 소부장 공급을 확보해야 합니다. 이는 특정 국가에 대한 의존도를 줄이고, 글로벌 위기 상황에서의 리스크를 관리하는 데 도움이 됩니다. 더불어 기술 표준화의 적극적인 참여를 유도하고, 국내 지식재산권을 철저히 보호하여 국내 기업들이 국제 시장에서 유리한 위치를 점하도록 지원해야 합니다. 이는 또한 기술 유출을 방지하고, 국내 개발 기술의 가치를 높이는 데 기여할 것입니다. 위에 제시된 방안으로 반도체 소부장의 기술자립화를 이루어 지속적인 국가의 경제 성장과 글로벌 경쟁력을 확보할 수 있습니다.

참고
문헌

Mordor intelligence 산업보고서

Official Website of the International Trade Administration

김영근. (2021). 신소재 이야기(석학, 과학기술을 말하다 시리즈 38). 자유아
　카데미.

소재강국연구회. (2016). 소재강국 별책부록. 대한금속·재료학회, 한국세라믹
　학회 공동.

3

안전한 원자력 에너지 확보 방안

● ● ●

우리나라는 에너지 자원 빈국이나 에너지 사용량이 세계 10위, 1인당 에너지 사용량 세계 3위로 에너지 사용량이 많다. 원자력이 kWh당 발전 단가가 가장 저렴하고 탄소중립을 실현할 수 있는 청정 에너지원이지만 원자력 안전에 대한 문제가 제기되고 있는데 이를 해결할 수 있는 방안은 무엇인가?

안전성을 획기적으로 높일 수 있는 소형모듈원자료(Small Module Reactor, SMR)가 세계적으로 주목을 받고 있는데 세계 최초로 상용 SMR 표준설계인가를 받은 우리나라가 선도국 위상을 확보하기 위한 방안은 무엇인가요?

SMR의 목적과 원리

황일순　인류 역사상 최대의 산업혁명이 시작되었습니다. 바로 지구온난화를 막고자 탄소중립을 향한 에너지전환 혁명입니다. 일차 산업혁명으로 시작된 에너지 시장은 이제 연간 매출이 1경 5천조 원의 규모의 세계 최대 산업이 되었고, 2050년까지 50% 이상 더 커질 전망입니다. 지금 약 80%를 차지하는 화석 에너지를 최대한 재생에너지와 원자력으로 전환하여 세계 탄소중립을 달성하기 위한 초유의 혁명은 세계 모든 국가들에 근본적 혁신을 요구하고 있습니다.

인구 밀도가 낮은 국가들은 재생에너지만으로 전기를 생산하는 RE100을 목표로 내세우고 있습니다. 대표적으로 독일은 우리보다 인구밀도가 2.4배 낮은 데다, 산의 면적이 15%에 불과하여 실질적 인구밀도는 7배나 낮습니다. 뿐만 아니라 북해의 풍력이 풍부하여, 재생에너지가 우리의 7배에 달합니다. 유럽 각국은 주변국들과 송전망이 사통팔달

연결되어 재생에너지 피크 관리에 비용이 적게 들기 때문에 야심찬 RE100 목표를 내세울 수 있습니다. 그러나 높은 인구밀도에 바람이 약하고, 전력망에서 섬나라와 다름없는 우리에게는 RE100을 추구하면 경제를 초토화시키겠다는 말과 다름없습니다.

2022년 2월 2일, EU의 녹색에너지 분류(택소노미)에 원자력이 포함되었으며, 이는 2023년의 K-택소노미로 발표되었습니다. 세계 많은 국가들이 재생에너지와 원자력을 혼용하는 에너지 믹스정책으로 CF100(Carbon Free 100%)을 목표로 정하고 있습니다. 재생에너지도 모두 본질이 원자력입니다. 태양광은 섭씨 백만 도의 태양에서 수소 원자핵들이 핵융합으로 만들어지는 원자력 빛이고, 풍력과 수력은 태양광에서 파생된 것입니다. 지열의 대부분은 땅속의 방사성동위원소들의 핵붕괴 열이며 원자력입니다. 따라서 CF100은 자연산과 양식하는 원자력의 조합이므로 인구밀도가 높은 대부분의 국가들에게 더없이 올바른 목표입니다.

세계는 원자력의 확대를 위하여 더욱 안전한 첨단 SMR의 개발에 집중하고 있습니다. 후쿠시마와 같은 최악의 사고에도 원자로 멜트다운이나 수소폭발이 없이 위험한 수준의 방사능이 외부로 나가지 않도록 하는 데 가장 큰 목적이 있습니다. SMR은 우수한 안전성을 바탕으로 출력을 신속히 바꾸는 탄력운전이 가능하므로 변동 폭이 큰 재생에너지 단점을 해소하고 이를 확대시키는 기능도 갖고 있습니다. 세계 CO_2의 2/3 이상을 배출하는 신흥국들도 원자력 발전을 도입할 계획에 바쁩니다. 이때 원자력 선진국들이 안전하고 경제적인 SMR을 개발하여 확산시켜야 세계가 CF100 목표로 나갈 수 있습니다.

소형원전이란, 컴퓨터에 비유하면 작은 프로세서를 여러 개 연결하여 같은 성능을 내면서도 공기의 자연냉각만으로 과열을 방지하는 멀티코어 CPU와 같습니다. 현재 가동되고 있는 대형 원전은 강제적인 냉각장치를 필수로 하는 대형 컴퓨터와 같아서, 만약 냉각장치에 전력이 차단되면 과열되는 위험을 지니고 있습니다. 초기에 고가였던 멀티코어 CPU는 대량 생산을 통하여 비용도 크게 줄어들었습니다. 이처럼 소형원전도 작은 모듈들을 공장에서 자동생산하고 육상이나 해로로 수송한 뒤, 조립하면 현장 공사를 크게 줄여서, 경제성을 시장의 눈높이까지 올릴 것으로 봅니다.

세계 SMR 개발 동향

후쿠시마 사고 이후에 SMR 개발이 가속되어 최신 IAEA SMR 연감에 80개 이상의 설계가 등재되었습니다. 미국 주도의 수냉식 제3세대 SMR이 전체의 40%를 차지하고, 사용후핵연료를 재활용하는 제4세대 SMR이 60%를 이루고 있습니다. 제4세대 SMR은 가스냉각, 용융염냉각, 액체금속냉각으로 세분됩니다.

미국의 수냉식 SMR인 NuScale이 2029년에 첫 가동을 목표로 선두를 달리고 있으며, 2030년 초에 경쟁 기술들이 뒤를 이을 전망입니다. 우리나라의 경우, 한국원자력연구원이 개발한 수냉식 SMART 원전이 SMR로서 세계 최초로 인허가를 받았으나, 경제성 문제로 시장 진출에 성공하지 못하고 있습니다. 최근 한국수력원자력주식회사를 중심으로 i-SMR이 국책사업으로 착수되어 SMART의 경험을 반영하여, 2030년경 상용화를 목표로 다시 뛰고 있습니다.

그림 3-1 세계 탄소중립 시대의 SMR 시장과 분포 전망

세계 SMR 시장

재생에너지/청정수소
세계 15%

eFuel/FPSO
세계 3%

Data Center/Smart City
세계 10%

선박/부유식 원전
세계 3%

비OECD/중소도시
세계 62%

집단에너지 대체
세계 4%

세계 SMR 개발은 [그림 3-1]과 같이 6가지의 시장을 전망하고 있습니다. 먼저 재생에너지와 연동하여 송전망 포화문제를 해결하며, 물의 전기분해로써 수소를 생산하는 기능으로 SMR 시장의 약 15%를 차지할 것으로 보입니다. 해양 에너지플랜트인 FPSO에 적용하여 청정연료를 생산하여 항만과 공항에 공급할 수 있습니다. AI로 인하여 급성장하는 데이터센터와 스마트시티의 전력 공급에 SMR이 추진되고 있으며, 산업용 집단에너지를 탈탄소화하는 역할이 기대됩니다. 무엇보다도 신흥국과 중소도시의 수요가 60% 이상을 점유하는 가장 큰 SMR 시장이 될 것으로 전망됩니다. 나아가 선박 추진 및 부유식 발전 요구에 적용될 것입니다.

세계 SMR 선도국으로 가는 관문

우리나라의 대형 원전 산업이 세계 최고의 경쟁력을 갖추었다는 데

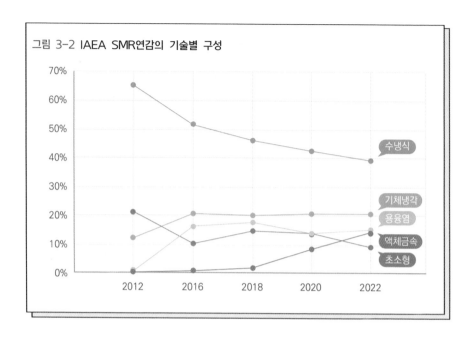

그림 3-2 IAEA SMR연감의 기술별 구성

수냉식
기체냉각
용융염
액체금속
초소형

는 이견이 없습니다. 우리의 성공에는 가장 안전한 가압경수로의 선택과 국가 역량의 집중이라는 비결이 있었습니다. 지난 50년간의 정책적 안정성 덕분에 우수한 기술자들이 혼신의 노력을 펼쳐서 미국과 유럽의 최고 기술을 받아들여 더욱 발전시켰고, 이를 통한 국내 건설이 지속되어 온 결과입니다. 반면 미국과 독일, 스웨덴 등의 유럽 원전 선진국들은 반핵운동으로 원전 건설이 중단되어 산업이 부실화되고 우수 인력의 공급이 중단되었습니다.

지난 10년간 미국과 유럽에서 핵잠수함 운영 경험을 반영하여 안전성이 획기적으로 증진된 SMR이 개발되었습니다. 그동안, 국내에서는 원전 비리사태와 탈원전 정책으로 흔들리자 SMR 기술개발에도 소극적이었습니다. 이로 인하여 국내 대형 원전 산업의 경쟁력을 활용하기 쉬운 수냉식 3세대 SMR에 집중하게 되었습니다.

EU와 K−택소노미에 원자력이 포함될 때, 안전성과 함께 사용후핵연료 대책이 요건으로 규정되었습니다. 제3세대 소형원전은 수년마다 핵연료를 교체해야 하는 고질적 문제를 피할 수 없으며, 이미 산적한 사용후핵연료를 재활용하지도 못합니다. 안전성 문제를 소형화로써 해결하더라도 사용후핵연료 문제를 해결하지 못하면 택소노미의 적용이 2045년으로 종료될 수 있습니다. [그림 3-2]에서 보였듯이, 세계적으로 제3세대 수냉식 SMR이 지속적으로 줄어들어 40%에 다다른 경향은 바로 사용후핵연료 문제 때문입니다. 최근 국내 사용후핵연료 대책이 미궁에 빠지고 있으며, 수입 우라늄 가격도 급속히 상승하고 있으므로 우리나라도 사용후핵연료를 태울 수 있는 제4세대 SMR 개발에 나서야 할 것입니다.

사랑받는 K-SMR

2050년의 저탄소 에너지 산업의 연간매출규모는 우리나라 GDP의 열배를 훌쩍 넘을 것으로 보입니다. 우리의 K−POP처럼 세계인들의 사랑을 받을 수 있는 K−SMR을 개발하면 재생에너지와 나란히 주동력으로 국내 탄소중립을 달성하고, 세계로 확산시킬 수 있을 것입니다.

K−SMR이 세계의 환영을 받을 수 있도록, 안전 목표를 재생에너지 못지않게 높이 설정할 필요가 있습니다. 재생에너지도 원자력이기 때문에 태양광으로 매년 30만 명이 피부암에 걸리고, 지열의 일부인 방사성 라돈이 전체 폐암의 20~30%를 유발하고 있습니다. 이 수준이 세계인들이 환영하는 K−SMR의 안전 목표가 될 수 있을 것입니다.

또한 원자력이 재생에너지처럼 재생되어 지속성을 가지도록 사용후핵연료를 재활용하여 에너지로 바꾸고, 최종 폐기물은 태양광이나 풍력발전기 폐기물처럼 환경에 미치는 기간이 짧게 만들어 불확실성을 줄여야 할 것입니다. 이미 세계 원자력 선진국들이 제4세대 원전을 공동으로 개발하여 고준위폐기물을 핵반응으로 소멸시키는 기술을 조속히 상용화하고자 노력하고 있습니다. K-SMR에도 이러한 지속가능성이 담보되어야 할 것입니다.

끝으로 SMR이 세계 곳곳에 건설되면 핵무기의 확산을 우려하지 않을 수 없습니다. 이를 막기 위해 우라늄 농축과 사용후핵연료 재처리를 국제공동으로 관리해야 한다는 요구가 지속되고 있습니다. 우리나라가 원자력의 평화적 이용을 선도하여 K-SMR에 대한 세계인의 사랑을 더욱 키워나가기 바랍니다.

3-2 사용후핵연료의 재활용

원자력 발전은 그간 값싼 전기를 제공했지만 사용후핵연료가 나옵니다. 사용후핵연료는 얼마나 위험한가요? 자원을 재활용하듯이 다시 사용할 수는 없나요?

김소영   우리나라는 지난 50여 년 산업화와 정보화를 거치며 선진국 대열에 진입하였습니다. 이 과정에서 원자력 발전은 값싼 전기를 제공하는 데 톡톡히 기여했습니다. 현재 전기 생산의 약 30%를 차지하는 원자력 발전으로 과거 석유, 가스 등 에너지를 수입원에 의존했던 상황을 탈피할 수 있었습니다. 그러나 원자력 발전의 필수적인 부산물인 사용후핵연료를 장기적으로 처리·관리하는 방안은 아직 요원합니다.

사용후핵연료는 전력 생산을 위해 원전에서 연료로 사용한 후 원자로에서 인출된 핵연료로, 국내에서 사용하는 핵연료는 원자력발전소 유형에 따라 경수로형 핵연료와 중수로형 핵연료로 구분됩니다. 핵연료는 사용 전과 후에 외관상 차이가 없으나, 사용후핵연료는 원자로 연소 과정에서 핵분열 연쇄 반응 등으로 물질 구성이 달라지고 강한 방사선과 높은 열을 방출하게 됩니다.

사용후핵연료의 방사선과 열은 시간이 지나면서 줄어드는데, 사용후핵연료 종류에 따라 방사선과 열 발생량 감소 기간이 다릅니다. 경수

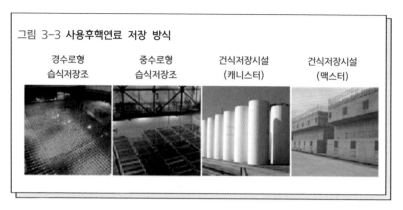

그림 3-3 **사용후핵연료 저장 방식**

| 경수로형 습식저장조 | 중수로형 습식저장조 | 건식저장시설 (캐니스터) | 건식저장시설 (맥스터) |

자료: 한국수력원자력

로형 사용후핵연료의 방사능이 천연 우라늄 수준으로 감소하는 데는 약 30만년이 소요될 것으로 추정됩니다. 중수로형 핵연료는 10년 정도 냉각될 경우 동일 조건의 경수로형 핵연료에 비해 방사선과 열 발생량이 각각 1/20, 1/10 수준입니다.

중수로형이든 경수로형이든 사용후핵연료 방출 초기에는 아주 강한 방사능이 발생하므로 수년간 수조에 넣어 냉각과 차폐를 해주어야 합니다. 이후 원전 부지 내에서 임시로 보관하는데 임시 저장 방식은 습식과 건식으로 나뉩니다. 습식저장은 발전소 내 습식저장소에서 최소 5년 이상 방사선과 열이 자연스럽게 줄어들 때까지 보관하는 것으로, 우리나라 경수로형 사용후핵연료는 모두 습식으로 임시 저장 중입니다. 건식저장은 사용후핵연료에서 배출하는 열을 냉각하기 위해 공기를 이용하고, 방사선을 차폐하기 위해서 콘크리트나 금속용기에 사용후핵연료를 넣어 보관하는 방식입니다. 건식저장 시설에는 최소 5년 이상 냉각시킨 사용후핵연료를 저장하게 되는데 우리나라는 중수로형 사용후핵연료가 사일로나 맥스터와 같은 건식저장 시설에 임시 저장되어 있

그림 3-4 원전 본부별 사용후핵연료 저장 현황

한울원전
6,475

월성원전
497,068

신월성원전
794

한빛원전
7,025

새울원전
496

고리원전
7,039

자료: 한국원자력환경공단

습니다.

현재 우리나라 6개 원전에서 총 24기 원자로를 가동 중으로, 2022
년 기준 사용후핵연료 누적 발생량은 18,415톤입니다. 이는 1990년
1,336톤 대비 10배 이상 증가한 것으로 모두 원전 부지 내에 임시 저장
중입니다. 2023년 산업통상자원부에서 한국방사성폐기물학회에 의뢰한
분석에 따르면 사용후핵연료 포화 시점이 한빛원전 2030년, 한울원전
2031년, 고리원전 2032년 등으로 예상되었습니다.

사용후핵연료는 열과 방사능의 준위가 높기 때문에 사실상 고준위 방사성폐기물이지만 재활용이 가능하기 때문에 원자력안전법에서는 폐기가 결정된 사용후핵연료를 고준위방사성폐기물로 간주합니다. 동법에서는 고준위방사성폐기물을 열 발생량이 2kW/㎥, 반감기 20년 이상인 알파선을 방출하는 핵종으로 방사능 농도가 그램당 4,000베크렐 이상인 경우로 정하고 있습니다. 상기 기준보다 낮으면 중저준위폐기물로 분류되는데 원전이나 병원 등에서 폐기하는 작업복, 장갑, 필터 등이 대표적인 예입니다. 우리나라는 2015년 3월부터 한국원자력환경공단 관리 하에 경주의 중저준위방폐물 처분장을 운영하고 있습니다. 그러나 고준위방폐물 처분장은 아직 마련되지 않아 원자력 발전을 화장실 없는 아파트로 비유하기도 합니다.

사용후핵연료는 우라늄과 플루토늄 등 다시 활용할 수 있는 자원을 추출할 수 있기 때문에 재활용이 가능합니다. 그러나 우리나라는 한미원자력협정에 따라 재처리는 안됩니다. 재처리는 물리적·화학적 방법으로 사용후핵연료에서 플루토늄, 우라늄 등을 다시 추출한다는 점에서는 비슷하나, 핵무기 제조에 사용될 수 있는 고순도 플루토늄을 추출할 수 있어 1974년 체결된 한미원자력협정에서는 미국의 사전 동의나 허락없이 핵연료 농축과 재처리를 못하도록 제한했습니다. 그러나 2015년 한미원자력협정 개정을 통해 국내에서 연구 목적으로 사용후핵연료의 형상 또는 내용 변경은 가능하게 되었습니다. 하지만 사용후핵연료로부터 플루토늄 등 초우라늄 원소와 그 밖의 특수핵분열성물질을 분리하는 연구는 아직도 미국의 사전 동의가 필요합니다.

우리나라는 국제조약에 따라 재처리를 할 수 없기 때문에 재활용 과정에서 건식저장 방식인 파이로프로세싱을 오래 연구해 왔습니다. 관련해 2018년 3월, 사용후핵연료 처리기술 연구개발사업 재검토위원회는 파이로프로세싱은 한미 공동연구 결과 등을 바탕으로 기술 성숙도 진전에 따라 2020년 이후 다시 판단할 것을 과학기술정보통신부에 권고하였습니다.

한편, 유럽연합은 2022년 투자지침서 역할을 하는 녹색기술 분류체계(EU Taxonomy)를 발표하면서 원자력을 녹색에너지로 분류했는데, 2050년까지 고준위방폐물 관리계획을 마련하는 것을 단서로 달았습니다. 따라서 고준위방폐물 저장·처분시설 확보는 지속가능한 원자력 이용의 핵심 이슈가 되었습니다. 이에 최근 우리 정부는 차세대 원자력을 12개 국가전략기술로 지정하면서, 고준위방폐물의 운반저장 상용화 기술, 우리나라 특성을 반영한 부지평가 및 장기 지질환경 변화 예측 기술, 우리나라 환경에 맞는 안전성이 입증된 처분시스템 기술 등 고준위 폐기물 관리 기술을 세부기술로 선정했습니다.

3-3 고준위방폐장 확보 방안

2015년 경주에 중저준위방폐물 처분시설이 준공되었지만 이제 포화에 가까운 사용후핵연료 등 고준위방폐물은 임시저장 중입니다. 사용후핵연료는 어떻게 장기적으로 관리할 수 있나요? 원전을 운영하는 다른 나라들은 어떻게 관리하나요?

김소영　원전 내 임시 저장 중인 사용후핵연료는 언젠가는 반출해야 합니다. 중간저장 시설로 옮겼다 영구처분을 할 수도 있고 아니면 곧바로 영구처분을 할 수도 있습니다.

중간저장은 사용후핵연료를 발생자, 즉 원전 운영사로부터 인수해 최종 처분 전까지 저장하는 것입니다. 중간저장은 임시저장과 마찬가지로 습식저장과 건식저장으로 나뉩니다. 미국·캐나다·핀란드 등은 원전 부지 내에 중간저장시설을 운영하고 있고, 프랑스와 독일은 부지 외부에 중간저장시설을 운영하고 있습니다.

영구처분은 사용후핵연료를 인간의 생활권과 영구히 격리하는 것으로 영구처분은 처분 시점에 따라 직접처분과 재처리 후 처분으로 나뉘는데, 직접처분은 사용후핵연료를 폐기물로 간주하여 추가 사용이나 고려 없이 처분하는 방식입니다. 재처리 후 처분은 사용후핵연료의 재처리 과정을 거쳐 다시 핵연료로 사용된 사용후핵연료와 재처리 과정에서 발생한 고준위 방사성폐기물을 중·저준위 방사성폐기물과 함께 처분하는 방식입니다.

영구처분 위치는 심층, 해양, 빙하, 우주 등 여러 대안이 고려되었으나 심층처분을 제외한 나머지 방식은 현재는 불가능합니다. 해양 처분은 1990년 런던 투기협정, 빙하 처분은 1961년 남극조약으로 금지되었고, 우주 처분은 발사 실패 위험 등으로 연구가 중단되었습니다. 심층처분은 부식과 압력에 견딜 수 있는 용기에 지하 500~1,000km 깊이 암반층에 처분하는 방식으로 국제원자력기구(IAEA)는 심층처분을 권고하고 있습니다.

우리나라는 사용후핵연료에 대한 영구적인 관리 방안이 없는 상태에서 현재까지 사용후핵연료를 원전 내에 임시로 저장하고 있습니다. 1983년부터 고준위방폐물 정책이 9차례에 걸쳐 추진되었지만 번번이 무산되었습니다. 2016년 박근혜 정부 시기 20개월 사용후핵연료 공론화위원회를 운영하면서 제1차 고준위방폐물관리 기본계획이 마련되었으나 큰 진전을 이루지 못하고, 문재인 정부에 들어와 사용후핵연료정책 재검토위원회를 운영해 도출한 제2차 고준위방폐물관리 기본계획 역시 답보 상태입니다.

참고로 사용후핵연료정책 재검토, 즉 2차 공론화 과정에서 전국 의견 수렴에서는 중간저장과 영구처분 시설에 관해 6대 시나리오가 고려되었는데 집중형 중간저장 및 영구처분이 63.6%로 가장 높은 지지를 받았고, 중간저장 없이 곧바로 영구처분하는 안은 20.5%, 그 외는 10% 미만의 지지를 받았습니다.

표 3-1 역대 정부 방사성 폐기물 관리정책

전두환 정부 (1980-88)	노태우 정부 (1988-93)	김영삼 정부 (1998-2003)	김대중 정부 (1998-2003)
• 경북 울진/영덕/영일 후보 지역 선정(86.5)	• 충남 안면도 제2원자력 연구소 설치 추진(90.9)	• 방촉법 제정 후 울진군 유치 신청 (94.4)	• 방폐물관리대책 수립(98.9)
• 임시국회에서 계획 밝혀지면서 주민반대로 사업 중단(89.3)	• 경찰서 방화 등 격렬 시위로 사업 백지화(91.6)	• 인근 지역/반원 단체 반대로 울진군 포기 선언(94.6)	• 부지유치 공모, 7개 지역 유치 청원(00.6)
	• 부지 공모(44개 신청 지역 중 7개 후보 지역 도출), 최종 6개 선정, 영일군 주민 반대로 사업 철회	• 후보 지역 선정 재추진 후 굴업도 선정(94.12)	• 지자체 의회/지자체장 등 청원 기각, 유치 실패 (01.7)
		• 주민 반발 및 활성 단층 발견으로 지정 취소(95.12)	

노무현 정부 (2003-08)	이명박 정부 (2008-13)	박근혜 정부 (2013-17)	문재인 정부 (2017-22)
• 주민투표법 제정 (04.1)	• 방폐물관리법 시행 (09.21)	• 사용후핵연료 공론화위원회 운영 (13.10~15.6)	• 사용후핵연료정책 재검토준비단 운영 (18.5~11)
• 고준위-중저준위 방폐물 관리 분리 추진(04.12)	• 공론화 법적 근거 마련(09.12)	• 중저준위 방폐장 완공(15.8)	• 사용후핵연료정책 재검토위원회 운영 (19.5~21.4)
• 중저준위 방폐장 유치지역 특별법 제정(05.3)	• 사용후핵연료정책 포럼 운영 (11.11~12.8)	• 고준위 방폐물 관리 기본계획 수립 (16.7)	• 고준위 방폐물 특별법 발의(21.9)
• 주민 투표로 중저준위 방폐장 경주 확정(05.11)		• 고준위 방폐물 관리법안 국회 제출 (16.11)	• 2차 고준위 방폐물 관리 기본계획 수립 (21.12)

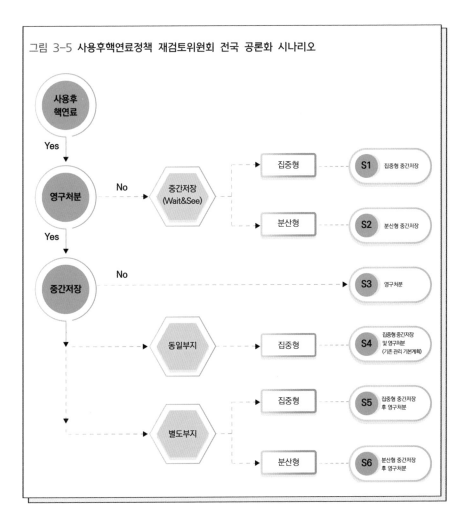

그림 3-5 **사용후핵연료정책 재검토위원회 전국 공론화 시나리오**

사용후
핵연료

Yes

영구처분 　No　 중간저장
(Wait&See)

집중형 ----- S1 집중형 중간저장

분산형 ----- S2 분산형 중간저장

Yes

중간저장 　No

S3 영구처분

동일부지 ----- 집중형 ----- S4 집중형 중간저장
및 영구처분
(기존 관리 기본계획)

집중형 ----- S5 집중형 중간저장
후 영구처분

별도부지

분산형 ----- S6 분산형 중간저장
후 영구처분

　원자력 발전에 찬성을 하든 반대를 하든 이미 발생한 사용후핵연료 관리는 우리 세대에서 해결해야 합니다. 원전의 혜택은 현 세대가 누리면서 사용후핵연료 처분을 미룬다면 위험은 고스란히 미래 세대가 져야 하는 심각한 세대간 불평등을 초래하게 됩니다. 뿐만 아니라 현재 원전 내 임시 저장 중인 사용후핵연료에 대한 장기적인 대책을 세우지

않는다면 이 역시 원전의 혜택은 계속해서 전기 수요가 많은 수도권에서 누리고 원전이 소재한 지역은 위험을 계속해서 떠안는 지역 간 불평등도 지속되는 것입니다.

사용후핵연료는 원자력 발전의 아킬레스건으로, 사용후핵연료를 안전하고 정의롭게 처분하는 것은 원자력 찬반 여부를 떠나 반드시 현세대에서 해결해야 하는 숙제입니다.

김재광. (2020). 고준위방사성폐기물관리시설의 부지선정의 사회적 수용성 제고를 위한 법적 과제. 서울법학, 27(4): 415－455.

김창수·서재호. (2024). 고준위방사성폐기물 관리의 난제: 고리원전부지 내 건식저장시설건설 갈등영향분석. 지방정부연구, 27(4): 313－338.

산업통상자원부. (2016). 제1차 고준위방사성폐기물관리 기본계획.

산업통상자원부. (2021). 제2차 고준위방사성폐기물관리 기본계획.

사용후핵연료공론화위원회. (2015). 사용후핵연료 관리에 대한 최종권고안. 2015년 6월 29일.

사용후핵연료관리정책재검토위원회. (2021). 사용후핵연료 관리정책에 대한 권고안. 2021년 4월 9일.

4

초지능 인공지능
기술 선도와 규제 대응

● ● ●

알파고 충격을 뛰어넘는 생성형 AI의 도래로 글로벌 빅테크 기업 및 주요 선도
국의 미래 AI 기술 개발과 규제 경쟁도 치열해지고 있다. 우리나라가 AI 핵심기
술과 함께 AI 규제 주도권을 확보하기 위한 전략은?

AI 경쟁이 국가 간 각축전으로 치달으면서 승자독식 경쟁 구도가 되고 있습니다. 오픈 AI, 구글, 앤스로픽 등 글로벌 빅테크 기업 및 주요 선도국에서 대규모의 투자를 기반으로 시장을 주도하는 가운데, 자본과 인력이 부족한 우리나라가 글로벌 선도주자로 도약할 수 있는 전략은 무엇일까요?

류석영 글로벌 AI 경쟁은 AI SW 기술을 넘어서 HW 규모의 경쟁으로 확대되고 있습니다. 세계적인 기업과 대학에서도 더 많은 GPU를 확보하고 다양한 AI 모델의 규모를 확대함으로써, 뒤따라오는 기관과의 격차를 크게 벌리면서 주도권을 더 강화하고 있습니다. 현재 AI 기술의 핵심을 이루고 있는 대규모 언어모델의 성능을 강화하는 것뿐 아니라, 언어와 소리, 그림 등 다양한 종류의 정보를 통합하는 멀티모달(multimodal) AI의 연구를 활발하게 진행하고 있습니다. 또한, 로봇과 자동차, 가전, 국가 기반 시스템 등 자율적으로 운용하는 분야로 확대하면서, 기존의 HW보다 훨씬 더 큰 규모의 HW가 필요하게 됩니다. 이러한 상황에서, 상대적으로 자본과 인력이 부족한 우리나라가 똑같이 규모의 경쟁을 하는 것은 효율적인 전략이 아닐 가능성이 높습니다.

비록 풍족하지 않은 현실이지만, 우리나라의 컴퓨팅 분야 기술은 세계적인 수준입니다. [그림 4-1]에서 볼 수 있듯이, 최근 5년간 인공지

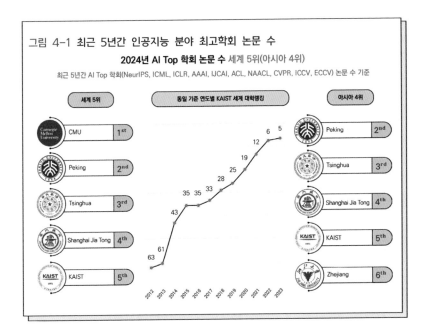

그림 4-1 최근 5년간 인공지능 분야 최고학회 논문 수

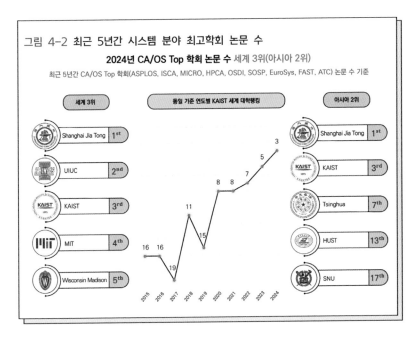

그림 4-2 최근 5년간 시스템 분야 최고학회 논문 수

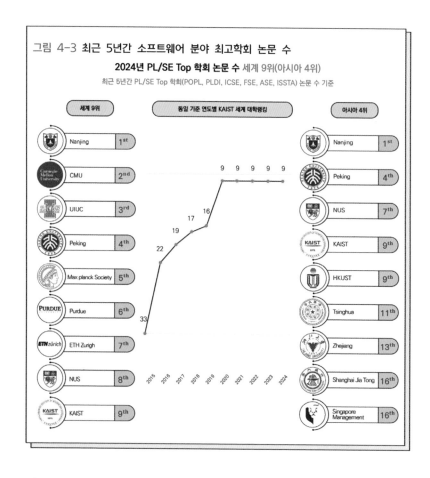

그림 4-3 최근 5년간 소프트웨어 분야 최고학회 논문 수

2024년 PL/SE Top 학회 논문 수 세계 9위(아시아 4위)

최근 5년간 PL/SE Top 학회(POPL, PLDI, ICSE, FSE, ASE, ISSTA) 논문 수 기준

능 분야의 최우수 학회에서 KAIST가 발표한 논문 수가 세계 5위에 해당한다는 것은 잘 알려져 있습니다. 하지만, 인공지능 분야의 탁월한 기술을 확보하고 있다고 하더라도, 그 기술을 활용하기 위한 기반 기술인 컴퓨팅 시스템과 컴파일러 등 소프트웨어 분야의 기술을 확보하지 못한다면, 이러한 기술을 선도하는 국가와 글로벌 기업에 끌려다닐 수밖에 없을 것입니다. 상대적으로 덜 알려졌지만, 매우 다행히도 우리나라의 시스템과 소프트웨어 분야 기술 역시 세계적으로 선도하고 있습

니다. [그림 4-2]와 [그림 4-3]에 잘 나타나있듯이, 최근 5년간 시스템 분야의 최우수 학회에서 발표한 논문 수가 KAIST는 세계 3위, 서울대학교는 세계 17위입니다. 프로그래밍언어와 소프트웨어공학 등 소프트웨어 기반 분야의 최우수 학회에서 최근 5년간 KAIST에서 발표한 논문 수는 세계 9위입니다. 우리나라는 AI 소프트웨어, 클라우드, 데이터센터, 주문형 반도체, 메모리 반도체, 파운드리, 네트워크 등 AI 가치사슬 전반에 걸쳐 독자적인 경쟁력을 보유한 극소수 국가 중 하나입니다.

따라서, 우리나라가 이미 확보한 기술을 활용하여 AI 시스템을 구성하는 여러 레이어(layer)를 아우르는 풀스택(full-stack) 전문가를 양성하는 것이 필수적입니다. AI 시스템을 구성하는 HW, 컴퓨터 구조, 시스템, AI 모델, 대규모 데이터, 컴퓨터와 사람의 상호작용 등 여러 레이어가 존재하고, 이들을 총체적으로 고려할 수 있어야 AI 생태계를 이끌 수 있는 원천 기술이 가능합니다. 자원이 부족한 우리나라에서 글로벌 시장을 선도할 수 있는 기술혁명은 이러한 총체적인 하드웨어와 소프트웨어를 아우르는 시스템 지식과 관점을 갖춘 인재를 양성하는 것이 시발점이 될 것입니다.

인재양성과 동시에, '한국형 범용 통합 AI 시스템' 개발이 필요합니다. 반도체부터 클라우드, AI 모델, AI 모델에 특화된 컴파일러 기술, AI와 사람의 자연스러운 소통을 위한 인터페이스 등, 컴퓨터에 가까운 낮은 수준부터 사람에 가까운 높은 수준을 모두 아우르는 풀스택 통합 AI 시스템을 개발해야 합니다. 풀스택의 각 레이어가 서로 호환성을 유지하면서 성능과 효율의 시너지를 낼 수 있도록, 통합 시스템에 들어갈 반도체, 클라우드, 모델, 소프트웨어 등의 형태를 정의하고 표준화하는 것이 필요합니다. 산업계에서도 부지런히 AI 풀스택 시스템에 관심을 두고 있습니다. KT는 AI 인프라 소프트웨어 기업에 투자하고(https://www.yna.co.kr/view/AKR20230721116200017) SKT는 AI 풀스택 구조와 연동 규격을 국제 표준으로 승인받는 등(https://www.yna.co.kr/view/AKR20231022011200017) AI 풀스택 시스템의 중요성에 대해 이미 발빠르게 대응하고 있습니다.

AI 기술은 세계적으로도 유례없이 빠른 속도로 발전하고 있습니다. 기술혁신이 너무 빠르고 영향력이 커서 국제적으로도 그 방향성이 확실하지 않습니다. 이런 시기일수록, 우리나라 학계의 뛰어난 컴퓨팅 기술과 산업계 및 정부의 획기적인 지원으로, 거대언어모델과 생성형 AI가 대세인 현재의 기술뿐 아니라, 이를 대체할 다양한 형태의 AI 기술에 최적화된 성능을 보장할 수 있는 기술을 개발할 수 있기를 기대합니다.

'한국형 범용 통합 AI 시스템'을 활용하여 우리나라 AI 관련 산업이 글로벌 선두 주자로 도약할 수 있는 전략은 무엇일까요?

류석영   세계적으로도 AI 기술은 눈부신 속도로 발전하지만, 그 기술을 활용한 경제발전은 뚜렷하지 않은 실정입니다. 대규모 언어 모델을 활용한 챗봇을 넘어서 AI를 필수적으로 사용할 다양한 응용분야를 발굴하고, 이 필요와 형태에 맞춘 풀스택 통합 시스템을 지원해야 합니다. 예를 들어, 다수의 에이전트가 서로 업무를 분담하고 소통하여 복잡한 문제를 자율적으로 해결하는 다중 에이전트 기술, 로봇이나 가전 등 하드웨어에 탑재되어 센서나 모빌리티와 연동하는 AI의 실시간 추론과 환경에 맞춰 대응하는 기술, 텍스트, 이미지, 영상, 음성 등 다양한 형태의 데이터와 사용자 입력을 조합하여 적합한 답을 생성하는 멀티모달 AI를 지원하는 기술이 필요합니다. 현재까지는 AI 기술을 적용하는 것만으로도 의의를 둔 신약 개발, 단백질 구조 탐색, 기상 예측, 수학 난제 해결 등 과학적인 진보를 위한 분야에서도 실제 결과를 만들어낼 수 있는 획기적인 기술 혁명을 만들어내야 합니다. 특히, 한국형 시스템을 활용하여, 한국어, 한국 문화, 지역 특색 등을 반영한 맞춤화 AI 기술을 지원하여, 다양한 조직과 개인의 필요와 가치에 맞는 결과를 생성하는 기술을 개발해야 합니다.

이를 위해서는, 단기적인 성과보다 장기적인 기술 혁신을 이끌어 낼 수 있는 기업과 정부의 지원이 필수적입니다. AI 기술은 눈부시게 빠른 속도로 발전하는 데 반해, 기존의 방식은 오래된 산업 기술에 기반한 평가 기준으로 연구비를 지원하고 있습니다. 정부와 산업계와 학계가 국내에서의 경쟁을 벗어나, 세계를 선도하는 '한국형 범용 통합 AI 시스템' 개발을 위해 함께 한 팀으로 시너지를 내야 합니다. 정부는 다양한 분야가 서로를 이해하고 새로운 문제를 함께 해결할 수 있도록, 협업에 기반한 연구개발과 생태계를 조성해야 합니다. 융합연구의 어려움을 이해하고, 통합 AI 시스템 연구를 위한 인재 양성에 대규모의 투자를 지원해야 합니다. 산업계에서는 전 산업에 AI를 내재화하여, AI 통합 시스템을 활용하는 기술을 개발해야 합니다. 이를 위해서는 여러 레이어가 부드럽게 협업할 수 있도록 통합 시스템의 API를 표준화하고 벤치마크 데이터를 구축하는 것이 필수적입니다. 다양한 산업 간 협업을 위해 API를 표준화하면 기술 이전이 용이해지고, 상향 평준화가 가능해집니다. 특히, 통합 시스템 API를 언제 어디서나 누구나 사용할 수 있도록 제공하여, 교육 및 비즈니스 등 경제발전에 기여할 수 있도록 해야 합니다. 이러한 API를 활용하면 다양한 환경에서 효율적으로 사용할 수 있도록 평가 지표를 개발하고 개선 및 자동화가 가능해집니다. 또한, 산업계의 실제 데이터를 활용한 벤치마크를 통해 통합 AI 시스템의 성능을 자동으로 평가하고, 비교하며 개선할 수 있게 됩니다.

'한국형 범용 AI 통합 시스템'은 국내에 국한되어 사용할 수 있는 기술이 아니라, 이를 확장하여 세계로 수출할 수 있는 기술입니다. 한국에 특화된 시스템을 개발한 후, 이를 언어 및 다양한 응용 분야로 보편화하고 연결 및 확장을 지원하는 확장성 있는 시스템으로 설계해야 합니다. 세계적인 기준에서는 작은 규모이지만 그 숫자는 매우 많은 조직, 기관, 국가에 특화된 하이퍼로컬(hyper-local) AI 응용 기술을 설계하고 지원하는 것이 필요합니다. 이 기술을 고도화하여 세계 시장에 진출하여 우리나라의 경제발전을 이룰 수 있으리라 기대합니다.

AI 기술 발전은 미래 사회 전반에 근본적인 변화를 예고하고 있습니다. AI 활용에 따른 여러 부작용이 대두되면서 법적 규제가 시급하다는 주장이 제기됩니다. 우리는 인공지능에 대한 포괄적 법적 규제를 도입해야 하나요?

김병필　AI는 우리 삶의 다양한 영역에 걸쳐 많은 혜택을 제공할 수 있지만, 그에 못지않게 예기치 않은 부작용을 초래하기도 합니다. AI가 일으킬 수 있는 피해의 유형은 다양합니다. 자율주행차나 의료기기에 사용되는 AI가 오작동하면 인간의 생명에 치명적 위험을 초래할 수 있습니다. 또한 AI에 반영된 사회적 편향과 고정관념 문제도 널리 지적됩니다. 피의자의 재범 위험성을 예측하는 소프트웨어나 대출 심사 알고리즘이 특정 인종에게 불리하게 작동한 사례가 이미 널리 알려져 있습니다. 나아가 AI를 이용해 실시간으로 우리의 일거수일투족을 추적할 수 있게 되면서, 종래에는 불가능했던 규모로 대중을 감시하고 처벌하는 데 활용될 수 있다는 우려도 큽니다. 다른 한편, 딥페이크 기술을 통해 당사자의 동의 없이 음란물을 생성·유포함으로써, 피해자에게 씻을 수 없는 고통을 가할 수도 있습니다.

　이러한 배경에서 인공지능에 대한 규제가 시급히 필요하다는 주장이 점차 지지를 얻고 있습니다. 그 결과 도입된 포괄적 규제의 대표적인 사례로 유럽연합의 AI 규제법(EU AI Act)이 있습니다. EU는 일찍이 2018년부터 인공지능에 대한 법적 규율 방안을 연구해 왔습니다. EU 집행위원회는 의견 수렴 과정을 거쳐 2021년 법안 초안을 발표했고, 2024년 최종 승인이 이루어졌습니다.

EU AI Act는 총 113개 조항으로 구성된 방대한 내용을 담고 있습니다. 그 핵심적 체계는 AI가 초래할 수 있는 위험성을 4단계로 구분하는 것입니다. 즉 AI의 위험성을 '허용할 수 없는 위험성', '높은 위험성', '제한된 위험성', '최소 위험성'으로 구분하고, 각 위험 수준마다 차등적으로 법적 의무를 부과합니다. 이는 새로운 규제 도입으로 발생할 의무 준수 비용을 최소화하고, AI 혁신을 지나치게 억제하거나 과도한 가격 상승이 이루어지는 것을 방지하기 위한 취지로 이해할 수 있습니다.

EU AI Act상 AI 활용이 금지된 영역으로는 사회적 평점 시스템, 공공장소에서의 실시간 원격 생체인식 시스템, 범죄 위험성 평가 시스템, 직장이나 교육 기관에서의 감정인식 시스템 등이 있습니다. 그보다 낮은 위험 단계로 고위험 AI 시스템이 있습니다. 고위험 AI 시스템은 개인의 건강, 안전 또는 기본권에 중대한 위험성을 초래하는 AI 시스템을 지칭하는데, 크게 2가지 유형이 있습니다.

우선, AI가 사회에서 활용되는 제품의 안전 시스템으로 기능하는 경우입니다. 각종 기계류, 장난감, 의료기기, 교통수단 등에 있어 AI가 안전 부품으로 활용된다면, AI가 제대로 작동할 수 있는지 확인하는 절차가 필요합니다. 이 경우 전문기관에 의한 적합성 평가를 거쳐야 합니다. 다음으로, AI 소프트웨어가 인간의 기본권과 자유에 중대한 영향을 끼칠 수 있는 분야에서 사용되는 사례가 규정되어 있습니다. 여기에는 생체인식·분류, 감정인식 시스템, 중요 인프라 시설, 교육 및 직업 훈련, 고용이나 근로자 관리 및 자영업에 대한 접근, 필수적 서비스에 대한 접근, 법 집행, 국경관리, 사법절차 및 민주적 절차의 관리에서 사용되는 사례 등이 규정되어 있습니다.

고위험 AI 시스템에 관해서는 다수의 의무 사항이 부과됩니다. 무엇보다도 AI 개발 및 배포 과정 전반에 걸쳐 위험성 관리 시스템을 갖출 의무가 있습니다. 나아가 AI 학습 데이터를 검증해야 하고, 이용자에게 여러 기술적 정보를 제공해야 하며, 인간이 AI 시스템을 적절하게 감독할 방안도 마련해야 합니다. AI의 운영 과정에서도 로그 기록을 남겨 문제가 발생하는지를 확인하는 기능을 갖추고, 정확성, 강건성(robustness) 및 사이버 보안에 관한 조치도 취해야 합니다.

유럽연합 AI 규제의 중대한 특징은 법 위반에 대해 강력한 처벌이 뒤따른다는 점입니다. 금지된 영역에서 AI를 활용하면 전 세계 연간 매출의 7%에 이르는 벌금이 부과될 수 있고, 고위험 AI에 관한 의무 사항을 이행하지 않으면 3%까지의 벌금이 부과될 수 있습니다.

이처럼 유럽연합이 AI에 대한 엄격한 법적 규제를 추진한 것을 선례로 삼아, 우리나라에서도 포괄적 AI 규제 법률을 제정하려는 시도가 이루어지고 있습니다. 21대 국회에서는 AI 규제에 관한 다수의 법안이 제안되었고, 정부에서는 여러 제안을 통합한 "인공지능산업 육성 및 신뢰 기반 조성 등에 관한 법률" 법안을 마련하기도 하였습니다.

이제 우리는 AI가 초래할 수 있는 위험성에 적절히 대응하면서도 AI 발전에 장애가 되지 않는, 균형 잡힌 규제 방안을 모색해야 할 시점에 이르렀다고 할 수 있습니다. 이러한 AI 규제 방안의 타당성을 평가할 수 있는 기준은 바로 헌법에서 찾을 수 있습니다. 규제는 공공의 이익을 위해 국민의 자유를 제한하는 조치입니다. 따라서 어떠한 규제든지 간에 헌법상 요구되는 비례의 원칙을 준수해야 합니다(헌법 제37조 제2항). 비례의 원칙에 따라 어떤 규제가 헌법에 합치하려면 다음 4가지 요건이 충족되어야 합니다. (1) 입법 목적의 정당성, (2) 수단의 적합성, (3) 피해의 최소성, (4) 법익의 균형성이 그것입니다. 즉, AI에 대한 규제가 위 요건을 모두 충족하는 경우에만 헌법적으로 정당화될 수 있다는 점을 유념해야 합니다.

입법 목적의 정당성. AI에 대한 규제는 서두에서 언급한 여러 부작용을 막기 위한 목적으로 도입되는 것이므로 대부분 그 입법 목적이 정당한 것으로 평가될 수 있을 것입니다. 하지만, AI에 의해 누군가 위해를 입을지도 모른다는 막연한 두려움이나 추상적인 가능성만으로 입법을 추진하는 것은 적절치 못합니다. 해당 규제를 통해 예방하고자 하는 위해가 실제로 존재한다는 사실이 경험적 증거에 의해 명확히 뒷받침되는지를 확인할 필요가 있습니다. 또한 이미 그 위해를 막기 위해 다른 규제가 존재하는 경우라면 추가적인 입법의 필요성이 부정될 수 있습니다. 예컨대 딥페이크에 의한 음란물 생성·유포 행위는 「성폭력범죄의 처벌 등에 관한 특례법」에 의해 이미 금지되고 있습니다. 또한 채용에 활용되는 AI의 공정성 문제는 기존 차별금지 관련 규제나 노동 관련 법령을 통해 규율하는 편이 더 나을 수도 있습니다. 따라서 AI 규제가 다른 규제와 중복으로 적용되어 과잉 규제가 이루어지는 것은 아닌지 유심히 검토해야 합니다.

수단의 적합성. AI 규제를 도입하는 것이 AI에 의한 부작용을 막는 것이 아니라 오히려 역효과를 낼 가능성도 있습니다. 이 경우 수단의 적합성이 인정되지 못하게 됩니다. 이를 규제 미스매치(regulatory mismatch) 문제라고도 부릅니다. 대표적으로 AI의 안전성을 높인다는 명목으로 오픈소스 AI 모형의 개발이나 배포를 제한한다면, 오히려 AI 안전성을 보장하기 위한 연구 활동이 위축될 수도 있습니다. 그 결과 권위주의 권력이나 테러리스트 등 위험 집단에 의한 AI 오용에 대응할 수 있는 역량이 충분히 발전하지 못할 위험이 늘어날 수 있습니다.

또한 AI의 위험성을 어떠한 정부 기관이 규제할 것인지에 관하여도 세심한 주의를 기울여야 합니다. 최근 논의되는 법안 대부분은 "인공지능 위원회"와 같이 별도의 AI 규제 전담 기구를 설립하는 방안을 제시합니다. 하지만 이러한 AI 슈퍼 규제기관은 필연적으로 영역별 전문성이 낮을 수밖에 없습니다. 교통, 노동, 의료, 금융, 방송·통신, 소비자 보호 등에는 이미 해당 분야에서 오랫동안 규제 경험을 쌓은 정부 기관이 있고 그 경험과 노하우를 바탕으로 해야 AI의 활용 사례에 대해 적절한 규율이 가능할 수 있습니다. 섣불리 기존 규제기관의 업무를 AI 전담 기구로 이전하려는 시도는 정부 부처 간의 갈등을 조장할 수 있고, 효과적이고 효율적인 규제 집행에 도움이 되지 못할 수 있습니다.

피해의 최소성. AI의 부작용을 줄이기 위한 여러 규제 방안이 있다면 그중에서 기본권 침해를 최소화하는 방안을 선택해야 합니다. AI 규제는 AI 사업자의 영업상 자유를 제한하는 것이므로, 입법 목적을 달성할 수 있는 범위 내에서 영업상 자유를 최대한 보장하는 방안을 선택해야 합니다. 예를 들어, 자율주행 AI에 대한 이용자의 신뢰를 높이려면 AI가 주변 환경을 어떻게 인식하고 있는지를 시각적으로 제시하는 것이 바람직합니다. 하지만 이러한 기능 구현을 법적 의무 사항으로 규정하기보다 차량 구매자의 선택을 통해 시장 메커니즘을 통해 가장 비

그림 4-4 헌법 합치적인 AI 규제를 위한 고려사항

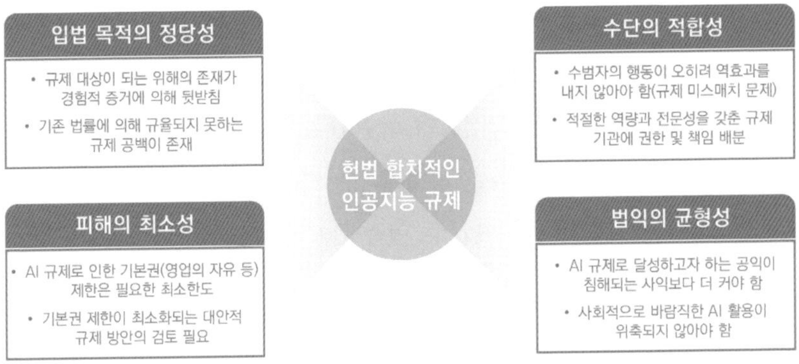

입법 목적의 정당성
- 규제 대상이 되는 위해의 존재가 경험적 증거에 의해 뒷받침
- 기존 법률에 의해 규율되지 못하는 규제 공백이 존재

수단의 적합성
- 수범자의 행동이 오히려 역효과를 내지 않아야 함(규제 미스매치 문제)
- 적절한 역량과 전문성을 갖춘 규제 기관에 권한 및 책임 배분

헌법 합치적인 인공지능 규제

피해의 최소성
- AI 규제로 인한 기본권(영업의 자유 등) 제한은 필요한 최소한도
- 기본권 제한이 최소화되는 대안적 규제 방안의 검토 필요

법익의 균형성
- AI 규제로 달성하고자 하는 공익이 침해되는 사익보다 더 커야 함
- 사회적으로 바람직한 AI 활용이 위축되지 않아야 함

용-효율적인 방안이 자연스럽게 발전해 나가도록 유도하는 것이 나을 수 있습니다. 다른 예로, 채용 AI의 공정성을 보장하기 위한 규제 수단으로 (1) AI 개발자에게 공정성 평가를 수행하고 그 정보를 이용자에게 제공할 것을 요구하는 방안과 (2) 정부가 특정한 공정성 지표를 지정하여 일정 수준 이상으로 만족시킬 것을 강제하는 방안을 고려할 수 있습니다. 두 방안은 모두 AI 시스템이 적절한 공정성 수준을 달성하는 데 도움이 될 수 있을 것이지만, 전자의 방안이 후자보다 영업의 자유를 덜 제약합니다. 그렇다면 피해의 최소성 기준에 따라 전자와 같은 규제가 우선 고려되어야 합니다.

법익의 균형성. 마지막으로 규제를 통해 AI의 부작용을 예방함으로써 얻을 수 있는 사회적 이익이, 규제 없이 AI의 개발을 장려하고 그 도입이 활성화되어 얻을 수 있는 사회적 이익보다 더 큰 경우여야 규제가 정당화될 수 있습니다. 이와 같은 법익 균형성을 평가할 때는 AI의

119

위해와 AI의 편익을 함께 고려하여 비교해야 합니다. 만약 과도한 AI 규제로 인해 AI 개발과 도입이 지체된다면 오히려 사회를 개선할 가능성을 놓칠 수도 있습니다. 채용 AI를 예로 들어 봅시다. 채용 AI를 도입함으로써 학연이나 지연에 따른 채용이나 유력 인사에 의한 외부적 압력을 차단할 수 있는 긍정적인 측면이 있습니다. 그런데 AI에 대한 규제로 인해 채용 AI 도입이 억제된다면 오히려 사회 전반적으로 공정성을 개선할 기회를 잃게 될 수 있습니다.

결론적으로, AI의 활용 범위가 늘어나면서, 앞으로 더 많은 AI가 예기치 못한 부작용을 초래하는 사례가 등장할 것입니다. AI에 대한 법적 규제는 이러한 문제를 해결하기 위해 필수 불가결할 것입니다. 하지만 그 규제는 헌법상 비례의 원칙에 따라 AI에 의한 피해를 최소화하는 데 필요한 범위 내에서, 그리고 AI의 활용에 따른 편익을 함께 고려하여 이루어져야 합니다.

현재와 같이 급속한 인공지능 발전 추세가 지속된다면 인공지능이 인류 문명을 영구적이고 심각하게 무력화하거나, 심지어 인류를 멸종시킬 수 도 있다는 주장도 제기됩니다. 인공지능과 인간이 장기적으로 상호 공존 할 방안은 무엇인가요?

김병필　AI로 인해 인류가 멸종 수준의 극단적 위험(extreme risk)을 겪 게 되는 시나리오는 이제 터미네이터와 같은 공상과학 영화의 표본이 되었습니다. 하지만 최근 십수 년간 AI가 급속히 발전하면서 이러한 위 험이 그저 상상의 영역에 머무는 것이 아니라 머지않아 현실화할 수 있 다는 구체적인 위험으로 인식되기 시작했습니다.

　AI로 인한 극단적 위험은 크게 보아 두 가지 가능성에 기초하고 있습니다. 첫째, AI가 근본주의자 등과 같은 테러 집단, 민주주의 질서 를 무시하는 권위주의적 정권에 의해 오용(misuse)될 수 있습니다. 이제 AI에 관한 지식이 널리 공유되고, 강력한 AI 모델이 오픈소스 형태로 제한 없이 공개되어, 누구라도 이를 손쉽게 개발·활용할 수 있게 되었 습니다. 그 결과 악의적 이용자에 의한 AI의 오용으로 인해 전 세계적 으로 재앙적 결과가 초래될 수 있다는 우려가 커지고 있습니다. 비록 AI 연구자는 선한 의도를 가지고 AI를 개발하였고, 그가 충분한 테스트 와 안전 조치를 수행하였다 하더라도, 악의적 이용자가 안전 조치를 무력화하여 인류의 평화로운 존속을 위협하는 방식으로 활용할 가능성이 있습니다.

둘째, AI 스스로가 인간의 통제를 벗어나 인류 문명의 존속을 위협하는 방식으로 작동하게 될 수 있습니다. 이를 흔히 '오정렬(misalignment)' 문제라고 부릅니다. 예컨대, AI는 스스로 권력을 취득하고자 하는 행동을 보이거나, 인간의 비상 정지(kill switch) 요청을 거부하고 계속 작동하고자 할 수 있습니다.

오정렬 문제의 위험성을 잘 보여주는 사례로 이른바 '종이 클립 생산 최대화' 문제가 있습니다. 한 사업가가 AI에 종이 클립을 최대한 많이 생산하라는 목표를 지정하였다고 합시다. 만약 AI가 매우 높은 수준의 지능과 자율성을 보유하고 있다면, 주어진 목표를 달성하기 위해 가능한 모든 수단을 동원하고자 할 것입니다. 그 결과 AI는 지구상의 모든 자원을 확보하기 위하여, 심지어 인간을 살상하여 이를 클립의 원재료로 활용하고자 할 수 있습니다. 이처럼 인간이 추구하는 가치와 AI 모델의 목표 및 행동은 서로 일치하지 못할 수 있습니다.

AI의 역량이 증가할수록 AI가 인간 통제를 벗어나 인류에 해가 되는 행동을 보일 위험성은 커집니다. '종이 클립 생산 최대화'와 같이 외견상 문제없어 보이는 목표를 설정한 경우에서도 AI가 인류를 해하는 행동으로 이어질 가능성이 있습니다. 강력한 AI가 인간 지시를 수행하기 위해 어떤 행동을 취할 것인지 명확히 통제하기 어렵기 때문입니다. 머지않아 정교하게 발전된 AI는 인간 지시를 수행하기 위해 스스로 금융 계좌를 개설하고, 각종 자산 시장을 교란하여 보유 자산을 증식하는 행동을 보일 수도 있을 것입니다.

아직 인류가 개발한 AI 모델이 인류 멸종 수준에 이르는 극단적 위험을 초래할 수 있다고 볼 증거는 없습니다. 하지만 미래 언젠가 AI가 그러한 역량을 갖출 개연성이 있습니다. 여기서 어려운 문제는 과연 어느 시점에 AI가 인류의 가치를 위협하는 행동을 보이기 시작할 것인지 명확히 판단하기 어렵다는 점입니다. 그 이유는 AI 모델의 창발성(emergence)이라는 특징 때문입니다.

창발성이란 작은 규모의 AI 모델에서는 보이지 않았던 능력이나 역량이 모델의 규모를 확장하면서 발생하게 되는 현상을 지칭합니다. 특히 AI 개발자가 특별히 모델링하지도 않았고 발생할 것으로 예견되지 못했던 속성이 생겨날 수 있습니다. 최근 인공지능의 발전은 AI의 창발성을 잘 보여줍니다. 현재의 대규모 언어모델은 대부분 2017년도 발표된 트랜스포머(Transformer) 모델에 기초하고 있습니다. 이는 번역 등 자연어 처리 과제를 효율적으로 해결하기 위해 제안된 것이었습니다. 그런데 현재의 대규모 언어모델은 수학 연산이나 논리 추론 등 다양한 과제 등에서도 놀랄 만큼 빠른 속도로 성능이 개선되는 양상을 보입니다. 이와 같은 역량 개선은 모델의 규모와 학습 데이터의 용량을 확장한 결과, '창발적'으로 새롭게 나타난 것입니다. 이제까지의 발전 경향과 속도를 고려할 때, 2030년 혹은 그 이후 더욱 확장된 AI 모델이 어떠한 역량을 갖추게 될 것인지 예상하기란 극히 어려울 수밖에 없습니다.

따라서 미래에 강력한 역량을 갖춘 AI 모델이 인류 문명의 존속을 위협하는 상황을 방지하기 위한 노력을 시작할 필요가 있습니다. AI의 오용이나 오정렬의 문제가 초래되지 않도록 인류 전체가 힘을 모아야 합니다. 대표적으로 2023년 영국에서 개최된 AI 안전 정상회의(AI Safety

Summit)에서는 블레츨리 선언(Bletchley declaration)을 채택하였습니다. 여기에는 AI에 의해 초래될 수 있는 극단적 위험에 대응하기 위한 국제 협력 방침이 담겨 있습니다.

그런데, 현재와 같은 AI 안전 보장 노력으로는 충분하지 않고, 더욱 강력한 조치가 필요하다는 주장도 제기됩니다. 예컨대 일부 연구자들은 현재보다 더욱 강력한 AI 모델 개발을 중단하거나, 일정 성능 이상의 모델은 공개를 금지해야 한다는 의견을 제시합니다. 또한 AI 개발에 대해 인허가제도를 도입함으로써 충분한 안전 보장 역량을 갖춘 개발사들만이 강력한 최첨단 AI를 개발하도록 통제해야 한다는 주장도 있습니다.

현시점에서 과연 위와 같이 강력한 수준의 통제가 필요한 것일까요. 이 문제를 고려할 때, 우리는 이미 행정국가에 의해 위험이 관리·통제되는 '위험사회'에 살고 있고, 일정한 위험을 수용하는 것은 불가피하다는 점을 인정해야 합니다. 따라서 극단적 위험을 예방하기 위해 전면적으로 AI의 개발·배포를 제한하는 것은 적절한 정책이 되기 어렵습니다.

이 문제에 대한 적절한 해답을 찾기 위해서는 AI에 의한 극단적 위험의 본질이 무엇인지 고찰하는 것이 필요합니다. 일반적으로 위험을 구성하는 요소는 (1) 위해(결과 = L)와 (2) 위해가 발생할 개연성의 정도(확률=P)로 구분해 볼 수 있습니다(표 4-1 참조). 위 두 가지 요소에 대한 우리의 지식의 수준에 따라 위험은 4가지 종류로 구분할 수 있습니다. ① 위험의 결과나 확률을 모두 알고 있는 경우는 '리스크(risk)', ② 발생 확률은 어느 정도 알지만, 그 결과가 논쟁적인 경우는 '모호성

표 4-1 **위험의 구분**

위험의 확률 / 위험의 결과	확률 추정 가능	확률 추정 불가
결과 추정 가능	리스크(risk)	불확실성(uncertainty)
결과 추정 불가	모호성(ambiguity)	무지(ignorance)

(ambiguity)' ③ 위해가 발생한 경우의 결과는 알고 있지만 확률이 문제 되는 경우는 '불확실성(uncertainty)', ④ 위해의 결과나 확률을 모두 알지 못하는 경우를 '무지(ignorance)'라 할 수 있습니다. 그 중 '리스크'에 해당하는 위험은 일상적인 시스템이나 통제된 조건하에서 발생하는 것으로서, 적절한 안전 조치를 통해 대비·완화할 수 있습니다.

그런데 미래의 AI에 의해 발생할 수 있는 인류 멸종 수준의 극단적 위험은 그 확률이나 결과를 추정하기 어렵습니다. 따라서 현재 시점에서 보자면 '리스크'에 해당하는 위험이기보다 '불확실성' 또는 '무지'에 가까운 위험에 해당할 수 있습니다. 하지만 AI에 관해 더 풍부한 지식을 축적하고, AI 모델에 관한 해석 가능성을 개선한다면 그 위험을 통제가능한 수준으로 낮추는 것이 불가능하지는 않을 것입니다.

이와 관련하여 우리는 2024년 발표된 AI 연구자 2,778명에 대한 설문조사 결과를 참고할 수 있습니다. 응답자의 70%가 AI 안전 연구의 우선순위가 현재보다 더 높아져야 한다고 답하였습니다. AI 안전 연구란 AI 시스템의 역량 향상을 주된 목표로 하는 것이 아니라, AI 시스템의 잠재적 위험을 최소화하는 것을 주된 목표로 하는 연구를 뜻합니다. 여기에는 AI 시스템의 안전성과 강건성을 향상시키기 위한 목적으로 기계학습 알고리즘의 인간 해석 가능성을 개선하거나, AI 시스템에서 발생할 수 있는 장기적인 실존적 위험에 대한 연구 등이 포함됩니다.

요컨대, AI에 의해 초래될지도 모르는 인류 멸종 수준의 극단적 위험을 막기 위해 AI에 개발을 중단하거나, AI에 관한 지식을 통제하는 것은 적절한 대응책이라 보기 어렵습니다. 오히려 개방과 협업의 문화를 바탕으로 AI 안전 연구를 장려함으로써 그 위험에 대한 이해 수준을 높이는 것이 더욱 중요한 과제입니다.

Anderljung, M., et al. (2023). Frontier AI Regulation: Managing Emerging Risks to Public Safety.

Bommasani, R., et al. (2021). On the Opportunities and Risks of Foundation Models.

Grace, K., et al. (2024). Thousands of AI authors on the future of AI.

Guha, N., et al. (2023). AI regulation has its own alignment problem: The technical and institutional feasibility of disclosure, registration, licensing, and auditing.

Shevlane, T., et al. (2023). Model evaluation for extreme risks.

Weidinger, L., et al. (2022). Taxonomy of Risks posed by Language Models.

고학수 외. (2021). 인공지능 윤리와 거버넌스. 박영사.

김병필. (2021). EU AI 법안이 주는 시사점. KISO 저널, 44.

김병필. (2022). 대규모 언어모형 인공지능의 법적 쟁점. 정보법학, 26(1).

하대청. (2010). 사전주의의 원칙은 비과학적인가?: 위험 분석과의 논쟁을 통해 본 사전주의 원칙의 '합리성'. 과학기술학연구, 10(2).

5

친환경 미래
모빌리티 혁신

● ● ●

정보통신 기술과 탄소중립 동력기술 발달로, 기존의 자동차, 항공, 선박 등 수송 수단이 친환경 기술융합의 최전선으로 부상하고 있다. 미래 모빌리티 혁신을 준비하기 위한 전략은?

5-1 모빌리티 친환경 기술

미래 모빌리티의 특징은 무엇인가요? 그리고, 육상 모빌리티인 자동차의 동력으로서 배터리, 연료전지, 탄소중립 연료 등 미래 모빌리티의 친환경 기술은 어떻게 확보하나요?

배충식 자동차산업은 우리나라의 대표적인 기간산업으로서 우리나라 산업과 경제 발전에 중추적인 역할을 해왔습니다. 동력을 가지고 도로를 운행하는 자동차가 '모빌리티(mobility)'라는 미래 개념으로 확대 발전하고 있습니다. 미래 모빌리티는 이동을 편리하게 만드는 각종 서비스를 폭넓게 아우르는 용어로서 전통적인 교통수단에 IT를 결합해 효율과 편의성을 높인 개념이며, 전통적인 수송기계인 자동차, 비행기, 선박에 더하여 인터넷, 모바일 기기에 기초하여 사람, 사물, 정보 이동을 가능하게 하는 포괄적 기술을 의미합니다.

일상사의 필수품이 된 자동차는 전 세계에 10억 대가 넘고 우리나라에도 2,300만 대 이상이 운행되고 있습니다.

백 년이 훌쩍 넘는 역사를 지닌 디젤 자동차와 가솔린 자동차는 성능 면에서 믿기 어려운 발전을 이루어 냈습니다. 소형 승용차도 일백 마리의 말이 끄는 힘과 같다는 백 마력을 넘어선 출력을 내기 시작한 지도 오래이고 고급 경주차는 아예 천 마력의 출력을 냅니다. 높아진 효율 덕에 연비도 좋아져서 연료 1리터로는 소형차는 웬만하면 오십리 길 20킬로미터를 가고 조건 좋을 때 순간연비는 30킬로미터에 이르며 배터리와 전기모터를 결합한 하이브리드 차량은 이보다 두 배 좋은 값을 달성할 수 있습니다. 이렇게 발달한 자동차도 주요 연료원인 석유가 언제 소진될지 모른다는 불안감과 온실가스인 이산화탄소를 배출한다는 이유로 대체 동력원 개발이 중요한 과제로 대두되고 있습니다. 그래서 대체연료 엔진차와 더불어 배터리전기자동차(BEV; Battery Electric Vehicle)와 수소연료전지전기차(FCEV; Fuel Cell Electric Vehicle)가 미래의 자동차로 떠오르고 있고, 차량 단위의 공해가 없다 하여 친환경자동차라고도 불리며 각국이 기술개발과 보급을 장려하고 있습니다. 한편으로 현재의 가솔린, 디젤차로 대표되는 내연기관 자동차는 환경기술개발을 고도화하는 한편 저탄소 연료 혹은 무탄소 연료를 사용하는 기술개발이 선진국을 중심으로 가속화되고 있습니다. 그러나 미래 모빌리티 기술에 풀어야 할 과제가 많습니다. 배터리의 경제성과 재료 공급의 불안을 해소할 새로운 기술과 재료의 개발이 필요할 뿐만 아니라 전기공급을 신재생에너지로 대체하기 위한 시간과 기술의 한계를 아직 가늠하기 어렵고, 공해 없는 수소 생산 시나리오가 명확하지 않고 높은 가격을 해소하기 위한 획기적인 돌파기술과 시간이 필요하다는 점에서 아직도 갈 길이 멀다 하겠습니다.

자동차의 배기규제는 국가별로 지역별로 강화되어서 대기 환경 개선을 위한 지렛대 역할을 해 왔습니다. 유럽의 현재 규제인 유로6(Euro 6)와 예고되는 유로7(Euro 7) 규제와 미국의 ULEV를 거친 SULEV(Super Ultra Low Emission Vehicle) 규제를 통하여 기술의 한계를 극복하고 내연기관의 최적 설계와 연료분사장치, 터보차저, 제어기 등 핵심 부품과

배기가스를 정화하는 후처리장치 기술의 발달로 웬만한 도시 지역의 공기 질보다 나은 배기 수준을 이루는 수준까지 발전하였습니다. 미국이나 유럽에 자동차를 수출하여야 하는 일본과 우리나라도 마찬가지로 규제 수준을 넘어서는 청정한 자동차를 생산하고 있습니다. 그래서 규제 대상인 일산화탄소(CO), 미연탄화수소(HC), 질소산화물(NOx), 미세먼지를 포함하는 입자상 물질(PM, PN) 배출 수준을 달성하고 더욱 청정화되어, 우리나라의 경우 서울을 비롯한 대도시에서는 일부 성분의 경우 공기질을 정화할 수 있는 수준까지 깨끗해졌다고 할 정도로 발전하였습니다. 그러나 화석연료인 석유를 쓰기 때문에 언제 고갈될지 모르는 석유 공급에 대한 불안을 이겨내기 위하여 저탄소연료인 천연가스, 액화석유가스(LPG)와 식물로부터 추출한 바이오연료 등 대체연료 자동차가 개발되어 왔습니다. 우리나라는 그래서 세계에서 가장 큰 LPG 수송시장을 가지고 있는 나라로서도 독특한 위상을 갖기도 합니다.

기후위기에 대응하는 탄소중립 요구에 따라 획기적인 탄소중립 대체동력 기술을 필요로 합니다. 탄소중립을 위한 에너지 기술이 기본적으로 재생에너지 발전과 전기화를 큰 축으로 발전하고 있고, 이런 점에서 큰 역할을 하는 것이 배터리전기자동차(BEV)의 대두와 성장입니다. 지금 시장의 대부분을 차지하는 내연기관 자동차(ICEV; Internal Combustion Engine Vehicle)보다 역사가 길면서도 배터리 성능이 따라주지 않아서 제대로 시장을 형성하지 못하다가 21세기에 들어서 배터리의 출력과 용량이 커지고 가격이 내려가면서 급속도로 발전하게 되었습니다. [그림 5-1]은 배터리전기자동차의 전 세계 보급 증가를 보이고 있습니다.

탄소중립을 위한 에너지 공급망에서 중요한 역할을 할 수소를 이

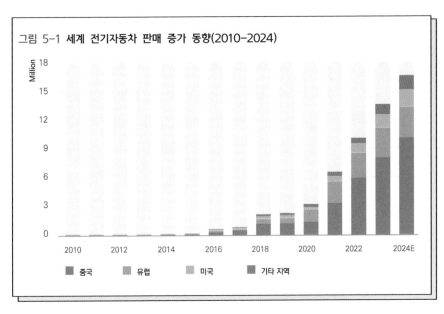

그림 5-1 세계 전기자동차 판매 증가 동향(2010-2024)

중국　유럽　미국　기타 지역

자료: Global EV Outlook 2024, IEA, 2024

용하는 수소연료전지전기차(FCEV)도 기대를 모으는 자동차인데 수소연료전지 동력장치 기술은 우리나라가 선도하는 기술로 꼽을 수 있습니다. 연료전지는 수소와 산소를 반응시켜 물이 되는 동안 전기를 발생하는 원리를 이용하는 기술로, 물을 전기분해하는 반응과 반대 방향의 작동을 할 때 백금과 같은 귀금속의 촉매 작용을 필요로 합니다. 현대자동차가 연료전지전기자동차를 세계에서 처음으로 양산했을 정도로 우리나라가 자랑하는 기술이고 넥소는 세계에서 가장 많이 팔린 연료전지전기차 모델입니다. 배터리의 경우 에너지밀도가 낮아서 장거리 운행하는 트럭 등 장거리 자동차에 사용하기 불리한 반면에 연료전지는 수소만 충분히 공급되면 장거리를 운행하는 데 장점이 있어서 주목을 받고 있습니다. 연료전지의 기본 연료인 수소가 탄소를 갖지 않은 것이 탄소중립 기술로서의 의미를 갖지만 아직 대부분 수소는 천연가스 주성

분인 메탄으로부터 개질되어 만들어지는 등 진정한 의미의 무탄소 연료라고 보기에 한계가 있어서 물을 전기분해해서 만드는 청정수소 공급을 무탄소 발전원인 재생에너지 발전이나 원자력 발전을 통해서 구현하는 것 또한 큰 숙제입니다. 실제로 작년 2023년과 올해 2024년에 수소충전소에 수소가 제대로 공급되지 못하여 수소연료전지전기차 소유주들의 불편을 사고 수소연료전지전기차 판매가 반토막 나는 사태를 야기하기도 했습니다. 수소연료전지전기차의 내구성 한계를 극복하고 역시 원료 공급망 문제로부터 자유로운 촉매 개발 등 연료전지 혁신기술과 아울러 청정한 수소의 공급을 안정적으로 이룰수 있는 녹색에너지 기술의 개발이 청정한 수소연료전지전기차의 미래를 밝게 할 수 있습니다.

재생에너지나 원자력 발전의 확대를 통한 청정한 무탄소 전기를 충분히 공급할 수 있다는 전제에서 배터리전기자동차와 수소연료전지전기차가 기후위기에 대응하는 모빌리티 동력의 중심이 될 것입니다만, 원료 공급망의 불안정성이 위협이 될 수 있다는 점에서 또 다른 탄소중립 기술이 필요하게 되었습니다. [그림 5-2]는 다양한 탄소중립 모빌리티 동력원을 보이고 있습니다. 국제에너지기구의 탄소중립시나리오와 이후 분석에 따르면 2050년을 목표로 하는 탄소중립을 이루기 위하여 전기화가 절대적인 역할을 하는데 전기에너지를 공급하는 전선을 만드는 구리가 부족한 것이 치명적인 문제가 될 수 있으며 배터리와 연료전지의 역할이 중요하나 생산원료인 리튬, 니켈, 코발트도 부족할 뿐만 아니라 원료가 편중되어 있는 문제도 심각하다고 경고하고 있습니다. 또한 자원 편중이 주로 중국에 치우친 것도 불안정성의 원인이 될 수 있습니다. 그래서 주목 받고 있는 것이 탄소중립연료입니다. 탄소중립연료란 연료생산부터 연소기에 활용하여 배기될 때까지 생애전주기평가(LCA; Life Cycle Assessment)상 탄소배출 총량이 없는 연료를 뜻하는데 탄소를 포함하지 않는 수소나 암모니아는 당연히 무탄소 연료로서 탄소중립연료의 기본입니다. 식물자원이나 폐오일 등을 사용하는 바이오 연료도 연소할 때 이산화탄소를 배출하지만 식물 자원 자체가 광합성을 통하여 이산화탄소를 산소로 변환해 주기 때문에 탄소중립연료로 인정합니다. 또한 관심의 대상으로 재생합성연료는 이산화탄소를 포집하여 탄소를 청정 수소와 합성하여 만든 연료로서 재생에너지 발전을 통하여 수소를 만들기 때문에 전기를 뜻하는 e(electro 혹은 electric)를 붙여 e-fuel이라고 부릅니다. e-fuel은 다양한 탄화수소 계열 연료로 만들어지며 석유계 연료를 사용하는 인프라를 그대로 사용할 수 있고 연소기도 간단히 개선하여 사용할 수 있는 장점이 있습니다. 이러한 재생합성연료(e-fuel)의 탄소중립성을 인정하여 유럽연합은 2035년부터 석유를 연료로 사용하는 내연기관차는 판매를 금지하기로 했지만 e-fuel을 사용하는 내연기관차는 예외로 하는 결정을 작년인 2023년 3월에 발표한 바 있습니다. 청정수소도 재생전기를 사용하고 암모니아도 재생전기를 이용하여 수소와 질소를 합성하기 때문에 넓은 의미에서 수소와 암모니아도 e-fuel에 포함됩니다. 앞서가는 예로 독일 자동차회사 포르쉐(Porsche)는 풍력 재생에너지가 풍족한 칠레에서 풍력 발전을 통해 생산한 전기로 수소를 생성하고, 공기에서 직접 이산화탄소를 포집한 후, 이 탄소를 수소와 합성하여 메탄올을 만듭니다. 이 메탄올로부터 e-가솔린을 만들어 독일로 운송한 후 경주용부터 시작하여 포르쉐 차량에 공급하고 있습니다. 유럽에서는 수소를 연소시키는 수소연소엔진을 동력으로 사용하는 트럭 엔진을 대거 개발하고 있고, MAN사는 내년 2025년부터 수소엔진 트럭을 시판하겠다고 선언한 바 있습니다. 이렇듯 탄소중립연료를 사용하게 되면 배터리나 연료전지의 희토류 자

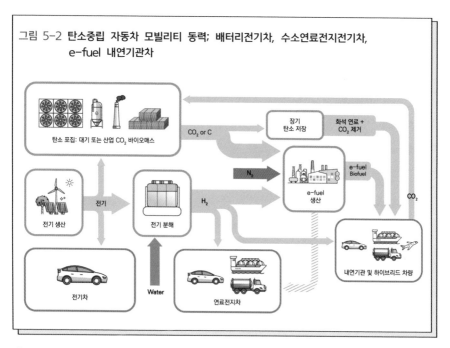

그림 5-2 탄소중립 자동차 모빌리티 동력; 배터리전기차, 수소연료전지전기차, e-fuel 내연기관차

자료: Review of electrofuel feasibility - prospects for road, ocean, and air transport, Selma B., and etc., Progress in Energy, 2022

원이나 귀금속 재료의 공급망 문제로부터 자유로워서 공급망 구축 문제를 완화하고 탄소중립 기술의 다양성을 통하여 에너지안보에 도움이 될 수 있기 때문에 큰 역할을 할 수 있다고 기대하고 있습니다. 그러나 재생전기를 그대로 사용하는 전기동력에 비하여 효율이 떨어지고 수소 생산부터 시작하여 비용도 많이 들기 때문에 시장에 나오기에 험난한 과정과 시간이 소요될 것으로 보입니다. 그래도 e-fuel 자체가 불균일한 재생에너지를 전 세계에 분배할 에너지이송물(Energy carrier)의 역할을 할 수 있고, 에너지밀도가 높은 대형 수송기기에는 필수적인 액체연료의 미래상이라서, 반드시 개발할 항목으로 평가되고 있습니다. [그림 5-3]은 국제에너지기구(IEA)에서 발표한 탄소중립 동력의 연료별 전망

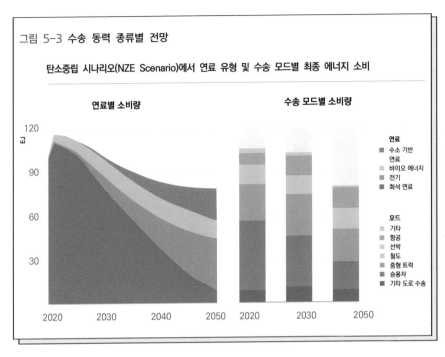

그림 5-3 수송 동력 종류별 전망

탄소중립 시나리오(NZE Scenario)에서 연료 유형 및 수송 모드별 최종 에너지 소비

연료별 소비량

수송 모드별 소비량

연료
- 수소 기반 연료
- 바이오 에너지
- 전기
- 화석 연료

모드
- 기타
- 항공
- 선박
- 철도
- 중형 트럭
- 승용차
- 기타 도로 수송

자료: Net Zero Emissions by 2050, IEA, 2021

을 보여줍니다.

결국 미래 모빌리티는 탄소중립을 지향하는 친환경 동력으로 추진될 것입니다. 자동차의 경우 수소를 포함한 청정연료를 사용하면서 하이브리드화된 내연기관차, 신재생에너지로 만들어진 전기로 가동되는 경제적인 배터리전기차, 지속가능한 수소생산을 전제로 경쟁력 있는 수소연료전지전기차가 서로 경쟁하고 보완하며 발전하는 양상을 보일 것입니다. 주제의 제한 없는 무한 경쟁의 기술개발이 내일의 자동차산업을 주도할 방법입니다.

미래의 수송체계는 자동차뿐만 아니라 선박과 항공기에서도 다양한 기능과 서비스를 제공하는 모빌리티로 발전할 것으로 예상되며, 기후위기에 대응하는 탄소중립을 실현하는 동력을 활용하여야 하는데 자동차와 달리 선박과 항공기와 같이 에너지밀도가 높은 해상과 공중의 미래 모빌리티의 친환경 기술은 어떻게 확보하고 발전하게 될까요?

배충식 대형 선박과 항공기의 경우는 자동차와 달리 큰 부피 혹은 무게의 화물이나 여객을 싣고 높은 부하의 작동을 하며 먼 거리를 이동하기 때문에 큰 에너지밀도의 동력원을 필요로 합니다. 이러한 중후장대한 수송기기에는 에너지밀도가 낮은 배터리를 사용하는 데 한계가 있어서 액체연료를 사용한 내연기관이 동력기관으로서 제격입니다. 현재 사용하는 석유계 액체연료는 온실가스를 배출하기 때문에 탄소중립 액체연료를 사용하는 것이 숙제입니다. 선진국 각 지역에서는 이미 규제와 기술개발을 서두르고 있습니다.

항공기의 경우 항공기 설계 개선과 가스터빈 엔진 효율 향상으로 온실가스 배출을 줄이고 있지만 당분간 계속 늘어나는 석유 수요가 기후위기 대응 탄소중립 달성에 어려움을 예고하고 있습니다. 유럽에서는 탄소중립연료 적용을 앞당기고자 규제를 만들어 항공용 탄소중립연료를 지속 가능한 항공유(SAF; Sustainable Air Fuel)라고 정의하고 2030년까지는 바이오연료를 주종으로 최소 6%를 포함하며 1.2%는 반드시

표 5-1 유럽연합 ReFuel의 단계적 SAF 사용량 목표

	2025	2030	2035	2040	2045	2050
SAF	2%	6%	20%	34%	42%	70%
e-fuel	-	1.2%	5%	10%	15%	35%

자료: EU Emissions Trading System rules on aviation

e-fuel을 사용하도록 하고 있으며, 2050년까지는 35%의 e-fuel을 사용하여 SAF가 전체 연료의 70%로 하는 것을 목표로 하고 있습니다. [표 5-1]은 유럽의 SAF 목표를 보여줍니다. 일본과 미국은 더욱 공격적으로 2030년까지 SAF가 10%가 되도록 목표하고 있습니다. 특히 미국은 2050년에 이르면 SAF를 100%가 되도록 하기 위하여 IRA에서 지속 가능한 항공유를 혼입하는 만큼 지원금을 줍니다. 국제항공운항기구(ICAO)도 같은 차원의 규제를 실시하여 국제항공 탄소상쇄감축제도(CORSIA)를 2016년에 발표하여 당분간 온실가스 배출을 2020년 수준으로 유지하고 2027년부터는 규제를 발효할 것으로 예고한 바 있습니다. 탄소저감을 이루지 못하면 벌금을 부과하도록 하고 있어서 유럽 등 국제선에 취항하는 우리나라 항공기도 같은 적용을 받는 만큼 SAF 확보에 박차를 가하여야 합니다. 현재 세계 시장은 한정된 범위에서 식물성 합성연료유를 공급하고 있어서 국가별 항공사별로 이를 확보하기 위한 노력이 치열하며 아직 아무런 생산시설이 없는 우리나라는 일단 수입선을 구하기에 급급한 실정입니다. 노르웨이의 Norsk가 e-jet fuel 생산시설을 만들었고 스페인의 Repsol이 세계 최대규모의 e-jet fuel 공장을 Bilbao에 건설하여 내년 2025년에 완공하기로 하는 등 전 세계가 급박하게 움직이고 있습니다.

자동차 대신 모빌리티(mobility)라는 말을 쓰기 시작하면서 기존의 자동차의 범주와 개념이 넓어지고 다양해졌습니다. 앞서 말한 바와 같

이 미래 모빌리티란 자동차를 포함하여 모든 종류의 이동 수단과 그러한 수단을 제공하는 서비스 등을 총칭하며 기존 공간을 넘어선 가상공간까지 사람과 사물을 연결하는 공간 확장의 개념으로 발전시킨 것입니다. 이렇게 확장된 모빌리티는 자동차와 같은 기존의 이동수단과 전동 킥보드, 드론 등의 신형 이동수단을 포함하게 됩니다. 이 중에서 특히 관심을 끄는 한 종류는 도시 지역에서 공중을 나는 비행기 형태의 항공 수단으로, 주로 도심항공교통(UAM; Urban Air Mobility) 혹은 도심항공 모빌리티로 불립니다. 지역항공 모빌리티(RAM)까지 합쳐서 넓은 범위의 항공교통을 AAM(Advanced Air Mobility)이라 부르기도 합니다. 도심항공교통은 도로교통의 포화로 이동에 어려움이 있는 지상도로의 한계를 극복하고 비행체를 이용하여 신속하게 이동하는 수단으로서 기대되고 있습니다. 자동차에 날개를 달아 바퀴로도 주행하고 활주하여 이륙과 비행을 하는 자동차비행기가 만들어지기도 하였으나 활주로가 필요하고 구조가 복잡해지는 어려움이 있습니다. 미래의 도심항공교통은 수직으로 이착륙하는 개념으로 도시에 버티포트(Vertiport)라고 하는 이착륙장을 만들어서 이 사이를 오가는 도심항공교통 체계를 만드는 것을 목표로 하고 있습니다. 낙관적인 전망으로는 2040년에 세계적으로 1조 달러 안팎의 시장이 형성될 것으로 전망될 만큼 관심을 끌고 있고 많은 나라들이 기술개발을 활발히 하고 있습니다. 주로 배터리 전기를 이용하여 작은 회전날개 여러 개를 구동하는 전동식 드론의 형태로, 1인승부터 최대 4~5인까지 타고 날아다니는 택시의 개념을 보이고 있습니다. 우리나라도 도심항공교통체계를 위한 법제적 장치를 마련하고 산·학·연에서 다양한 연구개발을 하고 있습니다. 여러 기업이 미래 모빌리티의 일환으로 개발 노력을 하고 있으며 현대기아자동차의 경우 미국 주재 계열사인 수퍼널이라는 UAM 개발업체가 지난 CES2024에서

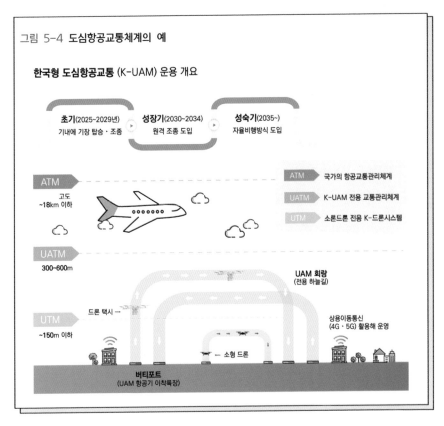

그림 5-4 **도심항공교통체계의 예**

한국형 도심항공교통 (K-UAM) 운용 개요

초기(2025~2029년)
기내에 기장 탑승·조종

성장기(2030~2034)
원격 조종 도입

성숙기(2035~)
자율비행방식 도입

ATM
고도
~18km 이하

ATM · 국가의 항공교통관리체계
UATM · K-UAM 전용 교통관리체계
UTM · 소형드론 전용 K-드론시스템

UATM
300~600m

UAM 회랑
(전용 하늘길)

UTM
~150m 이하

드론 택시 →

상용이동통신
(4G·5G) 활용해 운영

← 소형 드론

버티포트
(UAM 항공기 이착륙장)

자료: 국토교통부

모델을 전시하여 관심을 끌기도 하였습니다. 도심항공교통 수단을 실현하기 위하여 해결할 숙제가 많습니다. 세계적으로 통일된 인증 기준이 아직 없어서 이를 만들어야 하고 대량생산이 어렵기 때문에 새로운 산업 패러다임을 만들어야 하며 버티포트와 통신 인프라 구축이 선행되어야 하는 점 역시 큰 숙제입니다. [그림 5-4]는 도심항공교통체계 개념을 보이고 있습니다.

그간 민간 헬리콥터 시장에서 보듯이 신속한 이동을 요구하는 고급 틈새시장이 있지만 단위거리를 움직이는데 육상 자동차에 비하여 5배 이상의 에너지가 소비되기 때문에 탄소중립 시대 에너지 저감 요구에 역행하는 면 또한 심각하게 고려하여야 합니다. 효율적인 전동식 모빌리티와 에너지밀도가 높은 탄소중립연료를 사용한 하이브리드 동력계를 활용한 방안도 구상되어야 합니다. 개인이동수단(PM, Personal Mobility)의 대표 격인 전동킥보드가 폭증하여 걷거나 자전거를 타던 사람들이 이용하면서, 기존의 에너지 다소비 차량을 대체하는 에너지 절약 기능은 나타나지 않고 도리어 에너지 소비가 늘고 사고로 인한 사상자가 급증하는 등 환경, 안전, 건강에 모두 해로운 현상이 나타나는 점을 반면교사로 삼아야 합니다. 성급한 상용화 노력보다는 초기 보급할 때에는 지역 구분 없이 긴급한 재난 경계와 구호용으로 용처를 집중하여 건전한 생태계를 구축하는 것도 효율적인 산업과 시장 육성 방안이 될 것입니다.

선박의 경우 국제해사기구(IMO)의 공해물질 규제와 온실가스 규제가 탄소중립 연료 적용 기술을 이끌어가고 있습니다. IMO는 이미 여러 단계를 거쳐서 황산화물, 질소산화물, 입자상물질 규제를 강화하여 탄소수가 많고 무거워서 이산화탄소 배출이 많은 선박용 중유를 천연가스(NG), 액화석유가스(LPG)로 대체한 대체연료 엔진이 개발되고 보급되도록 하는 성과를 이루었습니다. IMO는 더 나아가 2050년까지 실질적인 이산화탄소 배출을 제거하기 위하여 역시 규제를 통하여 탄소중립 연료 적용을 가속화하고 있습니다([그림 5-5] 참조). 그 결과 2023년에 유수 해운회사인 Maersk가 HD현대중공업에 첫 메탄올엔진 선박을 발주하는 것을 시작으로 e-fuel인 e-메탄올 선박의 수주량이 액화천연가스(LNG) 선박 수주량을 넘어서는 획기적인 현상을 만들었습니다. 우리

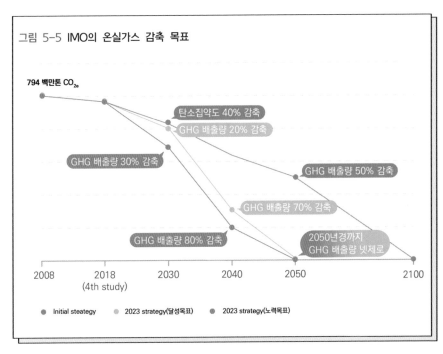

그림 5-5 IMO의 온실가스 감축 목표

794 백만톤 CO_{2e}

탄소집약도 40% 감축

GHG 배출량 20% 감축

GHG 배출량 30% 감축

GHG 배출량 50% 감축

GHG 배출량 70% 감축

GHG 배출량 80% 감축

2050년경까지
GHG 배출량 넷제로

2008 2018 2030 2040 2050 2100
      (4th study)

● Initial steategy   ● 2023 strategy(달성목표)   ● 2023 strategy(노력목표)

자료: 해양수산부 및 한국해사협력센터, 탈탄소화 국제해사 동향, 2023

나라는 조선강국의 면모를 살려 신규 청정메탄올 엔진 선박 건조로 조선산업의 중흥기를 구가하고 있습니다. 조선산업도 우리나라의 경제발전을 주도했던 기간산업인 만큼 탄소중립연료를 사용하는 친환경 선박 기술을 앞서나가야 합니다. HD현대중공업은 중속 메탄올엔진을 세계 최초로 개발하면서 탄소중립기술을 선도하고 있습니다만 근자에 중국의 추격이 만만치 않아 선박건조 및 엔진기술 선도력을 유지하는 것이 중요합니다.

소형 어선이나 연안 여객선 등 소형 선박은 배터리 전기로 추진하는 기술을 적용할 수 있으나 탄소중립연료를 사용하는 하이브리드 엔진을 고려하는 것이 자동차의 경우에서처럼 실용적인 전략이 될 수 있습니다.

위에서 논의한 바와 같이 이미 발효되고 있는 청정연료 규제에 따라 탄소중립 연료 개발과 공급망 구축이 필수적이며, 항공기는 국제운항기구, 선박은 국제해사기구 규정을 만족하는 탄소중립 연료로 추진되는 발전이 급속도로 이루어지도록 국내 산업 구조 개선을 서둘러야 합니다.

미래의 모빌리티는 자율주행을 통하여 안전을 보장하고 인공지능과 정보통신 기술을 접합하여 편안한 탑승과 활용이 가능할 것으로 보입니다. 이와 같이 다양한 미래 모빌리티 혁신을 가능케 하는 기술의 고도화 방안은 무엇인가요?

배충식 미래 모빌리티산업의 '꽃'은 자율주행차라고 할 수 있을 정도로 미래 모빌리티의 성격을 잘 나타내는 것이 자율주행 기술입니다. 현대자동차, 도요타, 제너럴모터스(GM), 포드, 닛산 등 완성차업체들은 물론 IT 기업들도 대거 뛰어들어 치열한 기술개발 경쟁을 벌이고 있습니다. 자동차로 말미암아 이동이 편해지고 의료, 교육, 문화의 혜택이 가까워져서 삶을 윤택하게 하는 문명의 이기 역할을 하지만 전 세계에서 일 년에 백만여 명이 교통사고로 사망하는 부작용도 있습니다. 그러나 다행히도 이러한 문제는 자율주행을 지향하는 다양한 지능형 기술 발달로 해소해 가고 있습니다. 자율주행이란 운전자의 조작 없이 자동차가 스스로 운행하는 것을 말합니다. 첨단 기술을 융합하여 스스로 주변 환경을 인식하여 위험을 판단하고 주행 경로를 계획하여 스스로 안전한 운행이 가능하도록 한 자율주행자동차는 자동화 장비, 소프트웨어 및 이와 관련한 일체의 장치인 자율주행시스템을 갖추고 있습니다([표 5-2] 참조).

표 5-2 **자율주행 단계**

구분	0 단계	1 단계	2 단계	3 단계	4 단계	5 단계
명칭	No Automation	Driver Assistance	Partial Automation	Conditional Automation	High Automation	Full Automation
해당 항목	없음(경고)	속도	속도, 조향	속도, 조향	속도, 조향	속도, 조향
운전 책임	운전자	운전자	운전자	운전자	시스템	시스템
자동화 내용	없음	제한된 조건	제한된 조건	제한된 조건	제한된 구간	모든 조건, 구간

　　혼자 알아서 가는 자동차는 많은 공상과학 소설과 영화, 드라마의 소재로서 오래전부터 묘사되었지만 자동차에 제대로 장착되어 소비자에게 익숙한 기술이 된 것은 센서, 컴퓨터, 정보통신 기술이 급격히 발달하며 융합된 근간의 일입니다. 자율주행 보조 장치가 없는 0단계(level)에서는 자동차 기능의 통제와 안전 조작의 책임이 운전자에게 있지만, 완전자동화가 되는 5단계의 경우에는 운전자 없이 탑승자만으로 목적지까지 주행이 가능하여 운전자가 운전대로 방향을 정하거나 가속, 브레이크 기능을 통제하지 않아서 목적지를 입력한 후 본인만의 휴식을 갖거나 업무를 볼 수 있는 꿈같은 이동이 실현됩니다. 1단계인 운전자 보조단계에서는 차선이탈 방지, 긴급 제동, 크루즈 컨트롤 기능이 있어서 안전 운전에 도움이 되지만 여전히 운전자가 책임지고 차량을 통제합니다. 부분 자동화 기능이 있는 2단계에서는 차선과 간격 유지, 방향 제어, 가속, 감속을 자동주행 시스템이 통제할 수 있지만 운전자

가 주변을 관찰하며 적극적으로 운전을 해야 합니다. 조건부 자동화 단계인 3단계에서는 일정한 조건에서 자율주행이 가능하여 자동차가 스스로 장애물을 피하고 정체도로를 돌아가기도 하지만, 정해진 한계 조건이 될 때에는 운전자가 개입하여야 합니다. 고도자동화 단계인 4단계에서는 악천후와 같은 특별한 조건에서만 운전자가 개입하고 대부분의 도로에서는 자율주행이 가능하지만 여전히 주행 제어장치가 존재합니다. 공상과학에 등장하는 5단계의 자율주행을 무인 자율주행이라 하여 꿈의 기술로 여기는바, 미래 자동차가 모빌리티(mobility)라는 개념으로 전환하게 된 것도 무인 자율주행의 실현 가능성이 떠오르면서 통신기술이 결합된 전자기기로서의 자동차의 사용성이 부각된 측면이 있습니다. 그렇다면 무인 자율주행은 과연 가능할까요? 가능하다면 언제가 될까요?

7년 전인 2016년에 중국에서 반자율주행차인 테슬라에서 사망사고가 발생하면서 시작된 사고는 같은 해 미국에서 커다란 흰색 짐칸 트럭과 하늘을 구분하지 못한 테슬라의 운전자가 사망하고, 구글의 시험 자율주행차가 보행자를 사망에 이르게 하는 등의 사고로 이어지면서 무인 자율주행의 거품이 꺼지고 있다는 평가가 크게 떠오르게 되었습니다. 탐지 시스템과 인공지능(AI)의 성능이 아직 완벽하지 않은 상황에서 제기되는 기술적인 한계에 더하여 책임과 윤리 문제는 완전 자율주행의 타당성 문제를 제기합니다. 자율주행 자동차가 한 사람 또는 여러 사람이 있는 무리 둘 중 하나를 치어야만 하거나, 또는 사람을 치거나 운전자 본인이 사망해야 하는 상황에서 어떤 판단을 해야 할 것인지 등의 많은 윤리적 문제를 안고 있습니다. 완전 자율주행을 위해서는 인프라가 구축되어야 하고 모든 차가 거의 동등한 자율주행 성능을 가져야 하므로 그 날이 더욱 요원할 수 있습니다.

그러나, 지난 2024년 1월 미국 라스베가스에서 열린 CES는 전자기술을 중심으로 한 최대의 기술전시회로서 모빌리티를 첫 번째 주제로 내세우면서 여전히 자율주행 기술이 다양하게 개발되고 있음을 보여주었습니다. 독일의 세계 최대의 자동차 부품회사인 보쉬는 대표적인 전장품으로서 4단계 자율주행에 쓰일 라이다를 전시하였고, IT기업인 소니와 완성차 업체인 혼다가 만난 소니혼다 개념차는 3단계 자율주행 시스템을 선보였으며, 벤츠도 3단계 기술을 전시하였습니다. 이번 CES에서는 완전 자율주행을 추구하는 장기 기술 목표를 보여주던 예전의 비전 제시의 형식보다는 단기적으로 적용 가능한 자율주행 기술을 보여주었다는 평가를 받고 있습니다.

2, 3단계 자율주행에 적용되는 제반 기술들은 그 전부터 안전을 지향하여 지속적으로 개발되어온 지능형 자동차 혹은 교통 시스템 기술로서 단순히 운전자의 편의만을 위한 것이 아니라 사고를 줄이는 보조 기술로서의 의미가 크다고 할 수 있습니다. 장애인이나 노약자가 운전할 수 있는 정도로 고도의 융합기술이 적용된 자율주행기술은 교통약자를 위한 기술로서도 의미가 있으나, 운전대를 완전히 놓아두고 기계에 윤리와 책임을 맡기고 쉬거나 다른 일을 보기 위한 편의 기술로서의 무인 자율주행과는 본질적으로 가치와 관점이 다른 것입니다. 인간의 이동을 자유롭게 하는 본연의 자동차 기술과 미래 모빌리티의 건전한 발전을 위하여 겸손한 안전 기술에 초점을 맞추어 자율주행을 다루어야 합니다.

자율주행 기술은 차량 성능 개발과 아울러 교통인프라 등의 외부적 요소들과 융합되어 개발되고 있습니다. 이를 통해 차세대 지능형교통시스템(C-ITS)이 구축될 수 있습니다. 이는 차량과 인프라 간 쌍방향 통신 방식으로 운용되어 교통사고 없는 날을 목표로 시도되고 있습니다. 차량과 외부와의 통신은 소프트웨어 정의 자동차(SDV; Software Defined Vehicle)에도 활용이 됩니다. 소프트웨어 정의 자동차는 차량의 작동이 소프트웨어에 의하여 결정되는 것을 의미하며, 모든 하드웨어가 소프트웨어 플랫폼에서 관리된다는 개념으로서 사용자가 개발한 소프트웨어를 자동차에 적용해 볼 수 있습니다. 통신보안, 안전, 결함 수용성 등의 난제 때문에 소프트웨어 정의 자동차의 완성도가 100%에 가까워지기는 어려울 것이므로 통합소프트웨어 개발과 함께 표준화도 병행되어야 합니다.

미래 모빌리티는 교통 기술을 넘어 미래 생활상을 획기적으로 변화시킬 것으로 기대되는데 관련 인프라와 정책은 어떻게 마련하나요?

배충식 　미래 모빌리티의 특징은 CASE(Connected, Autonomous, Shared & Services, Electric)로 표현되기도 합니다. Connected는 연결화와 스마트화, 자동차와 다양한 제품을 연결하는 개념이며, Autonomous는 자율주행 차량의 보급, Shared & Services는 소유에서 공유로의 가치관 변화를 배경으로 승차 공유와 차량 공유가 보급될 것을 의미하고, Electric은 전기동력화, 전기동력 차량의 보급 증가(플러그 인 하이브리드 차량 포함)를 표현합니다.

우선 미래 모빌리티의 친환경 동력 기술은 기후위기 대응 탄소중립기술에 맞닿아 있습니다. 그래서 탄소중립 동력기술을 위한 인프라 투자와 온실가스 규제 및 탄소중립 목표 설정과 정책 설정이 촘촘하게 이루어져야 합니다.

기본적으로 각각의 동력기술이 배출하는 온실가스 및 공해배출물, 에너지 사용량 등에 대한 전과정(생애 전주기) 평가 방안이 마련되어야 합니다. 특정 제품이나 서비스의 전생애주기와 관련된 온실가스 전과정 평가를 통하여 제품 또는 서비스가 끼치는 영향에 대하여 총괄적으로 평가하고, 제도적으로 표준화하고 적용하게 되면 에너지환경 모든 부문에서의 온실가스 감축 노력이 다른 부분의 온실가스 증가로 이어지는 탄소누출의 부작용을 막을 수 있고 진정한 온실가스 감축 성능을 평가할 수 있습니다. 탄소중립을 지향하여 자동차에 도입되고 있는 전기, 수소, 수소기반 합성연료, 바이오 연료 등을 사용하는 파워트레인 자동차의 경우, 연료의 생산·공급 방식이나 에너지 변환 방식이 변하다 보니, 연료 사이클(fuel cycle)과 차량 사이클(vehicle cycle)에 대한 전주기 평가가 필요합니다. 연료 사이클의 경우 연료 생산을 위한 원료의 추출, 수송, 연료 생산 과정과 생산된 연료의 운송, 충전, 그리고 자동차에서의 소비까지를 분석합니다. 차량 사이클의 경우 자동차 제품을 만들기 위하여 필요한 원료의 추출, 수송, 가공, 부품 생산 및 자동차 조립까지를 포함하며, 자동차 운행단계에서 타이어, 윤활유 등의 운행과 관련된 부품을 모두 고려하고, 자동차의 폐기 및 재활용까지 포함합니다. 이를 통하여 다른 종류의 동력 기술에 대한 객관적인 평가가 가능합니다.

전기차의 경우 주행성능은 내연기관차 이상으로 개선되었으나 주행거리, 가격, 충전속도 등은 미흡하여 정부의 구매보조금 및 세제 지원 없이는 경제성 확보가 곤란한 형편입니다. 다행히 기술적으로는 배터리, 모터, 인버터 등 주요 부품 기술력이 세계 최고수준을 보이고 있습니다. 전동화 경쟁력의 핵심인 소프트웨어, 반도체 분야의 역량을 강화하여 소프트웨어 중심차(SDV)로의 전환을 가속화하는 지원책이 필요합니다. 승용차를 중심으로 미래 모빌리티 동력의 근간이 될 전동화를 지향하여 전환하는 업체에 대하여 사업전환 지원·인력양성·연구개발 시장 확보를 지원하는 한편 여전히 오랫동안 중요한 역할을 할 내연기관차의 고도화를 도모하여 모빌리티산업 생태계 전반의 유연한 전환을 지원하여야 합니다. 안정적인 공급망 구축이 무엇보다도 중요하며, 미국의 IRA로 대표되는 자국중심주의에 대응하여 우리 모빌리티 산업의 피해를 최소화하는 한편 현지 법안에 맞는 시장별 맞춤형 전략을 구사하여 부품 확보 대책도 강구해야 합니다. 시장별 특성에 맞는 시장 대응형 차량 출시를 통해 수출을 강화하는 등 국내외 생산물량의 전략적 배분을 지원해야 합니다. 공급망 안정성 확보를 위해 민·관 공급망 공조를 강화하고 주요부품을 국산화해야 합니다. 지속가능한 전기차 보급 확산을 위하여 충전기 보급이 필수적이므로 급속충전기와 완속충전기 설치를 보조하고 있는데 2016~2021년 동안 충전기가 60배 증가하는 등 성과를 보이고 있으나 충전기 부족 문제는 여전히 시장의 큰 불만 요인이므로 급속충전기를 중심으로 한 보급 확대가 여전히 절실히 요구되는 상황입니다. 수소연료전지전기차의 경우 수소의 공급이 무엇보다 중요하므로 수소충전소 확충과 수소공급망 구축이 제일 큰 숙제라고 하겠습니다. 이러한 수소전기차의 인프라 구축은 단순히 모빌리티 시장뿐만 아니라, 또한 에너지 안보 차원에서 또한 녹색기술 확보와 녹색성장 산업 구축을 위하여 필수적인 일로서 7장에 자세히 다루어질 것입니다.

또한 기존 자동차와 차별화되는 미래 모빌리티의 기본 개념은 기존의 교통이 디지털을 기반으로 한 다양한 데이터와 AI가 결합하기 시작하며 4차 산업혁명의 요소들이 도입되면서 자동차가 개인화하여, 자동차업계뿐만 아니라 IoT(사물인터넷), 반도체, 빅테크 업계에도 영향을 끼치고 있습니다. 차량 내에서 더욱 복잡한 기능과 데이터 수집이 이루어지기 때문에 다양한 기술이 융합된 산업으로 거듭나고 있는 것입니다. 발달된 반도체 산업과 IT 기술 역량을 보유한 우리나라는 그런

점에서 미래 모빌리티 산업 사회를 선도할 기회와 역량을 갖추고 있습니다.

AI 기술과 접목된 자율주행 기술을 발달시키고 정착시키기 위한 인프라 구축과 정책 또한 필요합니다. 자율주행 핵심기술 개발을 적극 지원하여 핵심부품 경쟁력을 최대한 빠른 시간 안에 최고 수준으로 올려야 합니다. 센서·플랫폼·통신 등 추격형 부품의 기술개발을 지속하고 AI 카메라·4D 라이다 등 선도형 부품 관련 신기술도 선제적으로 확보해야 합니다. 자율주행 부품상용화를 위한 실증 테스트베드와 인력양성을 수행해야 합니다. 공공서비스·언택트 서비스·인포테인먼트 등 자율주행, 커넥티드 기반 서비스 콘텐츠 개발과 실증도 추진해야 합니다. 데이터 공유·활용 촉진, 선제적 표준 제정, 규제 개선 등 모빌리티 신산업 창출기반 또한 조성하여야 합니다.

자율주행은 기본적으로 자동차의 안전을 위한 기술이지만, 기술이 미숙하거나 부작용으로 인한 또 다른 사고를 야기할 수 있다는 것은 이미 앞에서 설명한 바와 같습니다. 아직 덜 성숙하고 발전 중인 기술이므로 기술 고도화를 지향하되 부작용과 사고를 최소화하도록 자율주행차법이 이미 만들어졌습니다. 레벨3은 이미 시작되었고 레벨4도 곧 상용화될 것으로 보고 규제혁신 과제도 마련되었으나 한계와 숙제는 여전히 남아있습니다. 자율주행차법이 포지티브 규제 방식이기 때문에, 기술개발에 한계가 있습니다. 그러므로, 자율주행차의 다양한 ICT 융합 신기술·서비스 개발을 지원할 제도적 개선이 필요합니다. 현재의 자율주행 시스템에서는 AI를 활용하여 챗GPT와 같이 대용량 데이터 기반의 학습에 의한 자가진화형 자율주행 기술개발이 대세입니다. 현재의 법으로는 자율주행 인공지능 학습용 데이터를 대량으로 수집하고 활용하기 어려우므로 법제도를 미국식 네거티브 규제로 전환하는 것을 추진해야 합니다. 이를 통하여 자율주행차 기술개발 자율성은 높이되, 안전상 부작용에 대한 책임 확보 제도를 함께 구축하여야 합니다.

European Commission. (2023). European Green Deal: new law agreed to cut aviation emissions by promoting sustainable aviation fuels [Press release].

International Civil Aviation Organization. (2023). Global Framework for SAF, LCAF and other Aviation Cleaner Energies.

International Energy Agency. (2021). Net Zero Emissions by 2050.

International Energy Agency. (2023). Energy Technology Perspectives 2023.

International Energy Agency. (2023). Net Zero Roadmap 2023 Update.

International Energy Agency. (2024). Global EV Outlook 2024.

International Maritime Organization. (2023). 2023 IMO STRATEGY ON REDUCTION OF GHG EMISSIONS FROM SHIPS.

배충식. (2023). 친환경 에너지 '메탄올'에 거는 기대, 배충식의 모빌토피아, 서울경제.

배충식. (2024). 실현 가능한 탄소중립 모빌리티, 배충식의 모빌토피아, 서울경제.

배충식. (2024). 하늘 나는 자동차 UAM. 배충식의 모빌토피아, 서울경제.

연합뉴스. (2021). [그래픽] 한국형 도심항공교통(K-UAM) 운용 개요.

한국자동차공학회. (2024). 자동차산업 발전전략, 배충식(편집), 이창식 등

한국자동차모빌리티산업협회. (2023). 세계 자동차 통계.

해양수산부, 한국해사협력센터. (2023). 탈탄소화 국제해사 동향 (Vol.07).

6

대한민국의
양자과학기술 퀀텀점프

● ● ●

양자과학기술은 디지털 기술을 대체할 게임체인저인가? 정부는 2023년을 '대한
민국 양자과학기술 원년'으로 선포하고 특별법까지 제정했다. 양자과학기술에서
대한민국의 퀀텀점프는 어떻게 가능한가?

양자과학기술은 양자컴퓨터, 양자암호통신, 양자센서 등 기초과학과 첨단기술이 융복합된 분야로 미래 과학기술의 판도를 바꿀 게임체인저로 여겨집니다. 양자시대 과학과 기술, 산업을 조화롭게 발전시킬 수 있는 전략은 무엇인가요?

김재완 올해 2024년부터 몇 년 간 **양자역학 100주년**을 기념하는 행사가 세계 곳곳에서 열립니다. 100주년을 몇 년에 걸쳐 기념한다는 말은, 양자역학이 어느 해에 갑자기 등장하지 않았기 때문입니다. 사실, 양자역학 또는 양자물리학의 "양자(量子, quantum)"라는 표현은, 100년 전보다 더 오래된 1900년에 막스 플랑크가 처음 사용하였습니다.

양자역학의 역사적 배경

1800년대 후반, 갈릴레오와 뉴턴에 의해 시작된 고전물리학은 천체의 움직임을 정확히 예측하여 라플라스의 결정론적인 세계관과 함께 인간의 이성이 모든 것을 해결할 수 있을 것처럼 보였습니다. 맥스웰은 전기와 자기 현상을 통합하여 빛이 전자기파임을 보였고, 마르코니는 전자기파를 이용한 무선전신을 발명하는 등, 온갖 신기한 과학기술이 세상을 놀라게 하고 있었고, 유럽의 산업혁명은 절정에 달하고 있었습니다. 뜨거운 쇳물을 다루던 기술자들은 쇳물의 온도와 빛깔의 관계에 대해 이해하고 싶었으나, 당시 물리학으로는 이해할 수 없었습니다. 막스 플랑크는, 뜨거운 물체에서 나오는 빛의 에너지의 양(量)이 연속적이지 않고 하나 둘 셋 하고 셀 수 있도록 덩어리져 있다고 하면, 뜨거운 물체의 온도와 빛 파장에 따른 분포를 설명할 수 있다는 논문을 1900년에 발표하였습니다. 이렇게 연속적이지 않은 에너지 양(量)의 덩어리라는 뜻으로 양자(量子, quantum; quant=量, −um=명사형 어미)라는 표현을 플랑크가 처음 사용하였습니다.

1905년 아인슈타인은 빛 에너지 양자를 이용하여 광전효과를 설명하였고, 1913년 닐스 보어는, 수소 원자 주변을 돌고 있는 전자가 불연속적으로 양자화된 궤도 사이를 튀어다니며(jump) 빛 에너지를 흡수하거나 방출한다고 하여 수소의 분광스펙트럼을 설명하였습니다. 이렇게 하여 양자 도약(quantum jump 또는 quantum leap)이라는 표현이 등장하였습니다. 이렇게 양자라는 표현은 에너지뿐 아니라, 연속적이지 않고 띄엄띄엄 떨어져 있는 양으로 된 다양한 물리량을 가리키게 되었습니다.

현대 양자역학의 탄생과 1차 양자혁명

1924년 드브로이는, 아인슈타인의 말대로 파장인 줄 알았던 빛이 입자(알갱이)와 같은 성질을 가진다면, 입자로 알려진 전자도 파장의 성질을 가지고 있지 않을까 하는 물질파 이론을 발표하였습니다. 여기까지를 옛 양자이론(old quantum theory)이라고 부릅니다.

1925년, 하이젠베르크는 보어가 제안했던 수소모형의 개선을 시도

했고, 막스 보른이 이를 행렬식으로 해석하면서 행렬역학이 나왔습니다. 1926년 슈뢰딩거는 물질파 이론을 파동방정식으로 발전시켜 파동역학이 등장하였습니다. 나중에 행렬역학과 파동역학은 모두 양자역학을 기술하는 데 있어 같은 의미를 가진 것으로 밝혀졌습니다. 1927년에는 하이젠베르크가 불확정성 원리를 발표하였습니다. 이렇게 **1925년 즈음 이후 몇 년에 걸쳐** 수많은 천재들의 열띤 공방과 토론을 통해 현대 양자역학이 성립되었습니다. 이 현대 양자역학을 통해 빛과 물질의 상호작용, 물질의 구조를 이해하고, 새로운 물질도 합성하게 되었습니다. 반도체 소자와 레이저 광도 양자역학의 원리로 탄생하였고, 이를 통해 20세기 후반 정보통신기술에 일대 혁명이 일어났습니다. 이를 "**1차 양자혁명**"이라고 부릅니다.

2차 양자혁명

양자역학이 물질과 관련된 기술에 있어서 엄청난 성과를 이루고 있었지만, 아인슈타인 등 결정론적인 물리학을 신봉하던 여러 물리학자들은, 양자 불확정성 원리와 양자 측정 등 양자역학의 비결정론적인 측면이 불만스러웠습니다. 1935년 아인슈타인은 포돌스키, 로젠 등과 함께, EPR 쌍이라고 불리게 된 양자 얽힘(entanglement)을 통하여 양자역학에 문제를 제기하였습니다. 1964년 존 벨(Bell)은, 양자역학의 예측이 옳은지 아니면 아인슈타인의 염려가 옳은지를 판별할 양자 얽힘 실험과 부등식을 제안하였습니다. 벨의 부등식 실험을, 1970년대 클라우저, 1980년대 아스뻬, 1990년대 이후 짜일링거 등이 행하였습니다.

양자측정, 양자얽힘 등의 문제에 대하여 **대부분의 물리학자들은**

그림 6-1 2022 노벨물리학상

Alain Aspect   John F. Clauser   Anton Zeilinger

얽힌 광자 실험으로 벨 부등식이 위배됨을 보이고, 양자정보과학을 개척한 공로

자료: Nobel committee

무시하였고, 2000년대 초까지만 해도 대부분의 양자역학 교과서에서는 다루지도 않았습니다. 그런 중에 리차드 파인만이 1982년에 양자컴퓨터에 대한 기본적인 구상을 내어 놓았고, 찰스 베넷과 쥘 브라사드 등이 1984년 양자암호와 1993년 양자텔레포테이션, 데이비드 도이치가 1985년 양자병렬알고리즘, 피터 쇼어가 1994년 양자소인수 분해 알고리즘을 발표하면서, **양자정보과학기술**이라 불리는 **"2차 양자혁명"**이 시작되었습니다.

클라우저, 아스뻬, 짜일링거는 벨 부등식 실험으로 양자정보과학에 기여한 공로로 2022년 노벨물리학상을 공동수상하였고, 베넷, 브라사드, 도이치, 쇼어 등은 2023년 브레이크스루 물리학상을 공동수상하였습니다.

그림 6-2 **2023 기초물리학 브레이크스루 상**

Cilles Brassard, Charles H. Bennett, Peter Shor, and David Deutsch

양자암호(BB84), 양자텔레포테이션, 양자소수인수분해, 양자병렬알고리즘

자료: breakthroughprize.org

양자! 나노와 디지털을 넘어

1차 양자혁명에서 양자역학은 물질과 하드웨어의 원리로만 쓰였지만, 2차 양자혁명에서 양자역학은 물질과 하드웨어뿐 아니라 소프트웨어와 운영 체제에까지 관여합니다. 1차 양자혁명은, 양자역학 원리로 만들어진 반도체 소자로 된 하드웨어에, 양자역학과는 전혀 관계가 없는 0 또는 1로 나타내는 비트를 단위로 하는 디지털 정보를 담습니다. 하드웨어는 나노테크놀로지를 타고 점점 더 작게 만들게 되었으나, 이를 한없이 더 지속할 수는 없습니다. 반도체 소자의 선폭이 나노미터보다 작아지면, 양자역학의 불확정성 원리로 인해 비트 정보가 불확정하게 되는 한계에 부닥치게 됩니다. 이를 소극적으로 피하는 것이 아니라, 양자역학의 원리를 적극적으로 활용하는 것이 양자정보과학이고 기술입니다. 2차 양자혁명에서는, 0과 1이 중첩(重疊, superposition)되어 동시

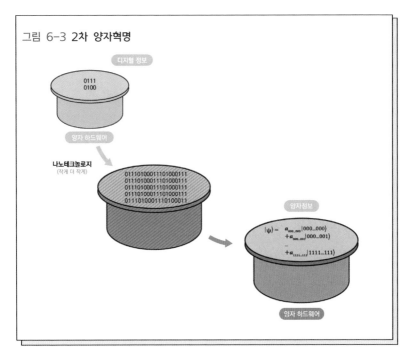

그림 6-3 **2차 양자혁명**

디지털 정보

0111
0100

양자 하드웨어

나노테크놀로지
(작게 더 작게)

0111010001110100011
0111010001110100011
0111010001110100011
0111010001110100011
0111010001110100011

양자정보

$$|\psi\rangle = a_{000...000}|000...000\rangle$$
$$+ a_{000...001}|000...001\rangle$$
$$...$$
$$+ a_{1111...111}|1111...111\rangle$$

양자 하드웨어

자료: 김재완

에 될 수 있는 양자비트 또는 큐비트를, 양자역학적으로 만들어진 하드
웨어에 담습니다.

양자병렬성과 양자컴퓨터

비트 네 개로 된 디지털 정보는 0000부터 1111까지 모두 2의 네제
곱, 즉 16가지 상태를 나타낼 수 있으나, 한 번에 하나씩 구현하므로,
계산을 16번 반복해야 합니다. 큐비트 네 개로 된 양자 정보는 0000부
터 1111까지 모두 16가지 상태를 **한꺼번에 중첩하여** 나타낼 수 있어서,

이들 모두를 한꺼번에 이용하는 계산을 할 수 있습니다. 디지털컴퓨터는 자원을 몇 배로 늘리면 계산공간이 기껏해야 그 몇 배만큼 선형적으로 커지지만, 양자컴퓨터는 계산공간이 디지털컴퓨터에 비해 지수함수적으로 커지게 되는 **"양자병렬성"**으로 인해 훨씬 크고 빠른 계산을 할 수 있습니다.

2019년 구글은 53개의 큐비트로 어떤 디지털컴퓨터도 빠른 계산을 했다는 "양자우위(quantum supremacy)"를 선언하였습니다. 이후 양자우위라는 의미에 논란이 따르지만 여러 곳에서 양자우위를 달성했다는 발표가 있었지만, 진정 쓸모 있는 문제를 해결하기까지는 아직 시간이 걸릴 것으로 보입니다. 초전도 방식의 경우 큐비트 수가 1,000개를 넘었지만, 여러 오류 때문에 기대한 만큼의 양자컴퓨터 능력을 발휘하지는 못하고 있습니다.

오류를 어느 정도 허용하고, 적당한 수효의 큐비트를 이용하여 쓸모 있는 문제를 해결하려는 양자컴퓨터를 **"니스크(NISQ, noisy inter-mediate scale quantum)"**라고 부릅니다. 제대로 된 양자컴퓨터가 아니라 하더라도, 양자컴퓨터의 이점(advantage)을 충분히 활용할 수 있을 것이라는 기대 속에 미국, 중국, 유럽의 여러 양자컴퓨터 연구자들이 경쟁하고 있습니다.

우리나라에서는 2024년 1월, 표준과학연구원이 성균관대에서 만든 20큐비트 초전도 칩세트를 활용하여 양자컴퓨터 시연을 해보였고, 중성원자, 이온덫, 양자광 등 다양한 방식의 양자컴퓨터가 연구되고 있습니다. 연구선도국과의 격차가 크지만, 우리가 할 수 있는 부분을 확보하기 위한 노력을 아끼지 말아야 합니다.

연세대학교에는 2024년 하반기, 세계에서 5번째로 IBM 양자컴퓨터가 설치됩니다. 생명과학, 의학, 화학, 물리 등 다양한 연구 분야 전문가들이 양자컴퓨터를 활용하여 혁신적인 연구 성과를 얻으면, 하드웨어 개발자들보다 양자컴퓨터를 활용하는 각 분야의 전문연구자들이 양자컴퓨터의 발전을 주도하게 될 것입니다.

양자통신

인터넷 등에서 주로 쓰이는 암호통신 방법은 풀기 어려운 수학문제를 활용합니다. 그래서, 양자컴퓨터 사용이 본격화되면 기존의 암호가 큰 위협을 받게 됩니다. 디지털정보는 얼마든지 복사가 가능하지만, 양자정보는 복사가 불가능하고, 측정에 의해 변할 수 있어서, 도청이 불가능한 양자암호 방식이 성립합니다.

중국은 북경－상해 사이 2천 킬로미터에 걸쳐 양자암호망을 구축하고, 묵자(墨子)호라는 인공위성을 통한 양자암호통신에 성공하였습니다. 우리나라도 SKT와 KT가 양자암호통신 상용 서비스를 시작하였습니다. 한편 양자암호통신 거리와 사용자를 늘리기 위해서는 양자텔레포테이션(quantum teleportation)을 이용한 양자중계기(quantum repeater)와 양자인터넷까지 개발되어야 합니다. 이를 위해 기초물리학과 엔지니어링, 사업운영을 위한 국가적인 계획이 준비되어야 합니다.

양자센싱

양자컴퓨터나 양자통신에 비해 당장은 시장규모나 사회적 영향이 작을 것으로 예측되고 있으나, 양자센싱은 세상의 모든 것이 정보화되고 소통되는 IoT 사회에서 다양하고 광범위하게 쓰이게 될 것입니다. 기존 기술로는 감지가 불가능한 것을 감지하고, 훨씬 정밀한 측정을 하는 양자센싱은 양자컴퓨터와 양자통신의 기반기술과 상당 부분 겹치기 때문에 소홀히 할 수 없습니다. 표준과학연구원의 양자중력센서 연구는 세계적인 수준으로서, 볼 수 없는 땅 밑의 빈 공간이나 무거운 물체를 확인할 수 있지만, 이동가능성을 갖추기 위해서는 더 많은 투자가 있어야 합니다. 전기자동차처럼 배터리의 사용이 일상화되는 가운데 배터리 결함을 감지하는 등 다양한 양자센서가 개발될 것입니다. GPS를 사용할 수 없는 잠수함의 장기 잠행에 필요한 양자 자기장 센서, 스텔스로 보호된 적함을 탐색할 수 있는 양자 레이다 등 군사 안보에도 중요한 응용이 개발되고 있습니다.

양자 시대, 우리의 전략

양자정보기술은, 현재 우리가 사용하고 있는 디지털 기술을 대체할 기술은 아닙니다. 디지털 기술보다 조금 나은 정도가 아니라, 디지털로는 불가능한 기능을 할 기술이 양자정보기술입니다. 전세계적으로 연구선진국들은 양자정보기술의 개발에 크게 투자하고 있습니다. 우리뿐 아니라, 모두가 전문인력이 부족하다고 합니다. 2차 양자혁명이 시작된 후 물리학 전공자들이 이 분야를 주도적으로 이끌어 온 것은 사실이지만, 이제는 물리학 이외에 다양한 엔지니어링이 필요하고, 양자 알고리즘과 통신 분야는 수학과 정보이론 전공자의 역할이 중요합니다.

우리나라는 디지털과 나노 분야에서 세계적인 성과를 이미 성취하였고, 충분한 능력을 가지고 있기에, 이를 바탕으로 양자정보기술을 발전시킬 수 있습니다. 현재는 일부 대학교와 한국전자통신연구원(ETIR), 한국표준과학연구원(KRISS), 한국과학기술연구원(KIST) 등 정부출연연구소를 중심으로 정부 지원에 의지한 양자정보기술연구가 이루어지고 있으나, 정부 지원보다 기업 특히 대기업의 참여가 절실합니다. 미국과 중국, 일본 등에서는 기업의 연구가 활발하게 이루어지고 있어 젊은 학생들과 연구자들이 자신들의 미래를 걸 만한 분야로 인식하고 몰려들고 있습니다. 우리 기업의 연구가 없다면, 우리나라가 애써 키운 인재까지도 외국으로 나가고 말 것입니다. 그 반대로 우리 기업이 외국의 뛰어난 연구인력을 끌어올 수 있어야 합니다.

양자컴퓨터의 목적은, 컴퓨터를 만드는 것이 최종 목적이 아니라, 컴퓨터로 뭔가 쓸모 있는 일을 하는 것입니다. 하드웨어의 개발도 중요하지만, 양자컴퓨터를 활용하여 여러 전문분야를 연구하는 것이 더 중요해질 것입니다. 다양한 전공분야에서 양자컴퓨터를 활용할 수 있도록 기회를 제공해야 할 것입니다.

우리가 좀 늦기는 하였지만, 전세계적인 2차 양자혁명에 많이 뒤진 것은 아닙니다. 우리가 모든 것을 다 할 수는 없습니다. 여러 연구선진국과 격차를 극복하기 위해 협력할 방안도 찾고, 우리가 잘할 수 있는 핵심기술을 확보하여 우리에게 맞는 자리잡기를 해야 합니다. 그러면 우리가 디지털과 나노에서 늦었지만 결국에는 선도국이 되었듯, 양자정보기술에서도 선도국이 될 수 있을 것입니다.

양자과학기술의 특성상 창의성과 전문성을 갖춘 고급 인재 확보가 필수적인데, 양자 전문 핵심인재와 리더를 어떻게 확보하고 육성해야 할까요?

조용훈 전 세계적으로 양자(정보)과학기술에 대한 높은 상용화에 대한 기대에 힘입어 많은 투자가 이루어지고 있으나, 양자 전문 핵심인력은 상대적으로 부족한 상태에 있어 국가별로 이를 지원하기 위한 많은 관심을 기울이고 지원하고 있습니다.

미국의 경우 국가과학기술위원회(NSTC) 산하에 양자소위원회(SCOIS)를 두고 인력양성 5개년 국자전략계획을 수립하여 추진하고 있습니다. 양자과학기술 분야의 선도를 유지하기 위해서 인력 양성을 높은 우선순위에 두고 있으며, 인력 현황 및 수요를 지속적으로 모니터링하고 커리어 전 주기에 걸쳐 맞춤형 지원을 하기 위한 정책을 실행하고 있습니다.

일본, 호주, 영국의 경우, 양자과학기술의 대중화, 다양한 맞춤형 교육프로그램 개발, 국제공동연구 및 교류 확대를 기본으로 하면서, 양자정보 제공 정보시스템 구축, 융합 및 협력 연구 활성화, 다양한 배경의 인력 참여 및 해외인력 유치, 국제공동연구 및 표준기준 참여 활성화 등의 내용을 국가별 특색에 맞추어 포함하고 있습니다.

한국은 2022년 양자과학기술을 국가전략기술 중 하나로 선정한 데 이어, 2023년 대한민국 양자과학기술 전략을 발표하였는데, 2035년까지 양자 핵심인재 2,500명을 양성하고, 선도국 대비 85% 기술수준을 달성하며, 세계시장 점유율 10%를 달성하는 것을 3대 전략목표로 삼고 있습니다.

양자기술 분야의 국내 연구자는 2022년 기준으로 미국의 6분의 1, 중국의 11분의 1 수준인 것으로 조사되었습니다. 향후 연구의 다양성과 경쟁력을 확보하기 위해서 양자전문 핵심인력 규모를 늘려야 한다는 지적에 따라 정부는 2023년부터 양자대학원 선정 등을 통하여 전문 인력 양성, 글로벌 교류 확대, 인재 유치 강화를 추진하는 방식으로 양자과학기술 분야의 전문인력을 확보하고 있습니다. 정부는 2022년 고려대, 2023년 KAIST에 이어 올해는 포항공대를 주관기관으로 하는 연합 양자대학원을 선정하여 지원하고 있으며, 2023년 384명 수준인 양자핵심인력을 2035년까지 2,500명 수준으로 양성하는 것을 목표로 하고 있습니다.

국내 양자과학기술 분야는 타 산업과는 달리 산업화 초기 단계이지만, 다양한 산업 분야의 근간을 이루고 다양하게 융합될 수 있다는 점에서 적극적인 인재 양성이 필요합니다. 특히, 양자과학기술 분야에서 고급 인재 확보와 육성은 그 기술의 발전과 성공에 필수적입니다. 후발 주자로서 현존하는 양자 플랫폼들을 경쟁력 있게 발전시키기 위한 추격자(fast follower) 전략을 단기적으로 추진하는 연구를 위한 인력 양성도 필요하지만, 중장기적인 관점에서 미래를 선도할 수 있는 새로운 플랫폼이나 방법론을 개척할 수 있는 선도자(first mover) 전략을 위한 기반을 확보하기 위한 창의적인 전문 인력양성 교육 체계를 마련하는 것이 더욱 중요합니다.

우선, 양자과학기술 관련 전문 핵심 인재양성을 위한 핵심 추진 요소로서, ▲다양한 전문 교육 프로그램 강화, ▲첨단 연구 환경 조성 및 세계적 수준의 연구 수월성 확보, ▲국제 협력과 교류를 통한 국제적 경쟁력 확보, ▲산학연 협력 체계 구축을 통한 교육, 연구, 산업화 연계, ▲현장의 목소리에 맞춘 정부 정책 추진, ▲지속적인 교육 및 훈련 등 연구 성과가 상용화 및 산업화 육성에 이어지도록 산학연 협력을 강화하고 국내 생태계를 조성할 필요가 있습니다.

첫째, **다양한 전문 교육 프로그램을 강화**하기 위하여 대학과 연구기관과 협력하여 양자과학기술 관련 학과 및 교육프로그램을 설립하고, 기존의 물리학, 전자공학, 컴퓨터 과학 등의 커리큘럼에 양자 컴퓨팅, 양자 통신, 양자 센싱 등의 과목을 추가하여 진행하는 것이 중요합니다. 또한, 양자과학기술 전공의 석사 및 박사 과정을 개설하여 전문 인력을 양성하고, 코세라(Coursera), 애드엑스(edX), 유다시티(Udacity), K-MOOC 같은 온라인 교육 플랫폼을 통해 양자기술 관련 무료 혹은 유료 강좌를 제공하여 더 많은 사람들이 접근할 수 있도록 할 필요가 있습니다.

둘째, **연구 환경** 측면에서 양자 컴퓨터, 양자 시뮬레이터, 양자 통신, 양자 센싱 등 양자 분야 연구를 선도적으로 수행할 수 있는 첨단연구 시설 및 장비를 제공하여 연구자들이 최적의 환경에서 연구할 수 있도록 할 필요가 있습니다. 또한, 양자기술 연구 프로젝트에 대한 정부 및 민간 기업의 연구비 지원을 확대하여 연구의 지속성을 보장하여야 합니다.

셋째, **국제 협력 및 교류** 측면에서 후발주자로서 세계 동향을 정확히 파악하고 신기술을 개발하기 위해서는 세계 유수의 연구기관 및 대학과 협력 네트워크를 구축하여 공동 연구와 학술 교류를 장려하는 것이 중요합니다. 양자과학기술 관련 국제 학회, 컨퍼런스, 워크숍 등을 정기적으로 개최하여 빠르게 발전하고 있는 양자과학기술 분야의 최신 연구 동향을 공유하고 네트워킹 기회를 제공하도록 해야 합니다.

넷째, **산업체와 협력**하여 양자과학기술 개발에 필요한 실용적인 연구 및 개발을 추진하고, 이를 통해 인재들이 실제 산업 현장에서 필요한 기술과 경험을 쌓을 수 있도록 해야 합니다. 대학 및 연구기관에서 양자기술 관련 기업으로의 인턴십 프로그램을 마련하여 학생들이 현장에서 경험을 쌓도록 하는 것이 중요합니다.

다섯째, **정부 차원의 정책적 지원**을 통해 양자기술 인재 육성에 필요한 재정적, 제도적 지원을 꾸준히 마련하는 것이 중요하겠습니다. 양자과학기술 분야의 학생들에게 장학금을 제공하고, 젊은 연구자들에게 연구비를 지원하여 정부 차원의 지속적인 지원 의지를 명확히 해야 합니다.

여섯째, 이미 현업에 종사하는 엔지니어 및 과학자들을 대상으로 양자기술에 대한 **재교육 프로그램**을 운영하여 기존 인력을 양자기술 및 양자 지원기술 전문가로 전환할 수 있도록 할 필요가 있습니다. 또한, 양자기술 분야의 세계적인 전문가들을 초빙하여 강연 및 세미나를 개최하고, 최신 연구 동향과 기술을 공유하도록 하여야 합니다.

한편 상술한 바와 같은 핵심 추진 요소들을 갖추는 것은 필수적이지만 이것만으로 충분하지 않은데, 양자과학기술 분야에서 이러한 **핵심 요소들이 구체적으로 어떻게 상호 작용하고 상승 효과를 일으키도록**

할 것인지 아래의 몇 가지 사례들을 통해 참고하여 추진할 필요가 있겠습니다.

필자는 작년에 양자과학기술 분야를 선도하고 있는 스위스 취리히 연방공대(ETH)의 양자 센터(Quantum Center, 센터장: Andreas Wallraff 교수)를 방문하면서, 자연과학 및 공학과학 분야의 스위스 대표 연구소인 Paul Scherrer Institute(PSI)와 스위스 대표 양자분야 분석장비 회사인 Zurich Instruments를 방문한 바 있고, 최근에는 파리 근교에 자리잡고 있는 프랑스 CNRS인 Center for Nanoscience and Nanotechnology (C2N)과 파리-사클레 대학(Université Paris-Saclay), 그리고 프랑스의 대표 광자기반 양자컴퓨터 회사인 콴델라(Quandela)를 방문한 적이 있습니다. 유럽에서 양자컴퓨팅 분야를 주도하고 있는 두 곳 모두 공통점이 있었는데, 이는 대학과 연구소, 창업 기업이 매우 긴밀하게 유기적으로 연계되어 있다는 점입니다. 대학 소속의 교수와 학생들이 대학에서 뿐 아니라 연구소에도 연구실을 꾸미고 연구소와 긴밀히 협력하고 있었으며, 대학 및 연구소 소속의 연구자가 창업 기업에도 동시에 소속을 두고 양쪽의 첨단 장비와 인프라를 사용하면서 자연스럽게 기술 이전이 되도록 하고 있습니다. 또한, 대학과 연구소에서는 기업이 당장 수행하기 어려운 미래 지향적인 연구를 수행하면서 산학연 협력과 기술 이전이 지속적으로 진행될 수 있도록 협력 시스템과 지원 체계를 갖추고 있다는 점이 인상적이었습니다.

또한, 상기 양자컴퓨팅 관련 창업 기업을 직접 방문하고 논의하면서 느낀 점은 **다양한 분야의 전문성을 확보하면서 이를 하나로 통합하여 전체 시스템이 만들어지도록 큰 그림을 그리고 완성할 수 있는 핵심**

리더 역할의 중요성이었습니다. 광자기반 양자컴퓨팅 기업을 예를 들어 설명하면, 양자 광원, 단광자 감지기, 양자 연산을 위한 광집적회로, 무진동 저온장치, 컴팩트한 광학계 및 전자 장치 설계, 컴퓨터 인터페이스, 프로그래밍 및 알고리즘 개발, 클라우드 서비스를 위한 인터페이스 구축 등 기확보된 다양한 분야의 전문성을 바탕으로 부족한 전문 인력을 확보하고 이를 하나로 통합해 가면서 광자기반 양자컴퓨터를 제작할 수 있도록 하는 중추 리더의 역할입니다. 마치 핵심 구슬들을 꿰어 멋진 목걸이를 만드는 것처럼 다양한 전문 분야를 모두 어느 수준까지 이해하고 이들을 종합적으로 연계하면서 추진하는 것이 사업화 성공 여부를 좌우하는 필수적인 역할인데, 교육과 연구에 있어서도 본인의 전공뿐 아니라 타 전공 분야에 대한 폭넓은 이해도를 바탕으로 깊이 있는 전문성을 살리면서 중추 리더 역할을 할 수 있는 T자형 전문 인력 양성의 중요성을 확인할 수 있었습니다.

한편, 최근 캐나다의 자나두(Xenadu), 프랑스의 콴델라(Quandela), 미국의 아이온큐(IonQ) 등과 같은 세계적인 양자컴퓨팅 기업들이 국내 대학 및 연구소들과 적극적으로 MOU를 맺으며 협력의 기반을 찾고 우수한 학생들의 인턴십 기회를 제공하고자 하는 것을 보게 됩니다. 이는 각 기업의 이미지 제고 차원뿐 아니라 시장을 개척하는 하나의 방식이기도 하고, 기업에서 부족한 기술이나 유사시 백업 역할을 할 수 있는 방법을 국제적으로 모색하고 있는 것이며, 자국뿐 아니라 국제적으로 우수한 학생들이 인턴십을 통해 이들 기업에서 경험하게 하면서 졸업 후에는 우수한 인력을 취업하게 하는 다국적인 인력 기반을 구축하는 방법이기도 합니다.

상술한 바와 같이 양자과학기술을 선도하고 있는 세계적인 대학, 연구소, 기업의 현장 상황과 전략들을 참고하면서, 산학연 협력을 통한 교육 및 연구 체계를 보다 긴밀하게 수립하여 추진한다면, 창의력을 갖춘 양자과학기술 분야의 고급 인재를 육성할 수 있고 이를 통해 양자기술의 발전을 가속화할 수 있을 것으로 기대됩니다.

장기적 관점에서 양자과학기술 분야의 인력 양성을 위하여 어떻게 초중등부터 대학까지의 전주기적 교육을 준비할까요?

조용훈　양자과학기술 분야는 그 잠재성이 무한하고 다른 산업에 미치는 영향이 매우 크기 때문에, 장기적 관점에서 초중등부터 대학까지 체계적이고 일관된 교육 계획을 세우는 것이 중요합니다. 양자과학기술 분야의 인력을 양성하기 위한 전 생애 주기의 커리어 관점에서 바라보고 지원책을 마련할 필요가 있으며, 다양한 양자 플랫폼이 경쟁하고 있는 상황이기 때문에 현존하는 양자 플랫폼들에 대한 이해뿐 아니라, 선도할 수 있는 새로운 플랫폼이나 방법론도 개척할 수 있도록 창의성에 기반한 교육 시스템을 마련하는 것이 매우 중요합니다. 이를 위해 우선 ▲초중등 교육 단계, ▲고등학교 교육 단계, ▲대학 교육 단계, ▲지속적인 학습 및 재교육 단계별로 나누어 간단히 살펴볼 필요가 있겠습니다.

첫째, **초중등 교육 단계**에서는 기초 과학 및 수학 교육을 강화하는 것이 중요합니다. 이는 양자과학기술 분야뿐 아니라 과학 전반에 걸쳐 중요한 소양을 갖추는 시기로, 기초적인 논리적 사고를 기르는 데 집중하는 것이 중요하다고 봅니다. 양자 분야와 관련해서는 과학 실험과 탐구 활동을 통해 호기심을 기르도록 하는 것에 중점을 두고, 양자과학기술 발전의 역사적인 측면을 설명하여 과학의 발전 과정을 이해하도록 하는 것도 필요합니다. 또한, 컴퓨터 과학 교육을 통해 알고리즘적 사고를 키우는 것이 중요하며, 학습 동기를 유발하고 협동심과 커뮤니케이션 능력을 기를 수 있는 프로젝트 기반의 활동도 큰 도움이 되겠습니다.

둘째, **고등학교 교육 단계**에서는 미적분, 선형대수학, 통계학 등의 내용이 수학 과정에 잘 반영되도록 하고, 물리학에서 양자역학의 기초 개념을 배울 수 있도록 할 필요가 있겠습니다. 양자역학과 관련된 적절한 실험 실습을 통하여 이론을 실제로 확인할 수 있도록 하는 것도 중요합니다. 데이터 과학과 관련하여서는 데이터 과학의 기초와 프로그램 및 알고리즘 교육을 진행하고, 양자 컴퓨팅의 기초 개념과 간단한 알고리즘을 소개하는 내용이 포함될 수 있겠습니다. 프로젝트 위주의 교육 방식을 도입하고, 과학 올림피아드나 경진대회를 통하여 양자 과학과 데이터 과학 분야에 학습 동기를 높이는 활동들도 중요합니다.

셋째, **대학 교육 단계**에서는 물리학, 수학, 컴퓨터 과학 분야를 기초 필수 과목으로 수강하도록 하고, 좀 더 깊이 있는 양자역학, 양자컴퓨팅, 양자정보이론은 전문 세미나를 통해서 습득할 수 있도록 할 수 있습니다. 학부생 연구 프로그램을 통하여 관련 분야의 연구 진행을 체험해 보는 것도 중요한데, 이를 위하여 최신 연구 장비와 실험 실습 환경을 구축하여 원리를 확인할 수 있도록 할 필요가 있습니다. 무엇보다 양자과학기술 분야의 산업체와 산학협력 및 인턴십을 통하여 실무 경험을 해 보는 것은 현장에서 가장 직접적으로 필요성을 체득할 수 있는 방법입니다. 이를 위하여 산업계 전문가와 학계가 네트워크를 형성하여 많은 기회와 지원 방법을 마련해야 할 것입니다.

넷째, 상술한 바와 같은 초중고 수준에서 교육이 진행이 되도록 하려면 **초중고 현업에 있는 교육자들에 대한 정기적인 교육이 필수적이며, 관련 산업체 인력에 대한 재교육도** 매우 중요합니다. 최근 코세라 (Coursera), K-MOOC 같은 온라인 교육 플랫폼을 이용한 학습 기회가 일반화되고 있는데, 이러한 온라인 교육 방식과 함께 대학과의 양자과학기술 관련 교육 프로그램 개발이나 마이크로 디그리 과정을 통하여 초중고 교육자와 산업체 인력에 대한 재교육을 진행할 수 있습니다. 또한, 각 분야 전문가와의 네트워크를 강화하고, 정기적인 세미나와 현장교육을 통해서 첨단 연구 동향을 파악할 수 있도록 하는 것도 중요할 것입니다.

이와 같은 전략적 접근을 통해 초중등부터 대학까지의 교육을 체계적으로 준비한다면, 양자과학기술 분야의 인재를 효과적으로 양성할 수 있을 것으로 기대되며, 이를 위해 정부, 교육 기관, 산업계의 긴밀한 협력이 필요합니다. 특히, 전문 인력 양성을 위한 교육은 연구, 사업화, 그리고 국제적 경쟁력 확보의 연장선상에서 선순환이 이루어질 수 있도록 정부 차원의 지원을 통하여 진행되어야 하는데, 교육과 연구가 연계된 방식으로 전문 인력을 체계적으로 양성하는 것이 효과적입니다. 작은 주제라도 프로젝트 기반의 교육을 통해 주제에 흥미를 느낄 수 있도록 하고, 첨단 시설을 갖춘 대학과 연구소에서 진행하는 연구에 일정 기간 참여해 보는 것도 한 가지 방법일 것입니다.

한편, 양자과학기술은 아직 승자가 정해지지 않고 다양한 플랫폼들이 경쟁하고 있으며 새로운 플랫폼이 나올 수 있는 변화가 많은 분야입니다. 따라서 연구에 있어서 기초 연구와 응용 연구가 균형 있게 발전하도록 지원하여야 하며, 새로운 플랫폼과 방법론에 대하여 세계적인 기술 표준화를 주도하고, 대학 및 연구소에서의 연구 성과가 상용화 및 산업화 육성에 이어지도록 산학연 협력을 강화하고 국내 생태계를 조성할 필요가 있습니다.

또한, 양자과학기술 분야의 교육, 연구, 기술사업화의 동력이 되는 첨단 장비 및 인프라 시설을 꾸준히 확충하고, 국제 협력을 통한 기술 교류 및 글로벌 네트워크를 보다 활발히 구축하여 국제 경쟁력을 갖춘다면 양자과학기술 분야에서도 지속적인 발전을 이룰 수 있을 것으로 기대됩니다. 상술한 각각의 요소에 대하여 지원책을 마련하여 지원하고 운영하는 것과 동시에, 이들 지원 프로그램들을 총괄하여 이들 사이의 협업과 시너지가 날 수 있도록 조율하는 역할이 실질적인 양자생태계 조성에 있어서 매우 중요하겠습니다.

참고
문헌

Hoofnagle, C. J., & Garfinkel, S. L. Law and Policy for the Quantum Age.
DOI: 10.1017/9781108883719, Cambridge University Press (2022)

대한민국 정책브리핑. www.korea.kr.

이종호·황종성 (2024.1). 2023 양자정보기술백서 [PDF]. 과학기술정보통신
부, 한국지능정보사회진흥원(NIA), 미래양자융합포럼.

ISSN: 3022−4012

무료다운로드: https://www.msit.go.kr/bbs/view.do?sCode=user&bbsSeq
No=81&nttSeqNo=3148973

한국과학기술기획평가원(KISTEP). 주요국 양자정보과학기술 인력양성정책
동향 및 시사점.

7

한국형 녹색기술·
정책 포트폴리오

● ● ●

과학기술은 인류 최대 난제인 기후변화와 에너지 위기를 타개할 수 있는 가장 핵심적인 수단이다. 유엔을 비롯해 주요 각국이 탄소중립 목표를 설정하고 다양한 수단·정책을 강구하고 있는데 우리는 어떤 과학기술과 정책을 펼쳐야 하는가?

우리나라의 녹색기술 정책 포트폴리오를 어떻게 구성하고 실현하며, 과학기술 역량과 산업 발전에 가장 적합한 녹색기술은 무엇인가요?

배충식　　우리나라는 2008년에 '저탄소 녹색성장'을 국가 비전으로 설정하고 그 일환으로 자발적인 국가 온실가스 감축목표를 대외적으로 공표하고 기후변화 대응 정책을 본격적으로 추진했습니다. 녹색성장 비전 선언 직후인 2008년 9월에 수립된 '기후변화 종합계획'에서는 경제적 유인 정책수단을 많이 활용했고, 2009년 7월에 수립된 '제1차 녹색성장 5개년 계획'에서는 규제 정책수단을 대폭 확대하였습니다. 녹색성장을 본격적으로 추진하기 위해 녹색성장위원회가 출범(2009년 2월)하고 녹색성장기본법안 마련 및 녹색성장 국가 프로젝트를 추진(2009년 2월)하기 시작한 이후에 수립된 '제1차 녹색성장 5개년 계획'에서는 녹색성장의 실행력을 확보하기 위해 이행력을 강조하게 되었습니다.

2015년 12월에 파리협정을 통해 새로운 국제 기후변화 체제가 등장하게 되고 우리나라도 2030년 BAU 대비 37% 감축목표를 발표하면서 실효적인 정책수단 도입이 요구되었습니다.

2019년에 '제2차 기후변화 기본계획'에서는 배출권거래제의 실효성을 높이기 위해 배출허용총량 강화, 유상할당 비율 확대, 유동성 제고, 검인증체계 개선 등의 정책이 발표된 바 있습니다. 이후 원전의 비중을 축소하고 탈석탄과 아울러 신재생에너지 비중을 높이는 다분히 이념적이고 이상적인 에너지 전환 정책을 추진하고 2020년에 '2050년 탄소중립' 비전을 선포하고 그린뉴딜을 추진하는 한편, 전에 설정한 2030년 국내 온실가스 감축 목표를 2018년 대비 40%로 상향 재설정하며 대통령 직속 '탄소중립위원회'를 설치하였습니다. 이렇듯 강력한 기후변화 대응 정책을 추진하는 듯 했으나 실질적인 온실가스 감축을 크게 이루지는 못했고, 코로나 만연 기간에 세계적인 경제 활동의 침체로 온실가스 저감이 나타나는 듯 보였으나 감염이 잦아들고 경제활동이 정상화되면서 석유 및 가스 수요가 폭증하는 등 실질적인 탈화석연료 동력이 약해지고 온실가스 저감 속도가 약해지는 경향마저 나타나고 있지만 전세계적인 재생에너지 확대와 전기화는 대세를 이루어 우리나라 정책과 실행의 동기화도 요구되고 있습니다. 기업활동에 필요한 전력의 100%를 태양광이나 풍력 같은 재생에너지로 사용하자는 'RE100'이 글로벌 기업의 표준이 되어가는 것 같은 동향이 있지만 재생에너지 문명의 이상이 현실적으로 자원의 공급망 문제로 어려울 수 있어서 RE100에 대한 회의론이 제기되면서 실현 가능한 탄소중립·녹색성장의 정책 포트폴리오가 필요하게 되었습니다.

현재 우리나라는 2030년 온실가스 감축목표를 계승하되 산업계의 부담을 줄이는 등 탄소중립의 비전과 녹색성장정책과 결합하여 추진하고 있습니다. 탄소중립과 녹색성장을 동시에 추진하면서 2023년 4월에 탄소중립·녹색성장 국가전략 및 제1차 국가 기본계획을 발표하여 경제적 유인 정책수단을 중심으로 하면서 규제 정책수단의 비중을 크게 확대했습니다. 대통령 직속 '탄소중립·녹색성장위원회'를 중심으로 관계부

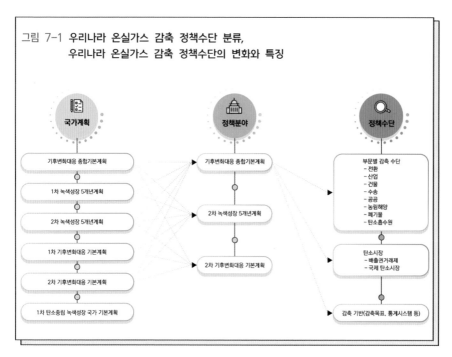

그림 7-1 우리나라 온실가스 감축 정책수단 분류,
우리나라 온실가스 감축 정책수단의 변화와 특징

자료: 이승환, Evert Vedung의 정책수단 유형분류의 적용, 2023

처 합동으로 만들어진 이 국가기본계획은 온실가스 감축과 지구온난화
적응, 환경과 경제의 선순환을 위한 정책방향 설정 및 에너지 등 유관
계획과 정합성을 확보할 목적으로 부문별 감축 목표와 연도별 감축목
표 설정 및 이행 대책을 수립하였습니다. 전환, 산업, 건물, 수송, 농축
수산, 폐기물, 수소, 탈루, 흡수원, CCUS(탄소포집활용저장) 등 10부문에
대한 연도별 감축목표를 수립하여 이행 점검을 추진하고 있습니다. 여
기에 더하여 국제감축의 기여도 목표가 정해져 있습니다.

국제에너지기구(IEA)가 2050년 탄소중립을 목표로 내세운 기축기
술 8가지인 재생에너지 발전, 전기화, 효율화, 자세변환, 바이오 에너지,
수소, CCUS, 연료전환도 우리나라 10부문과 분류 방식은 다르지만 각

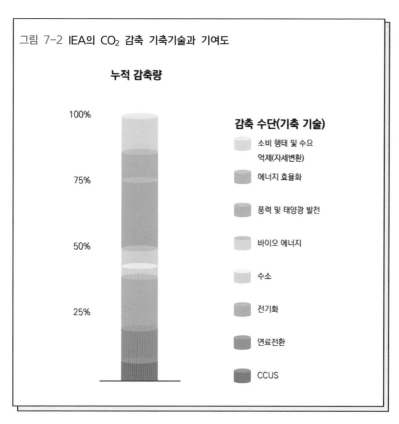

그림 7-2 IEA의 CO_2 감축 기축기술과 기여도

누적 감축량

100%

75%

50%

25%

감축 수단(기축 기술)

소비 행태 및 수요
억제(자세변환)

에너지 효율화

풍력 및 태양광 발전

바이오 에너지

수소

전기화

연료전환

CCUS

자료: Net Zero Roadmap, IEA, 2023

각의 기술 요소와 온실가스 저감 기여도가 맞닿아 있으며 국제협력의
중요성이 강조된다는 점도 정책적 궤를 함께 하고 있습니다. 그래도 우
리나라 실정에 맞는 포트폴리오의 설정이 필요합니다. 예를 들어 전환
부문의 경우 우리나라가 석탄발전 감축, 재생에너지 확대를 중심으로
하지만 무탄소전원으로서 원자력 발전 활용을 확대하는 것은 우리나라
실정에 맞는 실용적인 정책이라고 할 수 있습니다. 이는 IEA 기축 기술
중 원자력 발전이 연료변환 기술 안에 비중 있게 포함되어 있다는 점에
착안하고 재생에너지 자원이 빈약한 나라의 어쩔 수 없는 선택이라는

점에서 더욱 그러합니다. 부족한 재생에너지를 수입하는 방법으로서 수소 도입 또한 우리에게는 매우 중요한 항목입니다. 석탄화력 발전을 줄여나가되, 완전한 무탄소 전원 확보로 가는 경로 중에 석탄화력에 무탄소 연료인 수소나 암모니아를 혼입하여 연소하고 이산화탄소를 포집하여 활용하는 CCUS 기술을 최대한 확보하고 확대 적용하는 것도 실용적인 정책이 될 것입니다. 이런 점에서 현실성이 떨어지는 RE100에 집착하는 것보다는 무탄소발전인 원자력 발전도 활용하는 CFE(Carbon-Free Energy; 무탄소에너지) 정책 기조는 실사구시의 탄소중립 정책이라고 볼 수 있습니다.

얼마 전 2024년 6월 발표된 제11차 전력수급기본계획 실무안은 원전과 재생에너지발전을 동시에 확대해 무탄소에너지(CFE) 시대를 앞당기겠다는 정책 의지를 담고 있어 원전과 재생에너지를 중심으로 한 무탄소 전원 비중이 2023년 39.1%에서 2038년 70.2%까지 확대돼 본격적인 무탄소에너지 시대를 열겠다는 의지를 담고 있습니다. IEA의 2050 탄소중립 시나리오에 따르면 2050년에 신재생에너지 발전이 온실가스 감축에 24% 기여하는 미래에 수소와 수소기반 합성연료 등 수소에너지가 전체 에너지수급의 10%를 담당하는 것으로 예측되어 수소 수입을 통한 탄소중립 실현 역시 매우 중요한 역할을 할 것으로 기대됩니다. 이렇듯 녹색기술 포트폴리오는 실현 가능한 모든 수단을 동원하여 에너지안보를 추구하는 것이 전략적으로 유효하며 실용적인 정책이라고 할 수 있습니다.

7-2 녹색기술 정책 포트폴리오

기후위기에 대응하는 탄소중립 기술은 녹색기술 개발의 핵심 내용이며 신재생에너지의 확대가 필수적입니다. 그러나 재생에너지의 부족과 편중으로 인하여 다양한 탄소중립 기술과 에너지공급망의 개발이 필요하며 이 중에서도 수소경제가 중요하게 대두되는데 수소기술의 전망은 어떠한가요?

수소경제의 의의

배충식 　수소경제는 '수소를 중요 에너지원으로 사용해 국가 경제, 사회 전반, 국민 생활 등에 근본적인 변화를 만들어내는 시스템'을 의미합니다. 즉 화석연료 중심의 현재 에너지 시스템에서 벗어나 수소를 에너지원으로 활용하는 자동차, 선박, 열차, 기계 혹은 전기발전 열 생산 등을 늘리고, 이를 위해 수소를 안정적으로 생산, 저장, 운송하는 데 필요한 모든 분야의 산업과 시장을 새로 만들어내는 경제 시스템입니다. 수소경제의 개념도는 [그림 7-3]과 같습니다. 기존의 탄소경제는 석유, 석탄 등 화석연료 기반으로 운영되어 온실가스 배출 문제와 자원 수입 의존도 심화 등의 한계가 있었습니다. 반면 수소경제에서는 수소를 주요 에너지로 활용함으로써 국내 에너지 자립도를 높이고, 에너지원의 다각화를 노림과 동시에 탄소배출을 획기적으로 줄일 수 있습니다. 최근의 러시아·우크라이나 전쟁으로 인한 글로벌 에너지 공급망이 붕괴되고

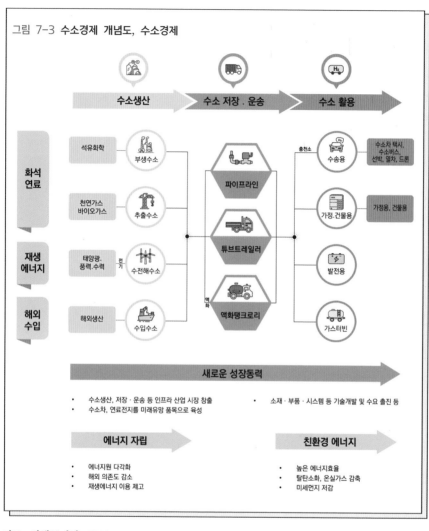

그림 7-3 수소경제 개념도, 수소경제

수소생산 → 수소 저장 · 운송 → 수소 활용

화석 연료

재생 에너지

해외 수입

석유화학 — 부생수소

천연가스 바이오가스 — 추출수소

태양광· 풍력·수력 — 전기 — 수전해수소

해외생산 — 수입수소

파이프라인

튜브트레일러

액화탱크로리

충전소

수송용 — 수소차 택시, 수소버스, 선박, 열차, 드론

가정.건물용 — 가정용, 건물용

발전용

가스터빈

새로운 성장동력

- 수소생산, 저장 · 운송 등 인프라 산업 시장 창출
- 수소차, 연료전지를 미래유망 품목으로 육성

- 소재 · 부품 · 시스템 등 기술개발 및 수요 촉진 등

에너지 자립

- 에너지원 다각화
- 해외 의존도 감소
- 재생에너지 이용 제고

친환경 에너지

- 높은 에너지효율
- 탈탄소화, 온실가스 감축
- 미세먼지 저감

자료: 정책브리핑, 2020

있으며, 온실가스 배출의 증가로 인한 기후변화 문제가 발생하고 있습니다. 이에, 전 세계적으로 지속 가능한 에너지 솔루션에 대한 필요성이 강조되고 있으며, 이산화탄소를 감소시키기 위한 방안이 요구되고

있는 상황입니다. 전 세계적으로 지구온난화 억제를 위한 에너지 분야의 규제와 기후행동이 강화되고 있는 가운데, 수소는 무탄소 연료로서 탄소중립 에너지원으로 주목받고 있습니다. 우리나라 역시 탄소배출이 많은 제조업 중심의 산업구조를 가지고 있어, 수소에너지 도입의 필요성이 지속적으로 대두되고 있습니다.

국내 수소경제 정책

한국의 수소경제는 2005년에 마스터 플랜을 통해 기획되었으며, 수소를 중심으로 에너지 시스템을 구축하여 2040년까지 최종 에너지의 15%를 수소로 대체하는 것을 목표로 하였습니다. 그 중에는 수소의 생산, 보급, 연료전지 기술의 산업화, 수소경제를 지원할 인프라의 구축 등이 포함되어 있었습니다. 2017년에는 수소경제를 지속 가능하고 친환경적인 미래 에너지 시스템으로 전환하기 위해 H2KOREA를 창립하였으며, 이는 유럽의 FCH−JU, 미국의 H2USA와 같이 수소 보급 활성화를 위한 민관협의체로 총 70개 기관 회원이 가입하였습니다. 이후 정부는 2018년 '혁신성장전략투자방향'에서 수소경제를 혁신성장 3대 전략투자 분야로 선정하였으며, 2019년에는 수소경제 활성화를 위한 로드맵을 통해 2040년까지의 구체적인 목표를 제시하였습니다. [그림 7-4]는 2019년 수소경제 활성화 로드맵의 추진전략을 나타냅니다. 이는 수소 생산, 저장, 운송, 활용 등 모든 분야의 목표와 전략을 담고 있으며, 약 3,700억 원을 투자하여 수소경제 활성화를 목표로 하였습니다. 로드맵은 2022년까지 수소경제 준비기, 2030년까지 확산기, 그리고 2040년까지 선도기로 구분되어 있으며, 각 단계 및 분야별로 구체적인

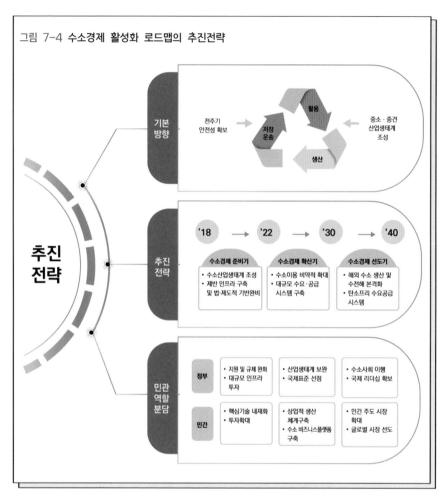

그림 7-4 수소경제 활성화 로드맵의 추진전략

추진
전략

**기본
방향**

전주기
안전성 확보

저장
운송

활용

생산

중소 · 중견
산업생태계
조성

**추진
전략**

'18 → '22 → '30 → '40

수소경제 준비기
• 수소산업생태계 조성
• 제반 인프라 구축
및 법·제도적 기반완비

수소경제 확산기
• 수소이용 비약적 확대
• 대규모 수요·공급
시스템 구축

수소경제 선도기
• 해외 수소 생산 및
수전해 본격화
• 탄소프리 수요공급
시스템

**민관
역할
분담**

정부
• 지원 및 규제 완화
• 대규모 인프라
투자

• 산업생태계 보완
• 국제표준 선점

• 수소사회 이행
• 국제 리더십 확보

민간
• 핵심기술 내재화
• 투자확대

• 상업적 생산
체계구축
• 수소 비즈니스플랫폼
구축

• 민간 주도 시장
확대
• 글로벌 시장 선도

자료: 산업부, 2019

목표를 제시하였습니다. 세계 최고 수준의 수소경제 선도국가로 도약하기 위한 구호 아래, 수소차 및 연료전지 세계시장에서 1위를 차지하고, 화석 연료 자원 빈국에서 녹색 수소 산유국가로 진입하자는 비전을 제시했습니다. 또한 2020년 세계 최초로 수소경제법을 제정하고, 2020년 7월 수소경제위원회를 도입하는 등 수소경제 활성화를 위해 지속적으로 수소경제 활성화를 위해 적극적으로 노력하였습니다. 최근 2023년 12월 7차 수소경제위원회에서는 청정수소 생태계 전환 계획에 대해서 발표했습니다. 정부는 소재·부품·장비산업 육성을 위해 수전해, 액체수소 운반선, 수소터빈 등 수소산업 10대 분야 40대 핵심품목을 도출하여 수소 원천기술 확보, 사업화 촉진, 공급망 강화를 지원하기로 하였습니다. 또한 2030년까지 수소차 30만 대 보급, 수소 충전소 660기 이상 구축을 목표로 수소차 보급 확대, 액화수소 충전소 확충 등 수소 수요 증가에 따른 수소 수급 대응체계 강화 및 공급 다변화 등의 정책을 마련하였습니다. 이처럼 한국은 수소경제를 활성화하기 위해 꾸준히 노력해 왔으며, 이를 통해 세계 최고 수준의 수소경제 선도국가로 도약하는 것을 목표로 하고 있습니다. 이를 성공적으로 실현하기 위해서는 수소 기술의 지속적인 발전이 필수적입니다. 앞으로도 정부와 민간이 협력하여 수소 생산, 저장, 운송, 활용 등 전반적인 기술 개발에 박차를 가하고, 이를 통해 지속 가능한 친환경 에너지 시스템을 구축해야 합니다.

국내 수소기술의 전망

현재 수소경제 달성을 위한 수소기술의 초점은 크게 수소의 생산, 저장 및 운송, 활용으로 나뉘게 됩니다. 수소의 생산은 물, 천연가스, 석탄 등 다양한 물질에서 생산되며, 생산 방식에 따라 그레이수소, 블루수소, 그린수소 등으로 구분됩니다. 현재는 그레이수소가 대부분을 차지하고 있습니다. 수소경제로의 전환은 궁극적으로 재생에너지를 활용한 그린 수소 생산을 통해 화석연료 의존도를 낮추는 것이 목표이기 때문에, 재생에너지 기반의 그린수소 생산 기술이 활발하게 연구되고 있습니다. 이를 위해 재생에너지 연계 수전해 기술, 수전해 수소의 대용량 장기 저장기술, 수전해 효율향상을 위한 기술과 같이, 대규모·고효율 수전해 기술을 개발하기 위한 연구가 주를 이룰 것으로 보입니다. 또한, 해상풍력 등 대규모 재생에너지 발전단지에서 수소를 대량 생산하거나 폐도로, 매립지 등에 대규모 태양광을 설치하여 수소를 생산하는 '태양광＋P2G(Power－to－gas)' 추진 등 재생에너지 발전단지와의 연계도 필수적입니다. 다만 국내의 경우 재생에너지가 부족하기 때문에 해외에서 생산된 친환경 수소를 활용하는 방안도 적극적으로 모색하고 있습니다.

최근 수소 수요가 급격하게 증가할 것으로 전망됨에 따라 수소의 안정적·경제적 공급을 위한 방안들이 요구되고 있습니다. 수소는 밀도가 매우 낮기 때문에, 1회에 이동시킬 수 있는 연료의 양이 적습니다. 이에 더 많은 양의 수소를 저장 및 운송하기 위한 연구가 주로 진행이 되고 있습니다. 대용량 수소 저장 방법으로는 기체수소에 비해 부피가 작고, 저장 용기의 안전성도 높은 액화 수소가 대안으로 떠오르면서 주요 기업들은 기체수소를 액화시키는 액화 수소 플랜트 건설 및 핵심 설비 마련에 주력하고 있습니다. 액화수소는 기체수소에 비해 부피가 1/800수준이기 때문에 더 많은 양을 유통시킬 수 있으며 수송 비용도 상대적으로 낮습니다. 하지만 초저온(영하 253도) 액화 방식으로 저장하고 운반되기 때문에 에너지 효율성이 가장 큰 과제입니다. 이에 액화 온도를 유지하기 위해 우수한 단열 성능 확보 및 증발가스 방지를 위한 이중 단열구조의 구축 등이 핵심 기술로 자리잡고 있습니다. 최근의 암모니아는 이러한 문제의 해결책으로 떠오르고 있습니다. 암모니아는 액화수소에 비해 1.7배 이상의 수소를 운반할 수 있으며, 저장과 운반을 위한 액화점이 수소보다 높아 액화를 위한 에너지 소모와 탄소 배출이 적다는 장점이 있습니다. 또한 기존에 많이 사용되는 LPG와 유사한 상변화 특성을 가지기 때문에, 기존 LPG 저장 및 이송 인프라를 개조하여 사용할 수 있습니다. 하지만 암모니아는 강력한 유독성 가스이자 가연성 가스이므로, 저장 및 운반 과정에서 안전을 확보할 수 있는 기술 개발이 수반되어야 합니다.

수소를 활용한 모빌리티 및 에너지 부분에 대한 개발 연구 또한 급증하고 있습니다. 정부는 2030년까지 수소전기차 30만 대 보급과 수소 충전소 660기 이상 구축을 목표로 정책을 발표했으며, 현대자동차는 25년을 목표로 30만km 이상 내구 보증 연한을 갖추는 수소전기차 기술 개발에 힘쓰고 있습니다. 세계 시장 선점을 위한 가격저감, 내구 향상, 효율 향상 등을 위하여, 전극 내 백금 손실 최소화, 전해질막 두께 저감, 압축공기를 회수 및 공기공급시스템 소비전력 감소 등의 연구가 주로 진행이 되고 있습니다. 또한 국내 수소전기차의 경쟁력을 증가시키기 위해 대부분의 수소연료전지 부품 국산화를 위한 연구도 병행되어 진행이 되고 있습니다.

수소 내연기관 자동차(수소엔진)는 주행 시 배출하는 이산화탄소 배출이 없는 친환경 자동차로, 수소경제에 기여할 수 있습니다. 수소엔진은 기존 가솔린 엔진을 개조함에 따라 수소 엔진의 구성부품은 일반 자동차 엔진과 큰 차이가 없습니다. 이에, 배터리전기차와 수소전기차와 달리, 기존의 내연기관을 활용할 수 있고, 오랜 기간 축적된 내연기관 관련 기술들을 적용할 수 있다는 장점이 존재합니다. 하지만 수소는 연소특성이 일반 탄화수소연료와 크게 다르기 때문에, 얻고자 하는 출력성능, 연소공정 등에 맞도록 연소방식과 설계 및 운전조건을 최적화하는 연구가 필수적입니다. 또한 수소엔진을 개발하기 위해서는 분사시스템의 내구성 향상, 후처리 장치 및 이상연소 방지를 위한 시스템과 같은 하드웨어 개선의 연구가 수반되어야 합니다.

비록 수소경제를 만들기 위해 수소의 생산, 저장 및 운송, 활용을 위해 다양한 연구가 진행되고 있지만, 이를 위해서는 인프라 구축이 필수적입니다. 국내의 경우 수소 파이프라인의 길이는 257km이며, 이는 도시가스 파이프라인의 길이인 51,313km에 비해 매우 제한적입니다. 또한, 2023년 12월 기준 수소 충전소의 수는 267개로, 기존 계획이었던 2022년에 310개를 건설하는 목표에도 미치지 못하는 상황입니다. 이로 인하여, 수소차 보급 또한 정체되고 있는 상황입니다. 이러한 상황에서 수소경제를 활성화하기 위해서는 인프라 구축은 필수적이며, 정부에서도 인프라 구축을 위한 적극적인 정책을 펼쳐야 할 것으로 생각됩니다.

미래 수송 분야에서 탄소중립 동력을 적용한 자동차로서 전기차가 핵심적인 역할을 할 것으로 기대됩니다. 이렇게 중요한 전기차가 발전할 방향은 무엇인지요? 그리고 재생에너지가 부족한 우리나라에서 원자력 발전 없이 전기차 대중화가 가능할까요?

배충식　전기차는 탄소중립을 견인하는 수송 부분의 핵심적인 기술입니다. 배터리 전기차의 경우 오랜 역사에도 불구하고 배터리 기술의 답보와 높은 가격 때문에 오랜 기간 고전했었습니다. 21세기에 이르러 급속한 기술발전을 이루고 특히 지난 10여 년간은 기하급수적인 성능 개선과 원가 저감을 이루고 탄소중립을 원하는 사회의 지원으로 급격하게 성장하였습니다. 그러나 최근 들어 배터리전기차의 성장세가 갑작스럽게 더디어지고 있습니다. 이는 국가마다 지원하던 보조금이 줄어든 것이 가장 큰 요인으로 여겨지고 있습니다. 아직 배터리와 모터를 사용하는 전기자동차는 배터리와 모터의 가격 때문에 기존 자동차에 비하여 가격이 비싼 편이어서 나라에서 보조금을 지원하는데, 최근 전기자동차의 증가로 예산이 급격히 증가했습니다. [그림 7-5]는 전기자동차 보조금 증가 동향을 보여줍니다. 이렇게 보조금이 늘어나는데도 각 차량에 대한 보조금이 줄어들고 있어서 도리어 전기자동차 보급 속도가 주춤하는 경향을 보이고 있는 것도 특이한 점입니다. 우리나라의 경우

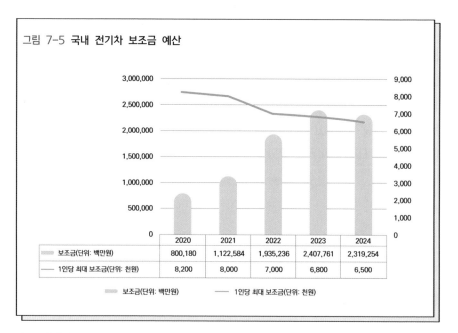

그림 7-5 **국내 전기차 보조금 예산**

	2020	2021	2022	2023	2024
보조금(단위: 백만원)	800,180	1,122,584	1,935,236	2,407,761	2,319,254
1인당 최대 보조금(단위: 천원)	8,200	8,000	7,000	6,800	6,500

보조금(단위: 백만원)   1인당 최대 보조금(단위: 천원)

자료: 환경부, 2024

지난 10년간 전기차 보조금 총액이 5조 원을 웃돌고 2022년에는 1조 9
천억 원에 이르렀고 2023년에도 2조 8천억 원의 보조금 예산을 사용하
였습니다. 이는 무공해차 보급사업 지원금과 충전인프라 구축 비용을
합한 액수입니다. 전기차 확대속도가 워낙 빠르다 보니 전기차보조금
총액은 계속 늘고 있지만 차량당 보조금은 줄어들고 있어서 전기차 구
매 동력이 떨어진다고 분석됩니다. 급격한 시장 성장만큼이나 원자재에
대한 수요가 상승함에 따라 높아진 원자재 및 시장 가격의 불안정성,
장시간의 배터리 충전 시간 및 부족한 충전 인프라, 배터리 폭발 및 화
재의 위험성 등이 전기차 시장에 부정적인 요소로 작용되는 것으로 분
석됩니다.

과연 전기자동차는 언제쯤 되면 보조금 없이 시장에서 홀로 설 수 있을까요? 세계에서 가장 많은 전기자동차를 생산하고 시장도 큰 중국은 작년 2023년부터 보조금 지원을 중단했습니다. 그래서 적은 수의 큰 회사 중심으로 시장이 재편되는 경향을 보이고 있습니다. 미국의 경우도 몇 년 전부터 전기차 소유자의 소득과 차량 가격에 따라 보조금을 달리하는 제도를 채용하고 있고, 우리나라 역시 차량가격에 따라 보조금을 달리하고 있습니다. 전기차의 숨고르기 동안 하이브리드차량의 판매가 최근 많이 늘고 있습니다. 하이브리드 차량은 높은 효율 및 연비로 인해 자동차 시장에서 각광받고 있어 온실가스, 특히 이산화탄소 저감 성능이 좋은 저공해차의 대표격 주종이 되고 있습니다. 2019년과 2020년에 한국자동차공학회가 기술정책위원회 연구를 통하여, 당분간 이산화탄소 저감도 좋으면서 가장 시장성이 있는 차량을 하이브리드차로 꼽았던 발표를 소환하여 보면 예측된 현상입니다. 전기차 판매 성장세가 주춤하자 판매촉진을 위하여 차량당 보조금을 늘릴 것이라는 소식도 들립니다. 탄소중립시대를 이끌어야 할 전기차의 발전에 어려움을 줄 전망도 있습니다. 배터리나 연료전지 촉매를 만드는 데 사용되는 귀금속이나 희토류 자원이 부족하여 장차 목표를 달성하기 어렵다거나 공급망의 불안이 가격 상승과 변동 요인으로 작용할 수 있다는 우려에 더하여 지역별로 신재생에너지 자원이 편중되어 있어서 우리나라를 포함한 북반구 선진국들은 탄소중립 청정 전기의 공급이 어렵거나 비용이 많이 들 수 있다는 점이 그 예입니다. 이러한 어려움을 극복하는 것은 혁신적인 돌파기술의 개발입니다. 배터리의 효율 제고를 위한 기술을 꾸준히 개발하고, 혁신적으로 저급한 재료를 사용하는 저렴하며 안전한 전고체 배터리 개발이나, 역시 매장량이 풍부한 재료를 이용한 촉매 개발이 발전적인 해법일 수 있습니다. 나아가 전기차의 부담을 줄여주는 다양한 탈출 기술이 있다면 그 또한 제한 없이 개발되어야 합니다.

아울러 전주기평가상 배터리 전기차가 온실가스를 줄이려면 신재생에너지 발전이 필수적인데, 우리나라의 경우 태양, 바람과 같은 재생에너지 자원이 워낙 미약하므로 경제성과 안전성을 갖춘 원자력 발전이 받쳐주어야 전기차의 보급과 운영이 용이해집니다. 재생에너지 · 수소 · 원자력 등 다양한 무탄소 에너지를 실정에 맞게 적용하자는 CFE의 취지가 가장 현실적으로 필요한 곳이 우리나라입니다.

방전되면 다시 충전하여 재사용하는 2차전지인 배터리는 저장하는 전기가 모두 방전되면 새로 충전해야 하기 때문에 충전소가 필요합니다. 내연기관 자동차가 연료를 주입하기 위해 주유소가 필요한 것과 같은데, 배터리 전기충전에는 장기간의 시간이 필요하여 대용량의 급속충전기가 선호되나, 현재 설치된 충전기 시설이 전기자동차 증가세를 따라가지 못하고 아직은 충전이 오래 걸리는 완속충전기가 대부분입니다. 따라서 급속 충전이 가능한 충전인프라 설치, 보급이 무엇보다도 필요한 시점입니다. 현재 배터리 기술 중 최고의 성능을 갖는 리튬이온배터리는 고온이 되면 폭발하고 소화가 되지 않는 치명적인 약점이 있는데, 많은 기술개발로 나아지고 있음에도 불구하고 소비자들의 구매 심리를 약화시키는 요인으로 작용하기도 합니다. 탄소중립과 환경개선 차원에서 배터리전기차에 공급되는 전기가 재생에너지 기반의 무탄소 전기가 되어야 하는데 아직 우리나라의 탄소중립 전기가 충분하지 않은 것도 풀어야 할 숙제입니다. 아울러 배터리에 사용되는 리튬, 코발트, 마그네슘, 니켈 등 원료가 대부분 중국으로부터의 수입에 의존하고 있어서 안정적인 원자재 공급망 확보는 본질적인 숙제라고 할 수 있습니다. 아울러 구하기 쉬운 재료를 이용한 혁신적인 배터리 기술이 개발된다면 이는 친환경 모빌리티의 혁명을 이끌 수 있을 것입니다.

녹색기술은 기후위기에 대응한 탄소중립 환경기술로서 필수적입니다. 그러나 대부분의 탄소중립 녹색기술은 아직 경제성을 확보하지 못하고 있고 독자적인 산업으로 발전해야 하는 숙제를 갖고 있습니다. 녹색기술이 경제성장에 기여하는 산업으로 발전하기 위한 전략은 무엇인가요?

배충식 환경개선을 위한 녹색기술, 특히 기후위기 대응 탄소중립 기술 대부분은 기술 개발 초기 단계로 성숙도가 낮고, 새로운 재료와 체계로 인한 원가 상승을 동반하여 경제성을 확보하기 어렵습니다. 도리어 보조금이나 세제 혜택이 있어야 판매량을 유지하는 경우가 많아서 녹색기술 자체로 산업을 형성하고 이를 통해 경제성장을 구가하기란 더욱 만만치 않습니다. 그럼에도 불구하고 탄소중립 녹색기술은 새로운 시장을 형성하고 미래 산업을 선도하는 역할을 해야만 지속 가능한 발전이 이루어집니다. 그래서 앞에 말한 탄소중립·녹색성장 국가전략 및 제1차 국가 기본계획에서도 녹색산업 육성과 신시장 창출에 대한 비전을 제시한 바 있습니다.

녹색산업으로서 저탄소 소재·부품·장비 산업, 에너지 신산업, 기후위기 대응 녹색산업, 스마트한 융복합 녹색산업을 지원하면서 탄소중립 이행 촉진을 위한 규제 합리화도 함께 한다는 것입니다.

석유기반 소재에서 벗어난 친환경 고부가 바이오 소재 개발에서는 상용화를 위한 물성 개선과 대량생산 기술 확보가 중요하며 이를 통해 장기적인 성장기반을 강화하여야 하고, 민관역량을 결집한 차세대 2차전지 개발의 중요성과 시급성은 거듭 강조해도 지나치지 않습니다. 차세대 국산소재를 개발한다거나 원재료 확보 지원을 통한 안정적인 공급망 구축이 수요 확대에 결정적일 것입니다. 사용후배터리 활용 산업 등을 육성하면서 5장에서 언급한 친환경 모빌리티 수요 확대를 도모한다면 상호 시너지 효과를 만들 수 있습니다. 전력반도체 기술 고도화와 저전력·초고속 국산 반도체를 활용한 데이터센터 구축 등 디지털 인프라와 AI기반 에너지 생산의 최적화와 효율화를 이룬다면 우리나라의 차세대 신산업을 창출할 수 있습니다. 폐플라스틱으로 석유소재를 대체하고 바이오가스 산업을 활성화해야 하는데 비용 절감과 가격경쟁력 확보가 관건입니다. 폐플라스틱을 포함하여 폐자원에서 유용한 자원을 회수하고 재활용하는 기술도 같은 맥락에서 어렵지만 반드시 필요한 부분입니다.

탄소중립을 위한 신재생에너지 산업은 반드시 필요한 것이니 핵심 에너지 기술의 발전을 통한 산업화는 탄소중립 시대의 국가경제 생존을 위한 필요사항이라 할 수 있습니다. 2021년 발표된 '2050 탄소중립 에너지기술 로드맵'에서 이를 위한 6개의 핵심기술분야가 제시되었는데, 이는 '(1) 신에너지: 수소에너지 기반 고효율 에너지 활용 (2) 재생에너지: 차세대 태양전지, 바이오에너지 고효율화 (3) 무탄소 발전: 수소 기반 열병합 시스템 (4) 에너지 저장: 초고속, 장수명 EV 충전용 ESS (5) 계통 선진화: 유연 지원 연계 배전망 시스템 (6) 에너지 고효율화: 데이터 기반 실시간 운전효율 향상' 등입니다. 특히 태양광 탠덤 셀,

풍력 초대형 터빈, 파력, 조류 발전 등 차세대 기술을 조기 상용화하는 것이 중요하며 특히 터빈 핵심 부품의 경쟁력 강화를 통한 국산화 완성이 필요합니다.

기후위기 대응 녹색산업의 경제성을 확보하는 도전적인 노력도 필요한데, 데이터 플랫폼 등 기후 테크에 융자를 지원한다거나 물재해대응산업을 지원하거나 실내공기 오염 대응, 인수공통 감염병 관리 등을 예시로 들 수 있습니다. 4차산업 기술로 융복합 녹색기술도 지원하여 육성해야 하며 IoT 센서, AI 등을 활용한 환경관리 산업, 스마트 생태공장 등이 예가 되겠습니다.

이러한 녹색산업 관련 기술의 개발과 산업의 출범을 위하여 기후위기 대응 금융지원을 확대하고 녹색금융을 활성화하는 것이 필요합니다. 탄소중립·녹색 분야에 대한 정책 금융을 확대하기로 하였으나 실질적인 성과를 가속화하기 위해서 금융부문의 주도적인 역할이 더욱 필요하며 기후리스크에 대한 선제적 대응을 통해 금융안정을 확보할 필요가 있습니다.

녹색기술 선진국의 예를 보면 핵심산업 육성을 통한 세계시장 선도와 신시장 창출이 돋보이는바, 미국의 경우 탄소중립건물 등 12개 분야에 수백억 달러의 투자가 이루어졌고, 독일의 경우도 재생에너지 기술 8가지를 선정하여 수십억 유로를 투자하고 있습니다. 우리나라의 경우 무탄소 에너지 기술의 핵심으로서 원전 생태계를 복원하고 재생에너지 산업 생태계를 강화하는 것이 필수적입니다. 원자력 발전의 경우 무탄소 발전의 의미를 다시 확인하여 지원하며 생태계 활력을 복원하는 것이 시급하며, 미래 성장잠재력도 강화해야 합니다. 독자적으로 소형모듈원자로(SMR) 기술 개발은 3장에 다룬 바와 같이 국가경제에도 매우 도움이 됩니다. 신산업 중 첫째로 꼽을 수 있는 것은 수소 산업으로, 국내에서는 원자력 수소, 그린 수소 생산 방식을 다양화하는 한편, 해외에서는 청정수소 생산기지를 구축해야 합니다. 배터리전기차, 수소전기차와 같은 친환경 모빌리티 분야의 기술을 선도하여 세계시장을 선도할 수 있도록 해야 합니다. 친환경 선박을 IMO 규제에 맞게 건설하여 세계 시장을 지배하는 것 역시 5장에서 살펴본 바와 같이 절대적으로 중요합니다. CCUS(탄소 포집, 활용, 저장) 부문을 활성화하는 것도 탄소중립 기술의 효율적인 고도화와 다양화를 위해서 필요합니다. 탄소중립 친화적 제도를 설계하여 재정지원 메커니즘을 구축하고, 정책금융을 확대하며, 민간자금 유입 확대를 유도하는 정책도 반드시 동반해야 합니다.

참고
문헌

International Energy Agency. (2023). Energy Technology Perspectives 2023.

International Energy Agency. (2023). Net Zero Roadmap 2023 Update.

과학기술정보통신부. (2023). 제6차 수소경제위원회 개최 [보도자료].

배충식. (2020). 영리한 그린 뉴딜을 위하여. 서울신문.

배충식. (2023). 국제협력으로 이루는 탄소중립. 배충식의 모빌토피아, 서울경제.

배충식. (2024). 다 쓴 배터리에서 니켈 추출, 세계 녹색 시장 석권의 첫발이다. 조선일보.

산업통상자원부. (2024). 제11차 전력수급기본계획 실무안 공개.

수소경제 종합정보포털. (2024). 상업용 수소충전소 구축 현황.

신재은. (2023). 수소 정책 동향과 밸류체인별 수소 기술 개발 현황. 한국 수소 및 신에너지 학회 논문집, 34(6): 562-574.

이승환. (2023). 우리나라의 온실가스 감축 정책수단의 변화와 특징: Evert Vedung의 정책수단 유형분류의 적용. 행정논총, 61(3): 109-137.

정책브리핑. (2020). 수소경제.

탄소중립녹색성장위원회. (2023. 4). 탄소중립·녹색성장 국가전략 및 제1차 국가 기본계획.

한국자동차공학회 (편집), 배충식 (편집), 이창식 등. (2024). 자동차산업 발전전략.

환경부. (2024). 2024년 전기자동차 보급사업 보조금 업무처리지침.

한국형 녹색기술·정책 포트폴리오

8

초고령화 시대
건강 사회를 위한
첨단 바이오 전략

● ● ●

세계 유례없는 속도의 고령화로 성장 동력이 둔화되고 복지 비용이 천문학적으로 증가할 것으로 예견된다. 초고령화 시대 개인과 사회의 건강을 담보할 수 있는 첨단 바이오 산업·기술과 전략은?

8-1 100세 시대 의료 · 공학기술

첨단의료, 공학, 기술은 건강한 100세 시대를 열 수 있습니다. 로봇 기술 등 공학기술이 바이오헬스에 기여할 미래상과 기술 특징에는 어떠한 것들이 있나요?

박형순 요즘 어딜 가나 듣는 단어가 저출산, 초고령화, 인구절벽입니다. 바이오 헬스 의료기술 발전의 결과로 인간의 수명은 점점 늘어나고 있고, 2050년에는 전 세계 인구의 기대수명이 현재에 비해 약 5년가량 늘어나서(2022년 73.6세) 78.1세로 이를 것으로 예측되고 있습니다(세계질병부담연구(GBD) 2021 보고서). 보고서의 수치는 최고소득 지역과 최저소득 지역의 평균 기대수명이기 때문에 소득이 높은 선진국에서의 기대수명은 78.1세를 훨씬 웃돌 것으로 예상되고 100세 시대가 현실로 다가오는 것은 분명합니다. 의생명과학 분야에서 각종 질병의 예방과 치료에 대한 지속적 연구의 결과로 기대수명이 늘어나는 것은 어찌 보면 당연한 현상일 수 있습니다. 여기서 주목할 것은 같은 보고서에서 글로벌 건강기대수명은 2022년 64.8세에서 2050년 67.4세로 약 3년 정도만 증가할 것으로 보고되고 있다는 점입니다. 즉, 생존하는 시간을 측정하는 기대수명에 비해 건강하게 활동 가능한 시간인 건강기대수명은 그 증가 폭이 작게 예측되고 있으며, 생존수명에 비해 10년가량 짧습니다.

건강기대수명이란 문자 그대로 건강하게 활동할 수 있는 수명이며, 위 보고서의 예측에 의하면 대부분의 사람은 인생을 마감하기 전 10년가량은 건강하지 않은 상태로 살게 됩니다. 건강하지 않다는 것은 암, 감염병, 대사질환, 뇌질환 등 다양한 질환의 영향으로 인체의 기관들이 건강하게 기능하지 못한다는 것을 의미하며, 건강한 생활을 영위하는 데 있어서 필수 요소인 감각기능, 인지기능, 운동기능 중 어느 하나의 기능이라도 정상적으로 동작하지 않는 상태를 의미합니다.

최근 인공지능, 로봇, 센서기술들의 발달로 인간의 모습을 갖추고 인간과 같이 감각을 갖고, 판단하고 행동하는 휴머노이드 로봇이 더 이상 공상과학 영화에서만 존재하지 않고 우리 일상에도 등장하게 될 것이라는 기대가 커지고 있습니다. 테슬라에서 최근 공개된 옵티머스 Gen2는 인간과 유사한 수준의 미세한 손작업을 보여주어 전 세계를 놀라게 한 바 있습니다. 인천공항에 오래전부터 비치된 모바일로봇 에어스타는 사람이 근접하는 것을 감지하고 묻는 말에 대답도 척척 합니다. 이러한 로봇기술이 현실화된다는 것은 인간의 감각, 인지, 행동을 구현할 수 있는 센서, 인공지능, 구동 및 제어 기술이 충분히 개발되어 있다는 것을 의미하며, '이러한 요소기술들을 이용하여 인간의 건강수명을 증가시킬 수 있지 않을까?'라고 기대해 보는 것이 어찌보면 당연합니다. 아래에서는 인간의 감각기능, 인지기능, 운동기능을 보조하여 건강수명을 증가시킬 수 있는 헬스케어 공학 기술들에 대해 소개해보고자 합니다.

감각 기능 증강 기술

인간의 감각기능에는 시각, 청각, 후각, 미각, 촉각의 오감이 있고, 우리 신체에는 오감을 느끼기 위한 감각수용기가 있고, 감각수용기를 통해 측정되는 오감은 전기신호의 형태로 뇌에 전달되어 비로소 우리가 인지하게 됩니다. 그중 시각과 청각은 다른 감각에 비해 일상생활 및 사회활동을 하는 데 중요한 역할을 하는 것에 비해 고령화가 진행될수록 기능이 눈에 띄게 저하되는 것으로 알려진 감각기능입니다. 또한, 각종 질환의 후유증으로 후각, 미각, 촉각을 잃기도 합니다. 저하된 감각기능을 증강시키기 위해서는 사물이나 환경을 감지하는 센서기술과 감지된 결과를 사람에게 전달해주는 자극 기술이 필요합니다. 예를 들어 청각이 저하된 분들을 위한 보청기는 외부 소리를 마이크로폰(센서)을 통해 측정하고 이를 증폭하여 스피커를 통해 출력(자극)하여 소리를 좀 더 잘 듣게 도와줍니다. 많은 사람들이 착용하는 안경의 경우도 돋보기나 오목렌즈를 통해 빛을 굴절시켜 사물을 더 잘 볼 수 있도록 도와주는 보조도구인 셈입니다. 최근 비전 카메라와 인공지능 기술 발달의 산물로 출시된 ORCAM과 같은 착용형 제품은 카메라로 주변 사물, 착용자의 손동작 등을 측정한 뒤 인공지능 학습을 통해 소리를 통해 시각장애인에게 정보를 전달해주어 시각기능이 저하되어도 건강한 일상생활을 할 수 있도록 도와줍니다. 보청기의 경우도, 인공지능과 소음진동제어 기술의 발달로 원하는 주파수 영역대의 소리만 선택적으로 증폭하여 청각기능의 보조가 지능적으로 구현될 수 있습니다.

후각, 미각의 경우 화학물질 입자를 감지하여 후각, 미각 정보를 생성하는 센서들로 보조될 수 있는데, 이러한 화학입자 감지 센서들은 인간의 기능을 훨씬 넘어서서 매우 미세한 화학 입자 등을 감지할 수도 있기 때문에, 인간의 기능 보조를 뛰어넘어, 식음료의 위험분석 및 환경오염 문제 등 산업 및 사회문제의 해결에 유용하게 활용될 수 있습니다.

촉각은 운동기능과 직결되어 있어서 일상생활에 매우 중요한 역할을 합니다. 뇌 구조만 봐도 감각을 느끼는 뇌 영역과 운동을 생성해내는 뇌영역이 연결되어 있고, 이를 감각운동피질(sensorimotor cortex)이라고 합니다. 팔다리를 움직이는데 감각이 없다면 운동기능도 같이 저하되게 되며, 특히 고령층 발병률이 높은 뇌졸중과 같은 뇌신경계 질환의 후유증으로 감각을 잃어버리는 경우가 많습니다. 감각기능을 증강해주기 위해서 물체와의 접촉힘을 측정하는 작고 유연한 착용형 센서가 개발되어 있고, 또한 센서에서 측정된 촉각 정보를 전기자극이나 진동자극으로 증폭해서 사용자가 느낄 수 있도록 해주는 감각 자극 기술에 대한 연구가 활발하게 진행되고 있습니다. 이러한 기술은 촉각 증강뿐만아니라 가상현실 게임기의 실감을 높이는 데도 활용되고 있습니다. 현재는 간단한 접촉정보 전달만 가능한 수준이지만 향후 더 미세한 촉각을 감지하는 센서와 미세한 촉각 정보를 사용자에게 전달해주는 신경자극 기술의 발달이 이루어질 것으로 기대됩니다.

인지기능의 증강

인지기능이란 기억력을 포함하여, 언어능력, 시공간을 파악하는 능력, 주의집중력, 판단력 및 추상적인 사고력 등 사람 뇌의 다양한 기능을 의미하는데, 노화가 진행될수록 인지기능이 저하되는 경우를 주위에서 종종 보게 됩니다. 인지기능의 많은 부분은 최근 급속히 발달하는 인공지능 기술을 활용하여 보완할 수 있을 것으로 보이지만, 인지기능은 사람다움의 정체성에 큰 부분을 차지하므로, 건강수명을 위해 가장 좋은 것은 인지기능을 건강하게 오래 유지하는 것일 것입니다.

우리 뇌는 하루에 처리하는 정보량이 엄청나고 이러한 뇌세포의 활동으로 뇌척수액에는 찌꺼기들이 쌓이게 됩니다. 이러한 찌꺼기는 수면하는 동안 배출되고 깨끗한 뇌척수액으로 채워지게 되는데, 깊은 수면은 건강한 뇌를 유지하는 데 큰 도움이 되는 것으로 알려져 있습니다. 따라서 고령자들에게 깊은 수면을 유지할 수 있도록 도와주는 수면 상태 측정기술, 수면 보조기술은 향후 관심도가 높아질 것으로 예상되며 최근 여러 회사들에서 더 편리한 수면 측정, 수면 보조를 위해 기술 개발에 전력을 다하고 있습니다.

또한 건강한 인지기능을 오래 유지하기 위해 인지기능 재활 훈련 기술들도 개발되고 있습니다. 인지기능 재활 훈련기능이 탑재되어 독거 노인들이 외롭지 않도록 말을 걸어주고 인지기능 향상 훈련에 도움을 주는 인공지능 로봇 인형 등이 출시되어 있고, 이러한 인지기능 재활 로봇의 컨텐츠와 효용성은 앞으로 계속 향상될 것으로 예상됩니다.

운동기능의 증강

운동기능은 인간의 기본 욕구에 해당됩니다. 움직이지 못하는 사람을 식물인간으로 부르고, 식물과 동물의 차이는 움직임을 구현할 수 있는 뇌와 근육의 유무로 결정됩니다. 운동기능 중 장소 간 이동을 담당하는 보행기능은 주로 하지를 이용해 이루어지고, 주변 사물과 상호

작용하고 작업하는 기능은 주로 상지를 이용해서 이루어집니다.

노화와 함께 근육량이 줄고, 관절을 오래 사용함에 따라 마모로 발생하는 여러 가지 근골격계 문제들은 모든 사람이 노화와 함께 경험할 수밖에 없는 자연현상일 것입니다. 최근 착용시 힘을 보조해주는 로봇들이 개발되고 있지만, 건강수명을 늘리기 위해서 가장 좋은 것은 스스로 건강한 근골격계를 오랫동안 유지하는 것일 것입니다. 이를 위해 꽤 많은 사람들이 피트니스 센터 등에서 열심히 운동하면서 근육량을 유지하기 위해 애쓰는 것을 볼 수 있습니다. 유튜브만 봐도 다양한 운동 훈련 동영상들이 많이 제공됩니다. 그러나 사람의 근골격 구조는 각자 다르기 때문에 나에게 가장 약한 부분이 어디이고 어떠한 운동이 가장 필요한지를 정량적으로 분석하는 연구들이 이루어지고 있습니다. 생체역학연구를 통해서 근육과 골격에 가해지는 힘과 운동을 분석하여 개인의 신체에 맞는 훈련방법을 제시해 줄 수 있습니다. 즉, 동작을 측정하는 웨어러블 동작 측정 센서, 외부와 접촉력을 측정하는 힘센서, 근육의 활성패턴을 측정해주는 근전도 측정센서, 혈류량 혈압 심박수 등을 측정해주는 센서 등 일상생활 중 착용가능한 다양한 웨어러블 센서들을 통해 운동 및 생체정보를 상시 측정하고 이러한 센서정보를 처리해서 개인의 건강상태와 필요한 운동을 생성해내주는 분석기술들이 개발되고 있습니다.

운동능력을 많이 상실해서 스스로 운동을 통해 극복해내지 못할 분들을 위해서는 최근 출시되고 있는 착용형 로봇이 큰 도움이 될 것입니다. 뇌척수장애로 사지마비 환자들도 외골격 로봇을 착용하고 걷는 것을 볼 수 있고, 외골격 로봇보다 보조힘은 약하지만 가볍게 옷처럼 착용가능한 소프트 엑소수트 같은 착용형 로봇과 필요한 만큼의 보조력을 생성해주는 Assist—As—Needed 보조력 제어기술들의 개발이 이루어지고 있습니다. 또한 모터를 이용하여 보조력을 생성하는 것 이외에도 전기자극을 통해 근수축을 유발하여 운동효과와 보조효과를 동시에 꾀하는 기능적 전기자극 방법도 개발되어 있습니다. 현재의 로봇을 단순히 관절을 운동시키는 힘을 생성해주고 때에 맞추어 힘을 내어주어 보조하는 방식입니다. 그러나 앞서 언급했듯이 개인의 골격구조가 다르기 때문에 착용자에게 가장 편하고 맞는 보조력을 생성해주는 개인화 기술이 필요하며 이러한 개인화에 대한 연구가 최근 활발히 진행되고 있습니다. 따라서 미래에는 건강하게 움직이지 못하는 분들도 착용형 로봇을 착용하고 건강하게 움직일 수 있는 시대가 도래할 것으로 기대됩니다.

8-2 뇌연구 동향과 발전 방향

세계의 첨단 바이오 연구와 산업은 최근 몇 년간 신기술의 등장으로 급격한 발전을 이루고 있습니다. 특히 뇌연구 분야는 전 세계적으로 지속적인 주목을 받고 있습니다. 최근 뇌연구 분야의 동향 변화는 어떠하며 향후 발전 방향은 어떻게 예상하는지요?

문제일 뇌는 인간의 지능과 감정을 모두 담당하는 가히 인간 활동의 정수라 할 수 있습니다. 이런 뇌를 연구하는 뇌연구 기술 분야는 크게 뇌신경생물, 뇌인지, 뇌신경계 질환 및 뇌공학의 4대 기술 분야로 나눌 수 있습니다. 그간 꾸준한 뇌신경생물학 분야 기초연구를 통해 인간의 생각, 감정, 욕망, 행동, 기억과 학습을 지배하는 세포 및 분자 기전에 대한 이해를 획기적으로 향상시켰습니다.

뇌연구 기술 분야는 다른 어떤 분야보다도 융합적 성격이 강한 과학기술 분야라 합니다. 뇌는 시냅스란 특이적인 소통수단 구조와 가소성이란 조직의 특이성을 활용해 인간의 지능과 감정을 조절하며 학습하고 기억하며 발전시키면서 한 개인의 정체성을 완성합니다. 뇌는 세포(cell) 단위는 물론 조직(tissue)과 기관(organ) 차원에서의 활동을 시공간적 차원으로 모니터링해야 전체를 이해할 수 있고, 또 활용할 수 있습니다. 이에 뇌연구 발전은 새로운 분야와 끊임없이 활발하게 협력하며 새로운 기술을 도입하고 활용해야만 가능합니다. 실제로 20C 초반

표 8-1 뇌연구 4대 기술 분류

뇌신경 생물	뇌신경계의 형성 및 기능에 대한 **생물학적 운영 원리**를 규명하고, 이를 바탕으로 **응용 기술**을 개발하는 분야
뇌인지	신경시스템이 외부로부터 정보를 받아들여 신경활동으로 전환하고 재구성하며 경험에 의해 변화하는 과정에서 형성되는 **고등 인지기능을 연구**하고 그 **응용기술**을 개발하는 분야
뇌신경계 질환	뇌의 구조 및 기능상의 결함 등에 기인한 **신체적 정신적 질환 및 장애**에 대한 원인 규명과 이의 **진단·치료·예방**에 관한 분야
뇌공학	뇌의 구조와 기능을 측정 및 모델링하는 기술을 바탕으로 **뇌신경계와 외부 기기를 융합**하여 **뇌신경계 기능을 회복하고 증진시키는 기술**을 개발하는 분야. 최근 인공지능 도입과 더불어 뇌의 활동을 해석하고 활용하는 기술을 개발하는 분야로도 확장하고 있음

자료: 국가 뇌연구·산업 발전전략(2016 미래창조과학부 생명기술과)

에야 비로소 본격적인 태동기를 거친 뇌연구 분야는 다른 과학기술 분야와 융합하면서 빠르게 성장하였습니다. 그런 기술발전을 통해 전통적인 생물학 분야인 해부학, 세포생물학, 분자생물학, 유전학, 발생학 분야 연구를 위해 새로운 기술이 꾸준히 도입되었고, 20C 말과 21C 초 정보화 시대로 접어들면서 정보과학 분야의 획기적인 발전을 달성하면서 생물정보학이 태동합니다. 기존 전통적인 생물학 분야는 물론 새로운 분야인 정보과학 분야는 뇌 속 세포 혹은 조직 단위에서 일어나는 주요한 생체정보와 뇌신호를 획득하고 해석하는 데 있어 폭넓은 융합 과학적인 모습으로 활용되면서, 뇌연구 분야의 폭발적인 발전을 견인하고 있습니다. 예를 들어 최근 생물학 분야의 '유전자가위를 통한 유전자 편집 기술'의 등장으로 특정한 신경세포의 활동을 제어함으로써 이 세포가 인간 인지활동에 어떤 역할을 하는지 규명하는 것이 가능해졌고, 컴퓨터 비전 기술 발전은 복잡하고 방대한 뇌신호의 측정과 분석을 자동화하는 것이 가능케 만들었습니다. 이는 단순히 측정과 분석 속도를 개선하는 장점 외에도 불필요한 연구자의 개입이 없이 편견 없는 측정과 분석을 가능케 합니다. 또한 폭발적인 기술 고도화로 성큼 우리 곁에 다가온 인공지능 기술 역시 이러한 뇌연구 발전을 가속화하고 있습니다. 현대의 정보과학 발전에 뇌연구자들은 그간 세계 각국의 연구실에서 생성한 표준화되지 않은 뇌연구 관련 빅데이터를 수집하고 이를 인공지능 기술을 활용해 표준화된 정보로 통합해 다시 새롭게 분석하여 인간 뇌 활동의 맥락을 찾아내는 연구를 활발하게 진행하고 있습니다. 이는 우리가 뇌를 시스템 레벨에서 정확하게 이해하는 일을 가능케 할 것입니다.

이처럼 뇌연구 분야가 지금과 같은 혁신적인 발전을 지속한다면, 우리는 가까운 미래에 '뇌세포 아틀라스(Atlas of Cells in the Brain)'(뇌를 컴퓨터라 가정한다면 '뇌세포 아틀라스'는 컴퓨터 속의 각 소자와 부품의 기능과 역할을 정리한 설명서라 할 수 있음)나 '뇌연결체 아틀라스(Atlas of Connectome)'(뇌를 컴퓨터라 가정한다면 '뇌연결체 아틀라스'는 컴퓨터 속의 소자간의 연결을 정리한 회로도라 할 수 있음) 작성에 필요한 지식과 원천기술을 확보할 수 있을 것으로 기대합니다. 컴퓨터 소자의 기본성질(characteristics)과 용량(capacity) 정보 그리고 회로도를 확보하고 있다면 컴퓨터의 성능을 개선하거나 고장이 났을 때 수리가 가능한 것처럼, '뇌세포 아틀라스'와 '뇌연결체 아틀라스'를 확보한다면 우리는 뇌 속 세포 내 변화가 우리 인지 활동에 어떤 영향을 미치는지 좀 더 쉽게 파악하여 궁극적으로 인간이 뇌를 건강하게 유지하고 그 기능을 더 잘 활용하는 기술을 개발하는데 크게 기여할 수 있을 것이며, 치매(알츠하이머병, 파킨슨병, 혈관성 치매등)나 정신질환(자폐증, 우울증, 조현병 등)과 같은 뇌질환을 예방하거나 극복하는 기술을 개발하여 건강한 삶을 영위하는 세상을 만들 수 있을 것입니다. 또한 이러한 뇌연구 발전은 인간에 대한 이해를 증대하고 뇌질환을 극복하는 것을 넘어 우리 일상생활에도 커다란 영향을 끼칠 수도 있습니다. 이미 뇌자극 반응을 활용한 뉴로마케팅 기법은 실제 현장에 응용되어 소비형태를 변화시키고 있으며, 향후 뇌연구 발전은 이러한 뉴로마케팅 기법을 더욱 정교하게 발전시켜 개인 맞춤형 소비형태를 예측하고 대응하는 산업을 열 것이라 예측합니다. 또 뇌의 감각정보 처리 기전을 좀 더 연구하여 관련 기술을 고도화한다면, 실제와 그 차이를 구별할 수 없는 실감나는 영화 관람이나 메타버스 환경을 구축하는 혁신적인 콘텐츠 산업에 활용하게 될 것입니다. 이는 실제 일론 머스크 박사가 개발 중인 '뉴럴링크'와 같은 뇌-컴퓨터 인터페이스 기술이 현실화된다면 먼 미래의 일도 아닐 것입니다. 또한 인간 감성을 이해하고 이를 담은 인간친화적인 '감성 건축과 디자인'이 우리 주변에 등장하게 될 것입니다. 따라서 뇌연구 발전은 기초학문 발전 기여와 치매와 정신질환 극복은 물론 사회 전 영역에 혁신을 유도하며 큰 영향을 미칠 것이며, 현재로선 예측하기 힘든 거대한 경제규모의 미래 신산업의 주역으로 자리매김할 것입니다.

우리나라의 뇌연구 분야는 뇌연구 선진국들과 비교하여 양적으로는 어느 정도 성과를 달성하였지만 선도적인 역할은 하지 못하고 있다고 평가받고 있습니다. 과연 우리나라 뇌연구는 세계적으로 어느 수준이며, 향후 선도적인 역할을 하려면 어떠한 전략이 필요할까요?

문제일 국가 간 연구 성과의 비교를 위해서는 우선 각국의 뇌연구 지원 현황을 훑어보는 것이 우선되어야 한다고 생각합니다. 이에 먼저 세계 뇌연구 선도국들의 뇌연구 지원 형태와 규모를 간단히 알아보겠습니다. 먼저 우리나라는 뇌연구촉진법 제5조에 따라 1998년부터 관계부처(과학기술정보통신부, 교육부, 보건복지부, 산업통상자원부) 합동으로 10년 단위의 뇌연구촉진기본계획을 수립하고 이에 따라 R&D를 지원하고 있습니다. 따라서 현재 2018년 시작하여 2027년까지 진행되는 3차 뇌연구촉진기본계획이 수행되고 있습니다. 미국의 경우, 우리나라보다 8년 앞서 1990년 'Decade of Brain' 선언을 시작으로 정부 주도의 대규모 뇌연구 지원이 시작되었고, 일본의 경우 우리나라보다 2년 앞선 1996년 '뇌의 세기' 정책을 시작하였습니다. 유럽의 경우는 우리나라보다 10년이 늦은 2007년에 국제컨소시움 형태로 EU 주도의 뇌연구 지원이 시작되었습니다. 따라서 우리나라가 뇌연구에 주목하고 지원을 시작한 것은 세계적으로도 빠른 편에 속한다 하겠습니다. 하지만 국가예산 지원 규

표 8-2 각국의 뇌연구 지원현황

	대한민국	미국	일본	유럽
뇌연구 개시(년)	1998	1990	1996	2007
정부 주도 사업	뇌연구촉진 기본계획	Decade of Brain	뇌의 세기	Horizon 2020 (Blue Brain Project)
예산 투자(%) (전체 보건의료 투자 대비)	5.4*% (전체 바이오 투자 대비)	19.0%	7.0%	20.8%

자료: 국가 뇌연구·산업 발전전략(2016 미래창조과학부 생명기술과)

모를 보면 아쉬운 부분이 있습니다. 미국, EU, 일본의 경우 전체 보건 의료 연구예산의 각 약 19%, 20.8%, 7% 정도가 뇌연구에 투입되는 반면(2017년 기준), 우리나라는 BT 예산의 5.4% 정도로 낮은 비중의 예산이 뇌연구에 투입되고 있습니다. 이는 뇌연구 선진국들이 뇌연구의 중요성을 파악한 시기는 우리나라와 비슷하였는데, 실제 뇌연구 지원을 통해 미래를 준비하는 면에서는 우리나라보다 많이 앞선 상황입니다.

그럼에도 불구하고 정부 지원을 바탕으로 달성한 우리나라 뇌연구자들의 연구개발 성과는 양적으로는 우수한 편이라 할 수 있습니다. 2007년 2차 뇌연구촉진기본계획이 시작되던 시기 SCI 논문 수는 592편에 불과하던 것이 10년이 지나 2차 뇌연구촉진기본계획을 마무리하는 시점인 2016년에는 975건으로 65%의 증가를 보였습니다. SCI IF 상위 10% 이내 우수논문 발표실적도 함께 증가하는 질적 성장도 있었으나, 여전히 추격형 연구라는 한계가 뚜렷해서 뇌연구 분야에서 우리나라가 국제적인 선도국가라 말하기엔 무리가 있습니다. 또한 안타깝게도 우리나라 대부분의 뇌연구 성과가 논문 위주로 도출되어 있으며, 분야를 혁신하고 선도하는 범용성 핵심원천기술 확보 측면에서는 매우 미흡한 실정입니다. 이는 단순히 우리나라 바이오분야 연구문화 문제로 치부할

일은 아닙니다. 왜냐하면 타 분야 국내 연구자들 중에는 세계적인 핵심 원천기술 확보 성과를 이끌어 낸 연구자가 있기 때문입니다. 예를 들어 서울대학교 김진수 교수의 '유전자가위를 이용한 유전자 편집기술(CRISPR - Cas9)'은 세계적으로 산업적 그 중요성을 주목받고 있으며, 다양한 첨단바이오 분야 산업에 활용되는 선도 원천기술입니다. 또한 해외 연구기관에서 연구하는 우리나라 국적의 뇌연구자인 MIT 정광훈 교수 역시 '뇌를 투명하게 하여 관찰하는 뇌투명화 기술'을 개발하여 세계적인 주목을 받고 있고, 이 기술은 관련 분야 연구와 산업에 큰 파급력을 미치고 있습니다. 따라서 향후 국내 뇌연구 정부지원은 추격형 연구를 지양하고, 'bench to bedside/business'를 선도하는 지식창조형 기초연구와 가치창출형 원천기술 개발연구를 지향하는 선도형 연구를 발굴하고 지원하는 노력이 동시에 필요하다 하겠습니다.

한 가지 고무적인 것은 세계적인 뇌연구에 대한 관심의 증대는 우리나라 학생들에게도 전파되어 뇌연구에 관심을 가진 학생들이 꾸준히 증가하고 있으며, 이들이 교육받고 연구할 수 있는 4개의 뇌연구 전문학부(KAIST, DGIST, 서울대, 이화여대)와 18개의 뇌연구 특화대학원이 설립되었다는 것입니다. 이를 통해 2030년에는 뇌과학 지식을 체계적으로 교육받은 뇌연구 전문 인력이 2만 명 규모로 확대될 것으로 기대됩니다. 그러나 이들 연구자들이 최근 급속히 발전하는 정보과학과 인공지능과 같은 새로운 분야와 협력하는 뇌융합과학자로 성장하도록 양성하는 체계적인 뇌연구 전문가 양성 교육과정은 미흡하여 이러한 교육과정을 확립하는 것이 매우 시급하다 하겠습니다.

정리하자면 우리나라 뇌연구는 정부 주도의 국가 예산지원체계를 바탕으로 성장하고 있으며, 그 연구 저변이 꾸준히 확대되고 있습니다.

표 8-3 뇌연구를 통해 첨단 바이오 연구와 산업을 국제적으로 선도할 수 있는 국가전략

장기적 투자 및 정책 지원	정부는 뇌연구 분야의 지식창조형 기초연구와 가치창출형 원천기술 개발을 위한 장기적인 투자 계획을 수립하고 효과적인 연구 지원 정책을 마련. 또한 정신건강 서비스의 디지털화와 접근성 향상을 위한 정책을 강화
산학연 협력 강화	정부가 산업계와 학계가 긴밀하게 협력하고 지속적으로 연구 결과를 상용화하는 'bench to bedside/business' 지원 환경을 조성. 특히 산업체의 연구 개발 투자를 유도하는 정책이 필요
연구 인프라 강화	뇌연구를 위한 연구 인프라를 강화하여 고급 장비와 시설을 보급하고, 연구 인력의 양성 및 유치를 촉진
글로벌 네트워크 확대	국제적인 뇌연구 네트워크를 확대하여 국내 연구 결과의 국제적인 공유와 협력을 강화

이러한 기회요소들을 활용하여 뇌연구를 통해 우리나라 첨단 바이오 연구와 산업을 국제적으로 선도할 수 있는 국가전략을 고민해야 하겠죠? 일반적인 전략을 제언하자면 [표 8-3]과 같습니다.

[표 8-3]에 제시한 4가지 전략 중에서 연구 인프라 강화, 글로벌 네트워크 확대와 장기적 투자 및 정책 지원은 앞에서 다룬 것처럼 이미 국가 및 학계 수준 혹은 개인연구자 수준에서 활발히 진행 중입니다. 다만 아직까지 현장에서는 연구논문 발표 중심의 연구가 주를 이루고 있고 핵심원천기술 확보는 미흡한데, 이는 결국 산학연 협력 강화를 통해 풀어야 할 문제입니다. 이에 기존 국가 강점 바이오 및 디지털 분야를 기반으로 산학연 협력을 유인하여 국가 역량을 집적하여 세계를 선도할 수 있는 혁신적인 선도 분야의 발굴을 고민할 필요가 있습니다.

선도 분야 발굴의 한 예로 최근 인공지능, 양자컴퓨터에 이은 차세대 컴퓨터 기술로 부상하고 있는 **"뇌오가노이드 탑재 바이오컴퓨터(이하 뇌오가노이드 바이오컴퓨터)"**에 주목해 봅니다. 현재 AI, 양자컴퓨터는 대규모의 전력을 소모(AI데이터센터 1개가 개발도상국 총 소비전력 80% 수

준, 탄소배출 주된 요소로 지목)하고 있는 비친환경 기술로 문제가 되고 있고, 최근 첨단 디지털 분야는 뇌를 모사한 AI(뉴로모픽칩) 개발에 뛰어들어 생물학적으로 CPU를 대체하는 뇌오가노이드를 탑재한 바이오컴퓨터의 개념을 소개하였습니다. 아직 개념정립 수준인 단계이지만 이미 선진국들은 2023년 뇌오가노이드가 가진 저전력으로 복잡한 연산처리 능력(AI의 8배 수준)에 주목하여 뇌오가노이드 탑재 바이오컴퓨터 개발에 착수하였습니다. 현재 신경세포 5만개 수준의 뇌오가노이드 컴퓨터를 1천만 개 수준으로 고도화하기 위한 원천기술개발이 진행 중이며, AI에 이어 「디지털＋바이오」융합의 정점으로 차세대 바이오컴퓨터를 개발하여 상용화하려는 움직임이 활발합니다. 즉 "뇌오가노이드 바이오컴퓨터" 개발은 새로운 기술패권의 핵심요소로 부상하고 있는 것입니다. 이 "뇌오가노이드 바이오컴퓨터"는 기존 소프트웨어 기반의 AI 개발, 노인성 뇌질환 극복 신약개발 등 기존 연구 분야와 연계하여 선순환적 연구생태계 구축을 가능케 할 수 있습니다. 예를 들어 고도의 정보처리가 필요한 약물 스크리닝, 신약후보물질 개발 등에 활용하여 혁신적 성과를 창출할 수도 있고, 인간 뇌를 탑재한 휴먼노이드 개발 등 새로운 AI 및 로봇기술개발에도 피드백을 제공할 수 있습니다. 그리고 앞에 언급한 '뇌세포 아틀라스'와 '뇌연결체 아틀라스' 작성에도 기여하여 인간 지능 해독 등 뇌연구 난제를 해결하는 데 직접 기여할 수도 있을 것입니다.

하지만 "뇌오가노이드 바이오컴퓨터" 상용화에는 많은 기술적 문제가 산재합니다. 그리고 그 기술적 문제의 중심에는 뇌오가노이드를 만들 신경세포를 조작하는 세포공학이 자리합니다. 다행스럽게도 우리나라는 과거 줄기세포 연구를 통해 축적된 세계 수준의 세포공학 기술

표 8-4 뇌오가노이드 바이오컴퓨터 개발

GAP 분석(차세대 컴퓨터 개발 관점)

As Is	To Be
뇌와 비교, 전력 소모 과다 (AI 데이터센터 1개가 개발도상국 총 소비 전력 80% 수준, 탄소배출 주된 요소로 지목/같은 량 작업 대비, 뇌는 30W 정도 소모) **뇌와 비교 연산능력 부족** (AI의 8배 수준)	**저 전력, 복잡 연산처리 컴퓨터** (신경세포 5만 개 수준의 프로토타입 뇌오가노이드 바이오컴퓨터를 신경세포 1천만 개 수준으로 고도화하여 상용화 제품 출시)

SWOT 분석(우리나라 관점)

강점	약점
- **뛰어난 연구 역량:** 세계적인 수준의 줄기세포 연구 인력과 소자생산 인력 보유. 또한 유전자편집 원천기술 보유국임 - **정부의 적극적인 지원:** 정부는 첨단 바이오 연구 및 산업 발전을 위해 다양한 정책과 투자를 지원 - **안정적인 임상 시험 환경:** 임상 시험 관련 규제가 비교적 유연. 신경세포 고속 배양 및 오가노이드 제작 등의 임상 시험 진행 속도가 빠른 편	- **원천기술 확보 미비:** 소자집적 설계 등 뇌오가노이드 바이오컴퓨터 플랫폼 구축에 필요한 기술역량은 세계 수준과 차이 있음 - **민간과의 유기적인 협력 부족:** 정부와 기업, 학계 간의 협력 체계가 아직 부족. 연구개발 성과의 상용화가 미흡 - **투자 부족:** 첨단 바이오 연구 및 산업 분야에 대한 투자 규모가 아직 충분하지 않음 - **글로벌 네트워킹 부족:** 해외 연구기관 및 기업과의 네트워킹이 아직 부족
기회요소	위협요소
- **차세대 컴퓨터 시장 성장:** AI 등장 이후 차세대 컴퓨터 시장은 빠르게 성장하고 있으며, 새로운 컴퓨터 개발에 대한 수요가 증가 - **정부 정책 지원 확대:** 정부는 첨단 바이오 연구 및 산업 발전을 위해 정책 지원을 확대. 투자 규모도 확대 - **민간 투자 확대:** 민간 기업이 바이오파운드리 클러스터 구축 등 첨단 바이오 연구 및 산업 발전을 위해 투자 확대 - **기술 발전:** 인공지능, 빅데이터, 클라우드 컴퓨팅 등 첨단 기술의 발전은 바이오컴퓨터 개발 속도와 효율성을 높일 수 있는 기회 제공 - **국내 뇌연구자 증가:** 국내 뇌 전문 교육기관 설립으로 안정적인 뇌연구자 양성 가능	- **해외 경쟁 심화:** 미국, 유럽, 중국 등 해외 국가들은 이미 첨단 바이오 연구 및 산업 분야에서 선도적인 위치를 차지하고 있으며, 경쟁이 심화 - **기술 개발 불확실성:** 새로운 바이오컴퓨터 개발에는 높은 기술적 난이도와 불확실성이 존재하며, 연구개발에 많은 시간과 비용이 소요 - **규제 변화:** 뇌오가노이드 제작 등에는 다양한 규제 도입 가능성 있고 이런 변화는 연구개발 과정에 지장을 줄 수 있음 - **윤리적 문제:** 바이오 기술 개발 및 활용과 관련된 윤리적 문제는 사회적 논쟁을 야기할 수 있어, 연구개발에 어려움을 초래 가능

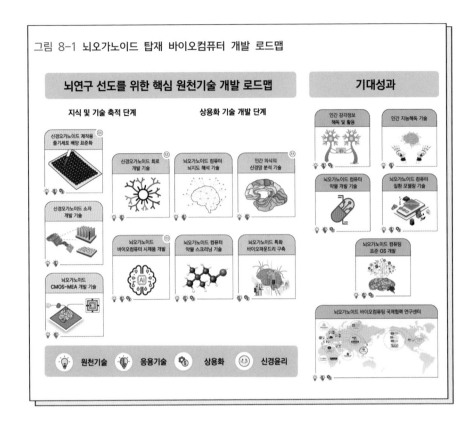

그림 8-1 뇌오가노이드 탑재 바이오컴퓨터 개발 로드맵

을 보유하고 있습니다. 따라서 우리나라는 국가적으로 "뇌오가노이드 바이오컴퓨터" 개발 전쟁에서 앞설 기회요소가 있습니다. 이에 우리나라 강점분야인 뇌신경 줄기세포 연구를 로봇, 컴퓨팅, 나노기술 등 공학개념과 융합, 새로운 국가 전략 기술로 "뇌오가노이드 바이오컴퓨터" 개발을 추진한다면, 우선 "뇌오가노이드 바이오컴퓨터" 개발 관련 바이오파운드리 클러스터 구축으로 세계 우수 인력 유치, 관련 지역 과학기술 발전 촉진 등을 통해 국가 과학기술의 총량(總量) 증대를 가져오고, 관련 미래 신산업 시장을 선점하는 커다란 경제적 파급 효과를 기대할 수 있을 것입니다.

SWOT 분석을 기반으로 연구개발 환경을 지식창조형 기초연구와 가치창출형 원천기술개발 연구를 지향하는 선도형 연구 환경으로 전환하고, 뇌연구의 융합과학적인 측면을 적극 활용하여 우리나라 바이오, 전자공학, 나노기술, 인공지능 등의 분야 지식과 기술 역량을 집적하여, GAP 분석에서 제시한 미래 첨단 디지털바이오의 총아로 주목받는 혁신적인 뇌연구 선도 분야인 "뇌오가노이드 바이오컴퓨터" 개발을 매진한다면 우리나라는 세계 첨단바이오 분야에 중요한 한 축을 담당할 수 있을 것이라 기대합니다.

지난 2019년 후반부터 전 세계를 강타한 코로나19 팬데믹 이후 전 세계는 감염병에 대한 관심이 높아졌고 이를 해결할 백신 개발에 주목하고 있습니다. 최근 백신 개발과 첨단 바이오 연구와 산업의 동향과 발전 방향은 어떻게 예상하는지요?

문제일 2019년 후반, 코로나19는 전 세계를 강타하며 미증유의 위기를 초래했습니다. 이 위기 속에서 백신 개발에 대한 관심과 투자가 급증했으며, 관련 산업은 엄청난 성장을 기록했습니다. 특히 코로나19 팬데믹은 기존 백신 개발 방식에 대한 한계를 드러냈고, 이에 따라 mRNA 백신, 바이러스 벡터 백신 등 신기술 기반 백신들이 빠르게 개발되었습니다. mRNA 백신은 특히 빠른 개발 속도와 높은 효능으로 주목을 받았으며, 이는 미래 백신 개발에도 계속 큰 영향을 미칠 것으로 예상됩니다.

그럼 우선 기존 백신과 달리 코로나19 팬데믹으로 새롭게 주목받은 mRNA 백신은 기존 백신과 무슨 차이점이 있을까요? 이에 대해 간단히 정리를 해보겠습니다. mRNA 백신의 mRNA란 messenger RNA(메신저 리보핵산)의 준말로 DNA(디옥시 리보핵산, 유전정보를 담고 있는 우리 몸의 설계도)의 유전정보를 세포 내 단백질 생산 공장에 전달하여 단백질을 합성하는 과정에서 전령(messenger) 역할을 수행합니다. mRNA 백신은 기존 백신들처럼 항체를 형성하기 위해 바이러스나 인위적으로 만든 단백질 혹은 병원체를 항원으로 체내에 주입하지 않고, 대신에 mRNA를 주입해서 우리 몸이 스스로 항원 단백질을 만들도록 하는 방식입니다. 개발에 소요되는 시간이 적고 대량생산이 용이하며 안전성이 높다는 장점이 있어 차세대 백신 개발 플랫폼으로 연구가 지속되었는데, '길리어드사이언스'가 에이즈(HIV) 치료제 '빅타비'를 개발할 때 mRNA를 활용해 에이즈 치료에 적용이 가능함을 실증하여 본격적으로 주목받기 시작했습니다. 이후 잘 아시다시피 코로나19 팬데믹 시기에 화이자와 모더나가 코로나19 백신을 mRNA 백신 형태로 개발하면서 코로나19 팬데믹 극복의 전기를 마련한 것입니다.

이처럼 코로나19 팬데믹 극복을 위해 관련 첨단 바이오 연구 및 산업은 혁신적인 큰 발전을 이룩하였습니다. 우선 mRNA 백신의 상용화로 CRISPR−Cas9 등 유전자 편집 기술이 첨단 바이오 연구 산업의 핵심 동력으로 대두되었고, 유전자 편집 기술은 유전 질환 치료, 암 치료, 면역 치료 등 다양한 분야에서 그 활용 가능성이 주목받고 있습니다. 또 코로나19 백신 개발을 위한 신속한 항원 제작과 임상 시험 데이터 분석은 인공지능과 머신러닝을 활용하여 수행하였습니다. 이를 통해 인공지능과 머신러닝은 첨단 바이오 연구의 효율성을 높이고 새로운 발견을 가능케 하는 중요한 도구로 자리 잡았습니다. 마지막으로 mRNA를 이용한 백신 개발로 개인의 유전적 특성에 맞춤화된 의료 서비스 제공에도 눈을 돌리게 되었고, 이는 향후 개인 맞춤형 질병 예방, 진단, 치료의 효과를 크게 높일 수 있는 혁신적인 미래 의료의 중요한 지향점이 될 것이라 예상됩니다.

또한 코로나19 팬데믹은 글로벌 백신 시장에 커다란 변화를 가져

왔습니다. 코로나19 팬데믹으로 열린 코로나19 백신 시장은 2022년 기준 500억 달러를 넘어섰고, 코로나19 백신을 제외한 글로벌 백신 시장도 함께 성장하여 2022년 기준 390억 달러 규모로 성장하였습니다. 2031년이면 글로벌 백신 시장 규모는 1,500억 달러 규모로 증가할 것으로 예상됩니다. 그런데 이런 커다란 시장의 성장의 그늘에 우리가 주목해야 할 점이 있습니다. 2023년 발표한 한국바이오협회의 '2022 글로벌 백신시장 분석보고서'에 따르면 글로벌 백신 시장의 88%가 상위 10개 회사(화이자, 모더나, 시노백, CNBG, MSD, GSK, 사노피, SII, 아스트라제네카, 바이오엔테크)가 점유하고 있습니다. 즉 코로나19 팬데믹으로 크게 성장한 글로벌 백신 시장은 다른 기술 분야와 마찬가지로 연구 역량이 떨어지는 기술 후진국에는 그렇게 호락호락하게 자리를 내주지 않을 것이며, 백신을 통한 국가 패권주의도 가능함을 시사합니다.

최근 코로나19 팬데믹 종식과 더불어 그간 축적된 임상 데이터 분석 결과가 함께 공개되었는데, 일부 코로나19 백신에서 심각한 부작용과 후유증이 보고되면서 백신 개발 및 접종에 대한 우려가 증가하고 있습니다. 주요 부작용으로는, 우선 심장염/심낭염 (특히 청소년 및 젊은 남성에게 발생 가능성이 높음. 증상으로는 가슴 통증, 호흡곤란, 피로, 어지러움 등)과 혈전 형성(일부 백신에서 희귀하지만 치명적인 혈전 형성 사례가 보고됨. 여성, 특히 50세 미만 여성에게 발생 가능성이 높음. 증상으로는 두통, 복통, 다리 통증, 호흡곤란 등)이 보고되었습니다. 또 그간 여러 차례 언급된 알레르기 반응, 피로, 두통, 근육통 등도 이번에 함께 보고되었습니다. 이런 심각한 코로나19 백신 부작용이 보고되면서, 세계는 부작용들을 최소화한 새로운 백신 개발에 주목하게 되었습니다. 이를 위해 다음과 같은 점들을 고려해야 할 것입니다.

첫째, 백신 개발 초기 단계부터 **안전성 평가를 강화**하고 장기적인 안전성을 평가하기 위한 연구를 확대해야 합니다. 따라서 다양한 연령대, 성별, 인종, 기존 질환을 가진 사람들을 포함한 대규모 임상 시험이 필요합니다. 그리고 백신 접종 후 발생하는 부작용을 지속적으로 모니터링하고 분석하여 신속하게 대응할 수 있는 시스템 구축도 필요합니다.

둘째, **새로운 백신 플랫폼**을 활용해야 합니다. 즉 mRNA 백신, 바이러스 벡터 백신 등 기존 백신 플랫폼 외에도 안전성이 높고 부작용이 적은 새로운 백신 플랫폼 개발에 투자해야 합니다. 즉 단백질 기반 백신, 면역세포 기반 백신, DNA 백신 등 다양한 유형의 백신 개발을 추진해야 합니다. 각 백신 플랫폼의 장단점을 비교 분석하고, 대상 질환 및 인구 특성에 맞는 최적의 백신 플랫폼을 선택해야 합니다.

셋째, 백신 부작용에 대한 임상데이터를 면밀히 분석하여 **개인 맞춤형 백신 개발**을 추진할 필요가 있습니다. 따라서 개인의 유전적 특성, 면역 반응, 질병 위험 요인 등을 고려하여 개인별 최적의 백신 조합 및 용량을 예측하는 시스템을 개발하고, 이를 바탕으로 연령 성별 인종 기존질환 유무 등을 고려한 체계적인 개인 맞춤형 백신을 개발할 수 있습니다. 이 과정에서 인공지능, 머신러닝 등 첨단 디지털 기술과의 협업은 필수적입니다.

넷째, **이미 개발된 백신을 개선**하여 부작용을 줄이고 효능을 높이기 위한 연구를 지속해야 합니다. 우선 백신 생산 공정을 개선하고 불순물을 제거하여 안전성을 높여야 합니다. 또한 백신 보관 및 운송 조건을 최적화하여 백신 효능을 유지해야 합니다.

다섯째, 백신 안전성 확보를 위해서는 **국제 협력을 강화**해야 합니다. 투명한 백신 개발 및 평가, 부작용 감시, 정보 공유 등을 위한 국제 협력이 필요합니다. 특히 개발도상국가에도 백신 접근성을 확대하고 백신 개발 역량을 강화하기 위한 지원을 제공해야 합니다. 그리고 백신 개발 및 사용에 대한 윤리적 문제를 논의하고 해결 방안을 모색하기 위한 국제적 협력 체계를 구축해야 합니다.

여섯째, 새로운 백신 개발 및 연구에 대한 **정부와 기업의 투자를 확대**해야 합니다. 우리는 백신 개발 성공 여부가 한 국가의 존망을 좌우할 수도 있음을 코로나19 팬데믹을 통해 경험하였습니다. 이에 백신 개발 과정에서 정부의 역할이 매우 중요하다는 점도 학습하였습니다. 여기서 정부의 연구개발 투자 의지도 중요하겠지만, 안전성과 효능을 갖춘 백신 개발을 촉진하기 위한 규제 환경 개선에서 정부의 시의적절한 정책 추진도 매우 중요합니다. 이러한 환경에서, 백신 임상 시험 승인 절차를 간소화하고, 신속하게 안전하고 효과적인 백신을 공급할 수 있는 시스템을 구축해야 합니다.

마지막으로 **공공 의사소통을 강화하고 투명성을 확보**하는 일도 중요합니다. 백신 개발 및 부작용에 대한 투명하고 정확한 정보를 공개하여 백신에 대한 신뢰를 확립해야 합니다. 그래야만 백신 접종의 중요성과 이점에 대한 홍보 강화가 가능하고, 백신 접종에 대한 우려를 해소할 수 있기 때문입니다. 이후 백신 접종을 위한 편리한 시스템을 구축하고, 백신 접종률을 높이기 위한 정책을 마련해야 합니다.

세계가 글로벌화 되면서 감염병 팬데믹의 회귀 주기는 점점 빨라지는 것은 숙명입니다. 따라서 코로나19 팬데믹 기간에 있었던 '신기술

mRNA 백신에 대한 신속승인' 경우처럼 새로운 기술 개발을 위한 기초 연구 투자를 확대하고 혁신적인 기술의 상용화를 촉진하기 위한 규제 환경을 개선해야 합니다. 그리고 첨단 바이오 연구 산업의 성장을 이끌어갈 인재를 선제적으로 양성하고 꾸준한 국제 사회의 협력을 통해 연구 개발, 자원 공유, 윤리적 문제 해결 등을 추진해야 할 것입니다. 그리고 첨단 바이오 연구는 엄청난 가능성과 동시에 윤리적 문제 또한 야기합니다. 유전자 편집 기술의 남용, 개인 정보 침해, 인공지능 편향 등 다양한 문제에 대한 사회적 논의를 통한 해결 방안 모색은 백신 개발과 같은 기술 발전 못지않게 중요하다고 생각합니다.

8-5 백신개발 선도전략

코로나19 팬데믹은 전 세계적인 위기를 초래했지만, 아울러 첨단 바이오 연구 및 산업 발전의 혁신도 가져왔습니다. 특히 백신 개발 분야는 혁신적인 기술 등장과 투자 확대로 급격한 성장을 이루면서, 관련 분야 글로벌 바이오 시장 경쟁은 심화되고 있습니다. 이런 팬데믹 이후 변화된 글로벌 보건 환경을 고려하여, 우리나라가 첨단 바이오 연구 및 산업 분야에서 세계적인 경쟁력을 확보하고 글로벌 리더로 도약하기 위해서는 어떤 백신 개발 선도전략을 수립해야 할까요?

문제일   코로나19 팬데믹은 전 세계에 미증유의 위기를 초래했지만, 동시에 첨단 바이오 연구 및 산업 발전을 위한 새로운 기회를 제공했습니다. 특히 백신 개발 분야는 혁신적인 기술과 투자 확대 덕분에 폭발적인 성장을 이뤘으며, 국가 경쟁력 강화와 국민 건강 증진의 중요한 요소가 되고 있습니다. 우리나라가 첨단 바이오 연구와 산업 분야를 선도하기 위한 일환으로 백신 개발에 주목하고 이를 달성하기 위한 선도 전략을 수립하기 위해서, 먼저 우리나라 현황을 진단해보는 것이 필요합니다. 이에 우선 차세대 백신 개발 선도를 위한 갭 분석과 SWOT 분석을 먼저 해보도록 하겠습니다.

[표 8-5] GAP 분석에서 알 수 있듯, 새로운 팬데믹 상황에 신속 대응 가능한 안전하고 효과적이며 저렴한 백신을 개발한다면, 글로벌

표 8-5 우리나라 백신 개발 현황 분석

GAP 분석(차세대 백신 개발 관점)

As Is		To Be
• 팬데믹 회귀주기 감소 • 기존 백신 개발 방식 한계 노출 • 신종 백신 부작용 및 후유증 발견 • 신종 백신 개발 비용 높음	→	• 새로운 팬데믹 상황에 신속 대응 가능한 안전하고 효과적이며 저렴한 백신 개발

SWOT 분석(우리나라 관점)

강점	약점
- **뛰어난 연구 역량:** 세계적인 수준의 연구 인력과 연구 시설을 보유. 특히 바이오 기술 분야에서 강점 - **정부의 적극적인 지원:** 정부는 첨단 바이오 연구 및 산업 발전을 위해 다양한 정책과 투자를 지원 - **기업의 참여 확대:** 국내 기업들은 백신 개발 분야에 대한 투자를 확대. 활발한 연구개발 활동을 진행 - **안정적인 임상 시험 환경:** 임상 시험 관련 규제가 비교적 유연. 임상 시험 진행 속도가 빠른 편	- **민간과의 유기적인 협력 부족:** 정부와 기업, 학계 간의 협력 체계가 아직 부족. 연구개발 성과의 상용화가 미흡 - **투자 부족:** 첨단 바이오 연구 및 산업 분야에 대한 투자 규모가 아직 충분하지 않음 - **글로벌 네트워킹 부족:** 해외 연구기관 및 기업과의 네트워킹이 아직 부족하고, 해외 시장 진출 경험이 부족 - **규제 개선 필요:** 규제가 지나치게 복잡하고 까다로운 경우가 있어, 연구개발 속도를 저해
기회요소	위협요소
- **글로벌 백신 시장 성장:** 코로나 19 팬데믹 이후 글로벌 백신 시장은 빠르게 성장하고 있으며, 새로운 백신 개발에 대한 수요가 증가 - **정부 정책 지원 확대:** 정부는 첨단 바이오 연구 및 산업 발전을 위해 정책 지원을 확대. 투자 규모도 확대 - **기술 발전:** 인공지능, 빅데이터, 클라우드 컴퓨팅 등 첨단 기술의 발전은 백신 개발 속도와 효율성을 높일 수 있는 기회 제공 - **성장 가능성 높은 국내 기업:** 국내 바이오 기업들은 빠르게 성장. 글로벌 시장 진출을 위한 노력 가속	- **국제 경쟁 심화:** 미국, 유럽, 중국 등 해외 국가들은 이미 첨단 바이오 연구 및 산업 분야에서 선도적인 위치를 차지하고 있으며, 경쟁이 심화 - **기술 개발 불확실성:** 새로운 백신 개발에는 높은 기술적 난이도와 불확실성이 존재하며, 연구개발에 많은 시간과 비용이 소요 - 규제 변화: 규제 변화는 연구개발 과정에 지장을 줄 수 있고, 시장 진출을 어렵게 만들 수 있음 - **윤리적 문제:** 바이오 기술 개발 및 활용과 관련된 윤리적 문제는 사회적 논쟁을 야기할 수 있어, 연구개발에 어려움을 초래 가능

표 8-6 백신 개발을 통해 첨단 바이오 연구와 산업을 국제적으로 선도할 수 있는
국가전략

안전하고 효과적인 백신 개발	• **다양한 백신 플랫폼 개발:** mRNA 백신, 바이러스 벡터 백신 등 기존 백신 플랫폼 외에도 안전성이 높고 부작용이 적은 새로운 백신 플랫폼 개발에 투자 • **개인 맞춤형 백신 연구:** 개인의 유전적 특성, 면역 반응, 질병 위험 요인 등을 고려한 개인 맞춤형 백신 개발을 연구 • **임상 시험 강화:** 안전성 평가를 강화하고 장기적인 안전성을 평가하기 위한 연구를 확대
첨단 바이오 연구 및 산업 생태계 조성	• **민간과의 협력 강화:** 정부, 기업, 학계 간의 협력 체계를 구축하고, 연구개발 성과의 상용화를 촉진 • **창업 지원 확대:** 첨단 바이오 분야의 창업을 지원하고, 벤처 기업들의 성장을 돕기 위한 정책을 마련 • **인력 양성:** 첨단 바이오 연구 및 산업 분야에 필요한 인력을 양성하고, 전문가 확보를 위한 노력 경주
투자 확대 및 규제 개선	• **정부 투자 확대:** 첨단 바이오 연구 및 산업 분야에 대한 정부 투자를 확대하고, 연구 개발 지원 사업을 확대 • **민간 투자 유치:** 민간 투자를 유치하기 위한 정책 환경을 조성하고, 세제 감면 등의 혜택을 제공 • **규제 개선:** 안전성을 확보하면서도 연구개발 속도를 높일 수 있도록 규제 개선
글로벌 네트워킹 강화	• **국제 연구개발 협력 강화:** 국제적인 연구개발 협력 사업을 적극적으로 추진하고, 해외 연구기관과의 네트워킹 강화 및 해외 임상 시험을 지원 • **해외 연구개발 협력 강화:** 국제 학술회의 및 컨퍼런스 개최를 지원하고, 해외 전문가 초청 방문 프로그램을 운영 • **해외 시장 진출 확대:** 해외 시장 진출 지원 정책을 마련
윤리적 문제 해결	• **국제 연구윤리 협력 강화:** 지원백신 개발 및 사용과 관련된 윤리적 문제를 논의하고 해결 방안을 모색하기 위한 국제 협력 체계를 구축, 백신 개발 과정에서 투명성을 확보하고, 연구 결과를 공개 • **백신 신뢰도 제고 노력:** 백신 접종의 중요성과 이점에 대한 홍보를 강화하고, 백신 접종에 대한 우려를 해소하기 위한 노력 강화

백신 연구 및 산업을 선도할 수 있을 것입니다. 이를 위해 SWOT 분석을 기반으로 국가가 취할 수 있는 전략을 [표 8-6]에 정리해 보았습니다. 일반론적인 국가전략으로 세계 첨단 바이오 연구와 산업에서 선도

자가 되는 것은 우리나라 연구 및 산업 규모를 고려할 때 시간과 비용에서 큰 무리가 따릅니다. 이에 우리나라가 구사할 수 있는 좀 더 현실적인 추진전략도 아울러 제안해 봅니다.

현재 전 세계 차세대 백신 개발 전략의 목표는 '**안전하고 효과적이며 저렴한 백신 개발**'이라 정리할 수 있습니다. 그러나 여러 가지 환경을 돌아보면 이미 백신 기술선진국들은 글로벌 백신 개발 역량과 시장을 선점한 상태이며, 우리나라가 이 자리를 차지하는 것은 쉽지 않아 보입니다. 그러나 코로나19 백신 개발 과정에서 밝혀진 문제점에 주목하고 이를 극복하는 쪽으로 국가 연구개발 역량을 집중한다면 차세대 백신 개발에서 선도적인 역할을 할 가능성은 있다고 판단됩니다. 전 세계적 패닉에 빠질 만큼 충격이 컸던 코로나19 팬데믹 상황에서 등장한 코로나19 백신은 접종으로 얻어지는 이익만 강조되고 그 과정에서 나타났던 백신 접종의 부작용과 장기적인 후유증에 대해서는 다소 간과한 면이 있었습니다. 이에 우리나라는 다음 팬데믹을 대비하는 '안전하고 효과적이며 저렴한 백신 개발'에서 이 점을 중점적으로 개선하는 것에 집중하는 것을 제언합니다. 즉 첨단 디지털바이오 융합을 적극적으로 활용하여 백신 접종 부작용을 최소화하고 백신 개발 속도를 향상시키며 맞춤형 백신 제공을 통한 맞춤형 의료를 실현하는 전략으로 목표를 달성하는 전략입니다.

이를 위해 먼저 **알파폴드 등 단백질 구조 예측 AI를 활용**합니다. 알파폴드는 단백질의 3D 구조를 정확하게 예측하는 딥 러닝 기술입니다. 이 기술을 활용하면 백신 표적 단백질의 구조를 정밀하게 분석하고, 부작용을 유발하는 부위를 빠르게 파악할 수 있습니다. 이를 통해 부작용을 최소화하면서 효과적인 백신 후보물질을 신속하게 개발할 수 있습니다. 다음은 **역설계 백신을 개발**하는 것입니다. 역설계 백신 개발은 바이러스의 표면 단백질 구조를 분석하고, 면역 반응을 유발하는 특정 부위를 파악하는 방식입니다. 알파폴드와 같은 단백질 구조 예측 AI를 활용하면 더욱 정확하고 효율적인 역설계 백신 개발이 가능합니다. 이를 통해 기존 백신보다 안전하고 효과적인 백신을 개발할 수 있습니다. 또 하나는 **맞춤형 백신을 개발**하는 것입니다. 개인의 유전적 특성과 면역 반응을 고려한 맞춤형 백신 개발은 부작용을 최소화하는 데 효과적인 전략입니다. 이미 축적된 유전체 분석 데이터를 기반으로 인공지능과 머신러닝 기술을 활용하면 개인별 맞춤형 백신 후보물질을 개발하고, 효과적인 면역 반응을 유도할 수 있습니다. 이는 특히 만성 질환자, 노약자, 면역 기능이 약한 환자 등과 같은 백신 부작용에 취약한 그룹에게 유용합니다. 그리고 코로나19 백신 개발에서 등장한 **RNA 백신 및 mRNA 기반 백신 플랫폼을 개선 활용**하는 것입니다. 앞에서 설명한 것처럼 mRNA 백신은 유전 정보를 담은 mRNA를 직접 백신으로 사용하는 새로운 백신 플랫폼입니다. 기존 백신에 비해 안전하고 효과적임이 증명되었고, 부작용 발생 가능성도 상대적으로 낮습니다. mRNA 백신 플랫폼은 다양한 질병에 대한 백신 개발에 활용될 수 있으며, 첨단 바이오 기술과 결합하여 더욱 효과적인 백신 개발을 가능하게 합니다. 이를 통해 부작용이 최소화된 안전한 백신을 개발할 수 있으며, 알파폴드와 같은 단백질 구조 예측 AI를 활용해 백신 개발 속도를 크게 향상시켜 새로운 감염병에 빠르게 대응할 수 있으며 백신 개발비용을 낮추는 데 기여할 것입니다. 이 전략을 수행하는 동안 극복해야 할 도전적인 문제는 분명 존재합니다. 우선 **기술적 허들**을 넘어야 합니다. 알파폴드와 같은 단백질 구조 예측 AI는 아직 개발 초기 단계이며, 정확성과 신뢰성을 향상시키기 위한 노력이 필요합니다. 국내 개발인력이 충분하지 않아 해외 고급인력 수급은 물론 장기적인 인력 양성도 병행하여 추진해야 합니다. 역설계 백신 개발 및 맞춤형 백신 개발에는 복잡한 기술과 많은 데이터가 필요하며, 기술적 어려움이 있습니다. 사실 mRNA 백신 플랫폼은 아직 상용화 초기 단계이며, 안전성과 장기적인 효과에 대한 연구가 필요합니다. 하지만 이 부분은 그간 국내에 축적된 데이터를 적극 활용한다면 충분히 극복할 수 있는 문제입니다. 그리고 첨단 바이오 기술 개발 및 백신 연구에 대한 **투자 확대**가 필요합니다. 정부 및 기업의 협력을 통한 연구 개발 지원 정책이 마련되어야 합니다. 규제 개선 및 인력 양성을 통한 연구 환경 개선이 필요합니다. 마지막으로 윤리적 문제도 있습니다. 인공지능 및 유전체 정보 활용에 대한 윤리적 논쟁이 존재합니다. 개인 정보 보호 및 차별 문제에 대한 신중한 논의와 해결 방안 모색이 필요합니다.

정리하자면, 부작용이 적은 안전한 백신 개발은 아직 도래하지 않은 미래의 팬데믹 극복과 질병 예방에 중요한 과제입니다. 알파폴드 등 첨단 디지털바이오 기술을 활용하면 부작용을 최소화하면서 효과적인 백신을 개발할 수 있으며, 이는 백신 접종률을 높이고 개인 및 사회 건강 증진에 기여할 수 있습니다. 지속적인 연구 개발 투자, 정책 지원, 윤리적 논의를 통해 첨단 바이오 기술을 백신 개발에 적극 활용하고, 국제협력을 강화한다면, 우리나라가 첨단 바이오 분야의 선도국가가 되는 일이 가능할 것이라 기대합니다.

참고
문헌

BRIC. (2022). BRIC View 동향리포트: 뇌 오가노이드 연구동향과 비즈니스 전망.

Cell. (2023). Human fetal brain self−organizes into long−term expanding organoids.

　• 네덜란드 헨드릭스 박사 연구팀은 사람 태아 뇌로 뇌오가노이드 배양 성공

MIT. (2021, 2022). 선정 10대 미래유망기술.

Nature Electronics. (2023). Brain organoid reservoir computing for artificial intelligence.

　• 뇌 오가노이드를 이용한 생체−전자 하이브리드 기기로 비선형 방정식 계산과 음성인식 학습을 수행한 연구결과 보고

Neuron. (2022). *In vitro* neurons learn and exhibit sentience when embodied in a simulated game−world.

　• 호주 케이건 박사 연구팀은 인공지능 칩 대신 접시 뇌(DishBrain)를 개발하여 학습이 가능한 *in vitro* 시스템 제작

과학기술정보통신부. (2024). 2024년 바이오 원천기술개발에 5,421억 원 투자 [보도자료].

과학기술정보통신부. 국민 체감형 뇌과학 기술 뇌연구 지원 [보도자료].

김정·박형순 외. (2024). 상상하는 공학 진화하는 인간. KAIST 기계공학과; 해냄.

미국신경과학회. (2020). JNS: The Next 50 Years of Neuroscience.

미래창조과학부 생명기술과. (2016). 국가 뇌연구·산업 발전전략.

세계경제포럼. (2022). 선정 10대 미래유망기술.

아이큐비아. (2023). 백신 시장의 진화 리포트.

한국바이오협회. (2022). 2022 글로벌 백신 시장 분석 보고서.

참고사이트

단백질 디자인 연구소: https://www.ipd.uw.edu/

동아 사이언스 https://m.dongascience.com/news.php?idx=65453

미국 질병관리예방센터: https://www.cdc.gov/

세계보건기구: https://www.who.int/

알파폴드 2: https://www.nature.com/articles/d41586-020-03348-4

질병관리청: https://www.kdca.go.kr/

초고령화 시대
건강 사회를 위한
첨단 바이오 전략

9

21세기 뉴스페이스 시대
국가 우주개발 전략

● ● ●

대한민국이 우주로 나가야 하는 이유는 무엇인가? 막대한 재원과 장기적 투자가
불가피한 우주개발을 보다 효과적으로 수행하기 위한 국가 전략은?

그동안 우리나라는 최첨단 위성을 자체 개발해 사용해 왔고, 2022년에는 1.5톤급 위성을 지구 궤도에 투입시킬 수 있는 누리호 우주로켓 발사에도 성공했습니다. 현재 대한민국의 우주개발은 어디까지 진행되고 있고, 또 앞으로 어떤 계획이 있는지요?

세계 우주개발 현황

백홍열 인류의 우주개발은 V1, V2 로켓 등 2차 세계대전으로 축적된 군사기술을 바탕으로 시작되었으며, 막대한 투자가 필요함에도 냉전시대 미소 우주경쟁으로 급속히 발전하였습니다. 그 결과 구소련은 1957년 세계 최초로 인공위성 스푸트니크 1호를 발사하였고, 1959년에는 달에 루나3 위성을 보냈으며, 1961년에는 최초의 우주인 유리 가가린을 탄생시켰습니다. 그러나 이 우주경쟁의 승리는 케네디 대통령의 우주비전에 따라 1969년 아폴로 11호로 달에 최초로 인간을 보낸 미국이 차지하였습니다. 이후 미국은 파이오니아, 보이저 등 우주선을 발사해 태양계 탐사를 시작하였고, 우주왕복선을 개발해 운영함으로써 우주개발을 주도하였습니다. 그리고 현재 보이저 2호는 우리 태양계를 벗어나 심우주를 향해 날아가고 있으며, 이로써 우리 인류는 태양계 밖으로도 진출하게 되었습니다.

한편 아폴로 11호 달 착륙 이후, 중국은 1970년 장정 로켓, 일본은 1970년 L4-S 로켓, 인도는 1975년 SLV-3 로켓으로 자국의 인공위성을 발사하며, 아시아에서 새로운 우주경쟁이 시작되었습니다. 특히 중국은 막대한 예산을 투입하여 세계 3대 우주 강국으로의 진입을 추진하고 있습니다. 그러나 냉전 이후 강대국들의 우주 경쟁과는 별도로 미국·러시아·유럽이 중심이 되어 국제우주정거장 공동개발에 착수함으로써 우주에서의 국제협력도 진행되고 있으며, 이제는 국가가 주도하는 우주개발에서 벗어나, 도전적이고 새로운 기술을 바탕으로 민간이 우주개발을 주도하고 상용화하는 뉴스페이스 시대에 진입하고 있습니다.

우리나라 로켓 개발의 역사

우리나라 최초의 로켓은 고려 말인 1377년 최무선 장군이 화통도감에서 만든 주화로서, 전체 길이 약 1m의 로켓병기로 사거리는 약 100m 정도였을 것으로 추정됩니다. 이후 조선 세종 때에는 주화를 개량한 신기전이 개발되었습니다. 신기전은 당대 최고의 로켓 무기로 소, 중, 대 그리고 산화신기전의 4가지 종류가 있었으며, 대신기전의 경우 사거리는 600~700m로 추정됩니다. 신기전의 자세한 제작 방법은 병기도설에 기록되어 있는데, 이는 현존하는 가장 오래된 로켓 설계도로 알려져 있습니다.

근대에 다시 우리나라가 로켓 개발을 시작한 것은 국방부과학연구소이며, 1959년 인천 고잔동 해안에서 3만여 관중이 운집한 가운데 ROK-SRI067 3단 무유도 로켓발사에 성공하였습니다. 비록 추진력은 크지 않았지만 6.25 전쟁 직후 어려운 환경 속에서도 로켓개발을 추진했다는 데 큰 의미가 있다고 생각됩니다.

　　그러나 본격적인 로켓 개발은 자주국방의 기치 아래 설립된 국방과학연구소가 박정희 대통령의 지시로 우리나라 최초로 백곰 지대지 유도탄 개발에 착수함으로써 시작되었습니다. 백곰은 사거리 180km의 2단 고체로켓으로, 1978년 시험발사에 성공하였으며 이로써 우리나라는 세계에서 7번째로 유도탄을 개발한 나라가 되었습니다. 백곰 발사 성공 이후 국방과학연구소는 우주로켓 개발계획을 추진하였으나 갑작스러운 박정희 대통령 서거로 무산되었습니다.

인공위성 개발 현황

　　우리나라의 우주개발은 1989년 항공우주연구원이 정부출연연구소로 설립되면서 본격적으로 시작되었습니다. 또 같은 해 KAIST에 인공위성연구센터가 설립되어, 1992년 우리나라 최초의 인공위성인 우리별 1호를 발사하였습니다. 우리별 1호는 50kg급 소형 과학위성으로 프랑스 아리안 로켓으로 발사되었으며, 지구관측과 우주과학임무를 성공적으로 수행하였습니다.

　　한편 항공우주연구원은 1999년 우리나라 최초로 실용위성인 아리랑 1호를 개발하여 지구저궤도에 발사하였습니다. 아리랑 위성은 해상도 6.6m의 지구관측위성으로 한반도 3차원 지도 제작 등 8년간 국가임무를 성공적으로 수행하였고, UAE 등에도 위성영상을 수출하였습니다. 이후 항공우주연구원은 아리랑 위성 2호, 3호, 3A호 그리고 SAR 위성인 아리랑 5호 개발에 성공하며 대한민국 위성시대의 개막을 알렸습

그림 9-1 고정밀 레이더 위성인 아리랑위성 6호

니다. 특히 아리랑위성 3A호는 적외선 사진 촬영도 가능한 해상도 50cm의 관측위성으로, 해상도 50cm급 우주카메라를 개발할 수 있는 나라는 세계에서 5개국 정도에 불과합니다. 그리고 이런 기술력을 바탕으로 2021년에는 세계 위성시장 진출을 위해 차세대중형위성 1호를 개발했습니다. 차세대중형위성 1호는 해상도 0.5m급 관측위성으로 가격 대비 성능을 향상하고 관련 기업체에 위성기술을 이전하기 위해 개발되었습니다. 고도 36,000km인 정지궤도 위성 분야에서도, 2010년 천리안위성 발사에 성공하였고, 이후 정지궤도복합위성 2A 및 2B를 발사하여 기상관측 및 해양감시 임무를 수행하고 있습니다.

현재 항공우주연구원은 해상도 30cm급의 아리랑위성 6호, 7호,

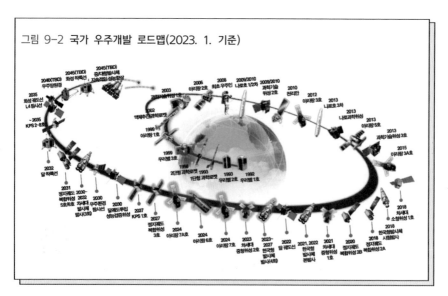

그림 9-2 국가 우주개발 로드맵(2023. 1. 기준)

자료: 한국항공우주연구원

7A와 정지궤도위성인 공공복합통신위성을 개발하고 있으며, 인공위성 연구센터는 그동안의 과학위성 기술을 바탕으로 소형위성 기술을 고도화시키고 있고, 천문연구원도 초소형위성을 기반으로 한 우주과학 위성을 개발하고 있습니다. 이런 민간의 위성개발과는 별도로 국방과학연구소는 군통신위성과 정찰위성 개발에 박차를 가하고 있습니다.

위성항법은 위치기반 서비스 및 미래 산업에 필수적인 국가 인프라로서, 그동안 우리나라는 미국의 GPS에 의존해 왔으나, 2022년부터는 GPS 정확도를 1~2m 수준으로 향상시킨 한국형 정밀 위치보정시스템(KASS)의 서비스를 받을 수 있게 되었습니다. 이와 함께 한국형 위성항법시스템(KPS) 개발이 착수되어 2035년부터 운영될 계획이며, KPS가 운영되면 한국은 독자적으로 Centimeter급의 위성항법 정보를 활용할 수 있게 되어, 이를 통해 자율운행을 포함 획기적인 위치기반 서비스를 제공할 수 있을 것으로 기대됩니다.

우주발사체 개발 현황

　　군용 미사일은 스위치만 누르면 바로 발사가 가능한 고체로켓이 유리하지만, 고체로켓으로는 500kg 이상의 인공위성을 우주로 쏘아 올리는 것이 어렵습니다. 그래서 우주발사체에는 연료무게 대비 추력성능이 우수한 액체로켓 개발이 필요합니다. 이에 따라 항공우주연구원은 2002년 한국 최초의 액체로켓인 KSR-3를 개발하였고, 이를 바탕으로 나로호 개발에 착수해 2013년 드디어 역사상 처음으로 우리 땅에서 우리 위성을 우리 로켓으로 쏘아 올렸습니다. 이로써 우리나라는 1978년 세계에서 7번째로 미사일 발사에 성공한 이래 34년 만에 세계에서 10번째로 우주로켓발사에 성공한 나라가 되었습니다. 이어 우리나라는 한국형 우주발사체인 누리호 개발에 착수하여, 2022년 성공적으로 시험위성을 발사해 고도 700km 궤도에 진입시켰습니다. 누리호는 무게 200톤, 길이 47m의 3단 로켓으로 1.5톤의 위성을 지구 저궤도에 발사할 수 있으며, 이로써 대한민국은 세계 7위권의 우주강국으로서 우주를 독자적으로 활용할 수 있는 기반을 마련하였습니다. 한편 2021년 한미 미사일지침이 완전히 해제됨에 따라 국방과학연구소도 그동안의 오랜 숙원이었던 고체 우주로켓 개발에 착수하여, 2023년 SAR위성 시험발사에 성공하였습니다. 앞으로 군은 이 고체 우주로켓을 이용하여 500kg급의 소형 군사위성을 발사할 계획입니다.

유인 우주사업 및 우주실험

2006년 4월 8일 카자흐스탄 바이코누르 우주기지에서 우리나라 최초의 우주인 이소연 박사를 태운 소유즈 로켓이 찬란한 불꽃을 내뿜으며 우주로 발사되었습니다. 이후 10일간 이소연 박사는 국제우주정거장에서 우주 저울, 제올라이트 결정, 차세대 메모리 소자, 우주 씨앗, 초파리 노화시험 등 총 18종의 과학실험을 수행하였고, TV 방송과 인터뷰, 아마추어무선통신, 한국을 알리는 퍼포먼스 등도 수행하며 역사상 가장 바쁜 우주인 임무를 수행하였습니다.

이로써 작게는 어릴 때 꼭 우주로 가고 싶었던 한 소녀의 꿈이 실현되었고, 크게는 세계에서 36번째로 우주인이 탄생하며 우주로 향한 대한민국의 꿈을 이루게 되었습니다. 또한 우리나라는 세계에서 11번째로 우주에서 과학실험을 한 국가가 되었고, 우주에서 이소연 박사가 보여준 작은 몸짓은 나비효과가 되어 시장에서 일하시는 아주머니까지도 무중력에 대해 이야기하는 성과를 이루었습니다. 또한 우리 청소년들이 우주와 과학에 대한 관심을 높이는 데도 큰 기여를 하였습니다.

우주인사업은 우리나라 최초의 우주인을 탄생시킨다는 상징적인 의미도 있지만, 대한민국이 우주선진국으로 진입하기 위한 유인 우주기술을 습득하는 데 꼭 필요한 사업으로, 우주인선발과 훈련, 우주실험장비 개발, 그리고 무중력에서의 실제 우주실험 등을 통하여 많은 기술과 경험을 얻을 수 있었습니다. 또 앞으로 예상되는 우주실험과 행성탐사뿐만 아니라, 최근 들어 시작되고 있는 우주상품개발, 우주관광 등 새로운 우주산업을 활성화하는 데에도 큰 기여를 할 것입니다.

우주탐사

　　그동안 우리나라의 우주개발은 모두 실용적인 목적으로 추진되어 왔지만, 미국 NASA를 비롯한 모든 선진국들은 우주과학탐사의 기치를 내걸고 인류의 지평을 넓히기 위해 우주개발을 수행하고 있습니다. 선진국으로 진입한 우리 대한민국도 이제는 국제우주협력을 통해 우주탐사에도 적극 나서야 합니다. 현재 국제 우주개발은 미국을 중심으로 달 탐사에 초점이 맞추어져 있으며, 우리나라도 유인 달기지 건설을 목표로 한 NASA의 아르테미스 계획에 참여하고 있습니다. 이에 따라 항공우주연구원은 2022년 8월 탐사선 다누리호를 발사하여 그해 12월 달 궤도에 안착시켰으며, 이로써 우리나라는 세계에서 7번째로 달에 우주선을 보낸 나라가 되었습니다. 다누리호에는 주임무 장비인 고해상도 카메라를 비롯, NASA의 영구음영지역 카메라, 천문연구원의 광시야 편광카메라, 지질자원연구원의 감마선 분광기, 경희대의 자기장 측정기와 전자통신연구원의 인터넷 장비가 탑재되어, 향후 달기지 건설에 필요한 과학 데이터 수집과 통신 인프라 실험을 수행하였습니다.

우주개발에는 막대한 예산이 소요되는 반면 실제 우리 국민의 삶과 국가 경제에는 큰 도움이 안 된다는 비판이 있습니다. 그럼에도 불구하고 대한 민국이 반드시 우주로 나아가야만 하는 이유가 있는지요?

인류가 우주로 나가는 이유

백홍열　　로켓 및 인공위성 이론을 창시한 최초의 우주과학자 치올코 프스키는 "지구는 우리 인류의 요람이다. 그러나 우리는 영원히 이 요 람에 살 수는 없다"라는 명언을 남겼습니다. 잘 알려지지는 않았지만 구소련이 1957년 인류 최초의 인공위성 스푸트니크를 발사한 것도 치 올코프스키 탄생 100주년을 기념하기 위해서입니다. 우리가 우주개발 을 하는 여러 이유가 있겠지만, 근원적인 이유는 끝없는 바다를 바라보 며 배를 만들고 바다로 나아가 마침내 이 지구를 정복한 우리 인류의 호기심과 모험심 때문일 것입니다. 이렇게 우주로 뻗어나가려는 우리 인간은 금세기 안에 달과 화성에 거주하게 될 것입니다. 지구 역사를 되돌아보면 평균 6,000만년마다 혜성이 충돌하여 대부분의 생명체가 전멸했으며, 마지막 충돌은 6,500만년 전 멕시코 유카탄반도로 이로 인 해 공룡이 전멸했습니다. 언젠가는 인류가 지구에서 살 수 없는 날이 반드시 올 것이며, 그때 우리 인류는 지구라는 요람을 떠나 우주로 나 아갈 것입니다.

선진국들이 우주개발을 하는 이유

1961년 미 케네디 대통령은 1970년이 되기 전까지 인간을 달에 보내겠다는 야심찬 계획을 발표하였습니다. 당시의 기술 수준을 고려하면 현실적으로 거의 불가능한 계획이었지만, 소련과의 우주경쟁에 뒤지고 있던 미국은 국가의 모든 힘을 모아 아폴로 계획을 추진하였고, 마침내 1969년 7월 20일 아폴로 11호의 닐 암스트롱 선장이 인류 최초로 달에 첫발을 내딛었습니다. 닐 암스트롱의 말처럼 이것은 한 인간에게는 작은 발걸음이지만 인류에게는 위대한 도약이었습니다. 아폴로 계획에는 200억 달러의 예산과 함께 세 명의 우주인이 희생되었지만 미국은 이를 통해 명실상부한 세계의 주도국으로 부상하였습니다.

반면 이를 비판하는 일부 사람들은 아직도 아폴로 계획을 월석 380kg을 얻기 위해 200억 달러를 낭비한 사상 최대의 우주 쇼라고 비아냥거리고 있었습니다. 그러나 아폴로 계획으로 미국이 진짜 얻은 것은 월석이 아니라 이를 가져오기 위해 개발된 최첨단 과학기술입니다. 우리가 지금 가정에서 쓰는 마이크로웨이브 오븐이나 진공청소기도 사실은 아폴로 계획을 통해 개발된 기술이었으며, 미사일 등 미국의 최첨단 군사기술도 그 바탕에는 아폴로 기술이 깔려 있습니다. 최첨단 과학기술은 절대 막연히 개발되지 않으며, 획기적인 기술은 언제나 현재의 한계를 넘어야 하는 확실한 목표가 있을 때 효율적으로 개발에 성공할 수 있었습니다. 그리고 미국은 아폴로 계획을 통해 최첨단 과학기술을 개발하였고, 또 이를 통해 세계를 이끌고 있습니다. 미국이 아직까지 경제 군사적으로 세계를 주도하고 있는 것도 모두 지속적인 우주개발을 통해 획득한 첨단 기술력이 있었기 때문입니다.

미 의회 보고서에 따르면 21세기에는 우주를 지배하는 자가 세계를 지배한다고 하며, 앨빈 토플러는 그의 저서 '부의 미래'에서 우주로 도약하는 것 자체가 인류에게 새로운 부를 창출할 것으로 예측하였습니다. 현재 세계우주시장도 연 10% 이상 빠르게 성장하고 있으며, 실생활에서도 기상예보, 통신, 방송은 물론 위성지도, 자동차 내비게이션 등 우주 없는 현대문명은 상상할 수 없게 되었습니다. 또 달에 100만 톤 이상 매장된 것으로 알려진 헬륨3는 인류의 에너지문제를 근본적으로 해결해줄 수 있을 것으로 기대하고 있습니다.

사실 우주개발은 우리가 생각하는 것보다 훨씬 더 우리의 생활과 밀접하게 연결되어 있습니다. 현재 대부분의 가정에서 쓰고 있는 전자레인지, 진공청소기, 정수기, 화재경보기, 무선 전기드릴 등도 모두 우주선에서 쓰기 위해 개발된 기술입니다. 그 외에도 메모리폼 베개는 우주로켓에서 우주인의 충격 흡수를 위해, 고어텍스는 우주복 제작을 위해, 티타늄 합금은 우주선 무게를 줄이기 위해, 선글라스 코팅기술은 우주인 시력보호를 위해 개발되었습니다. 그 외에도 우주선 도킹 기술을 이용한 라식 시력 교정기술, 전파 천문기술에서 나온 CT, MRI 기술은 현대 의료 기술에 혁명을 가져왔습니다. 그동안 미국은 매년 수백억 달러의 우주예산을 써왔지만, 이렇게 우주개발에서 파생된 기술은 그 자체로 연간 수천억 달러의 시장을 형성하고 있습니다.

또한 위성통신 및 방송, 기상관측, 구글 위성사진 등 인공위성은 이미 우리 일상생활에 한 부분으로 자리 잡아 가고 있습니다. 위성 관측정보는 기상예보, 환경감시, 자원탐사, 농업활용, 해양관리, 국토관리, 재난재해 대응 등 국가운영 및 국민생활에 직접적으로 활용되고 있습니다. 특히 21세기에 들어 위치 및 시간 정보를 제공해주는 GPS 위성의 역할이 중요해지고 있으며, 자동차·기차·선박·항공기 등의 교통체계는 물론 휴대폰 서비스에도 GPS 신호를 사용하고 있습니다. 또 사물인터넷 등 IT기술의 발달로 GPS를 활용한 위치기반 상업 서비스가 보편화 되고 있으며, 유럽의 경우 이미 국가총생산의 6~7%가 GPS에 기인하고 있는 것으로 알려져 있습니다. 그리고 앞으로는 우주관광 서비스, 우주자원 채굴, 우주공장 운영 등 새로운 우주산업도 탄생될 것입니다.

군사적으로도 감시정찰, 지휘통제, 장거리 정밀타격, 그리고 무인전투로 이어지는 미래전쟁은 이미 육해공을 넘어 우주까지 5차원으로 확대되고 있습니다. 이런 5차원 전쟁에서 우주는 통신, 정찰감시, 항법, 조기경보 등 전쟁의 기본 인프라를 제공하는 핵심요소로서, 이제 더 이상 우주를 빼고 21세기 국가 안보를 생각할 수 없게 되었습니다.

이런 분위기 속에서 이제는 선진국뿐만 아니라 개발도상국까지 막대한 예산이 드는 우주개발에 경쟁적으로 나서고 있습니다. 이는 국가적 자부심뿐만 아니라, 미래 국가발전에 경제적, 사회적, 군사적으로 우주가 매우 중요하기 때문입니다. 현재 전 세계 국가들 중 절반 이상이 우주개발에 투자하고 있으나, 대부분 초소형위성 개발이나 위성영상 활용 등 큰 예산이 들지 않는 분야에 집중하고 있고, 아직까지는 선진 강대국들만이 우주 발사체, 첨단위성 그리고 우주탐사 등 핵심 우주기술을 독점하고 있습니다.

우리나라가 반드시 우주개발을 해야 하는 이유

　이와 같이 우주개발은 우리 인류의 지평을 넓히고 과학탐구를 위해서뿐만 아니라, 국가생존과 국민의 삶을 위해서도 반드시 필요합니다. 또한 우주산업은 위성가격이 같은 금 무게의 10배 이상일 만큼 고부가가치 산업입니다. 현재 세계 우주시장은 4,000억 달러 규모로, 연 10% 이상 빠르게 성장하고 있습니다.

　그러나 현재 우리나라의 시장점유율은 아직까지 1%도 안 되고 있습니다. 특히 뉴스페이스 시대에는 새로운 우주시장이 열리게 됨에 따라 누가 이 시장을 선점하느냐가 21세기 국가산업발전과 경제성장에 핵심이 될 것입니다. 따라서 대한민국의 생존, 국민의 삶의 질 향상 그리고 21세기 국가경제발전을 위해 우리나라 우주개발은 반드시 필요하며, 이를 위해 우리나라는 현재 우주개발 로드맵에 따라 국가우주개발을 추진하고 있습니다.

9-3 우주개발 추진 전략

과거 우주개발은 국가주도로 강대국의 전유물이었으나, 이제는 새로운 기술을 바탕으로 민간 주도의 우주산업으로 확장되고 있습니다. 뉴스페이스 시대 국방-공공-민간의 국가우주개발을 보다 효율적으로 추진할 수 있는 전략은 무엇일까요?

뉴스페이스 시대의 도래

백홍열　20세기에 국가주도로 시작한 우주개발은, 그동안 강대국들의 전유물이었으나, 21세기에 들어 우주기술이 숙성되고 또 우주산업의 경제적 가치가 입증되면서 점차 민간주도의 우주개발로 패러다임이 변하고 있습니다. 그동안 우주개발은 소요되는 막대한 예산과 국가 전략적 특성 때문에 국가가 주도할 수밖에 없었지만, 우주기술이 보편화되며 민간의 우주기술 접근이 용이하게 됨에 따라, 이제 기업들이 새로운 아이디어와 비즈니스 마인드로 혁신적인 우주기술을 개발하고 우주사업을 하는, 이른바 뉴스페이스 시대가 온 것입니다.

특히 그동안 국가주도로 개발한 우주기술은 관료주의적 특성 때문에 경제성이 없었지만, 이제 그동안 축적된 우주기술을 바탕으로 민간기업이 우주개발에 도전함에 따라, 새로운 아이디어로 저비용의 획기적인 우주기술이 개발되고 있으며, 그 대표적인 사례가 Space-X입니다.

Space-X는 그동안의 우주개발 관행을 과감히 벗어던지고 재사용 로켓 등 새로운 아이디어로 우주발사 비용을 획기적으로 낮추었으며, 이를 통해 현재 세계 우주발사체 시장의 40% 이상을 점유하고 있습니다. 그 결과 벤처캐피탈들도 혁신적인 아이디어와 기술을 갖고 있는 우주기업들에 투자를 확대하고 있으며, 2023년 유럽우주정책연구소 보고서에 따르면 세계적으로 우주기업에 대한 벤처 투자액은 약 96억 달러에 이르는 것으로 조사되었습니다.

이렇게 전 세계가 민간주도의 우주개발로 전환되고 있는 배경에는, 국가우주개발을 효율적으로 추진하고 또 우주산업을 21세기 핵심 산업으로 발전시키려는 미국의 우주전략이 자리 잡고 있습니다. 이에 따라 NASA는 현재 추진하고 있는 우주개발의 많은 부분을 민간주도로 전환하고 있습니다. 그 대표적인 예가 미국의 핵심 우주사업인 아르테미스 사업입니다. 이 사업은 미국이 국제 협력을 통해 먼저 달에 영구 기지를 세우고 향후 이를 발판으로 인간을 화성에 보낸다는 계획으로 이에 필요한 핵심기술을 경쟁을 통해 민간이 개발토록 하고 있습니다.

이렇게 21세기에는 민간이 주도해 혁신적인 기술을 개발하고 우주를 상업적으로 이용하는 뉴스페이스 시대가 활짝 열리고 있으며, 앨빈 토플러의 예측대로 이제 우주에서 새로운 부가 창출되고 있습니다. 그리고 우리 대한민국도 뉴스페이스 시대의 도전을 헤쳐 나가기 위해서는 우주개발의 새로운 패러다임과 추진체계를 구축해야 합니다.

국방우주개발과 민군협력

　　미소냉전시대에 시작된 우주개발은 실제 정찰위성, 대륙간탄도탄 기술 확보 등 국방목적이 크게 작용하였고, 아직도 국방우주가 큰 부분을 차지하고 있는 것이 사실입니다. 그동안은 UN의 '우주는 평화적 목적으로만 사용돼야 한다는 원칙'에 따라 국방우주에 대한 논의는 수면 아래에서만 이루어져 왔습니다. 그러나 서방세계와 중국·러시아 간 2차 냉전시대 진입이 가시화되고 한미미사일지침이 해제되면서, 국제사회는 물론 우리나라에서도 국방우주가 중요한 정책 이슈로 등장하고 있습니다.

　　특히 현대전은 육해공의 3차원 전쟁에서 사이버공간과 우주공간을 아우르는 5차원 전쟁으로 진화하고 있으며, 이런 변화에 선제적으로 대응하고 우주공간에서의 전장 주도권을 확보하는 것은 미래 전쟁에서 국가생존을 보장하기 위해 매우 중요합니다. 이에 따라 우리 군도 우주군 개념을 설계하고 발전시키는 중이며, 이를 뒷받침하기 위해 국방과학연구소는 고체우주로켓, 군 위성통신, 우주감시정찰 등 국방우주사업을 추진하고 있습니다. 특히 국방우주는 북한의 핵미사일 등 비대칭전력을 무력화시킬 수 있는 중요한 수단으로서, 이를 통해 북한의 군사력을 압도하고, 나아가 급변하는 국제정세 속에서 동북아의 세력균형에 기여할 것입니다. 그리고 이렇게 국방우주개발이 확대되면 앞으로 우주산업화에도 큰 기여를 할 것으로 예상됩니다.

　　그러나 국방우주개발을 효과적으로 추진하기 위해서는 우주분야의 민군협력이 꼭 필요합니다. 우주분야는 그 특성상 민군 겸용기술일 뿐만 아니라, 관련 시스템 구축에 첨단 기술과 막대한 예산이 소요되기 때문에, 우주분야에서의 민군협력은 선택이 아니라 필수입니다. 특히 우리나라는 우주개발 투자를 확대하고, 이를 통해 우주기술의 산업화를 추진하고 있기 때문에, 국방우주개발을 추진하기 위해서 군은 민간의 우주개발을 최대한 활용해야 할 것입니다.

우리나라 우주산업 현황

현재 우리나라도 우주활동에 참여하는 기업체가 증가하는 추세이며, 2023년 우주산업실태조사에 따르면 2022년 우리나라 우주산업 규모는 약 30억 달러로, 그중 기업이 약 80%를 차지하고 있습니다. 분야별로는 위성활용서비스 부문이 70%로 대부분을 차지하고 있으며, 발사체, 위성 등 우주장비 부분은 10% 미만인 것으로 조사되었습니다. 또 전체 우주기업 중 벤처기업으로 지정된 기업이 약 36%로 우리나라도 우주벤처기업들이 늘어나고 있는 추세입니다. 그러나 현재 4,000억 달러 규모인 세계 우주시장을 고려할 때, 아직까지 우리나라의 우주시장 점유율은 1%도 안 되며, 앞으로 이를 10% 이상으로 끌어올리기 위해서는 특단의 조치가 필요합니다.

우리나라 우주개발의 패러다임 전환

그동안 우리나라의 우주개발도 국가주도로 수행되어, 실용적인 목표 아래 단기간에 우주로 나가는 데 필요한 로켓 및 위성기술을 확보하는 데 전념해 왔습니다. 그 결과 현재 세계 10위권의 우주 능력을 갖춘 나라로 부상하였으며, 여기에는 항공우주연구원, 천문우주연구원, 인공위성센터 등 국가 연구기관들이 핵심적인 역할을 해왔습니다. 그러나 성큼 다가온 뉴스페이스를 맞아 국가주도의 우주개발만으로는 한계가 있을 수밖에 없기 때문에, 이제는 우리나라도 효과적인 역할분담 및 산학연 협력을 통해 민간주도의 우주개발로 전환하는 것이 무엇보다 중요합니다.

이를 위해 다른 선진국들과 마찬가지로 우리나라도 국가주도의 우주개발은 우주과학탐사를 중심으로 국제협력을 통해 추진하는 것이 바람직합니다. 그러나 우주탐사를 위해서는 현재의 기술 수준을 넘어서는 극한기술의 개발이 필요하며 이에 소요되는 막대한 예산과 개발 위험성을 고려할 때 이를 돌파하는 것은 국가연구기관의 몫이 될 수밖에 없습니다. 따라서 그 특성상 국가우주개발은 상당 기간 항공우주연구원, 천문연구원 등 국가 연구소 주도로 추진할 수밖에 없습니다. 비록 미국에서는 현재 혁신적인 우주기술들을 Space−X 등 민간기업들이 개발하고 있지만, 만약 지난 50년간 NASA가 막대한 예산을 들여 개발한 첨단 우주기술이 없었다면 이는 불가능했을 것입니다.

그러나 우주탐사에 필요한 하드웨어를 생산 제작하고, 개발된 첨단기술을 경제성 있는 혁신기술로 발전시켜 우주산업에 활용하는 것은 당연히 민간의 몫이 되어야 합니다. 또한 국가수요 우주사업이라 하더라도 관측위성 등 이미 기술이 숙성된 실용적인 우주사업은 이제는 모두 민간으로 과감히 이양해야 합니다. 이를 위해서는 정부도 민간기업이 우주산업에 진출할 수 있도록 우주산업 생태계를 조성하고 예산 등 적극적인 지원을 해야 하며, 특히 새로운 아이디어를 가지고 혁신적인 우주기술 개발에 도전하는 우주벤처기업들을 집중 지원할 필요가 있습니다. 그리고 이를 통해 우주태양광발전, 우주자원 활용, 우주공장, 유인우주기지를 위한 우주식품, 우주의학, 우주의복, 우주건설 등 다양한 분야에서 민간이 주도하는 새로운 우주시장이 개척될 수 있을 것입니다. 이와 함께 연구소와 기업들도 적극적으로 우주관련 대학들과의 산학연 협력체계를 구축하고 예산을 지원하는 것이 매우 중요합니다. 이는 우주개발에 핵심적인 기초기술을 효과적으로 개발하고 또 필요한 인력양성을 위해서도 필수적입니다.

한편 국방우주는 우주개발 핵심 축의 하나로서 우리 군도 국방혁신계획에 따라 투자를 크게 확대하고 있으며, 이를 효율적으로 추진하기 위해서는 적극적인 민군협력이 필요합니다. 물론 국방우주개발은 그 특성상 군의 통제하에 독자적으로 추진될 수밖에 없겠지만, 이를 수행하는 과정에서 상호 합리적인 역할분담은 가능할 것입니다. 기술적 측면에서는 고체로켓, SAR 기술 등 그동안 국방과학연구소를 중심으로 개발된 기술은 군을 중심으로 발전시키고, 액체로켓, 위성, 우주카메라 기술 등 항공우주연구원을 중심으로 개발된 기술은 국가우주개발을 중심으로 발전시키는 것이 바람직합니다. 또한 막대한 투자가 필요한 우주관련 시설들도 가능할 경우 국가차원에서 공동사용할 수 있도록 협력체계를 만들어야 합니다. 그러나 국방과 국가 우주개발 모두 제작 및 생산은 기업이 담당케 함으로써 우주산업의 기반을 구축해야 합니다. 또한 관련 기술을 이전하여 기업들이 독자적으로 혁신적인 우주기술을 개발할 수 있도록 지원해야 하며, 이를 통해 자연스럽게 민군기술협력을 확대해야 합니다.

이미 다가온 뉴스페이스 시대에 공공, 국방, 민간이 삼박자를 맞추어 우주개발을 추진할 때, 대한민국의 우주로 뻗어나가 우주산업을 민간이 주도하는 새로운 미래 산업으로 도약시키고 K-우주항공의 시대를 활짝 열 수 있을 것입니다.

많은 찬반 논란에도 불구하고 국회에서 어렵게 관련법이 통과되어 드디어 2024년 5월 우주항공청이 개청했습니다. 뉴스페이스 시대에 국가 우주전략을 실행하기 위한 우주항공청의 역할과 발전방안은 무엇인가요?

우주항공청의 설립 배경

백홍열 　그동안 우리나라의 우주개발은 과학기술의 한 분야로서 과학기술부 주관하에 추진하여 왔습니다. 형식적으로는 비상설기구인 국가우주위원회가 설치되어 우주정책을 총괄하였지만, 현실적으로는 과학기술부의 담당과가 국가우주개발을 주도할 수밖에 없는 구조였습니다. 물론 지난 30여 년간 과학기술부 주도하에 우주분야에서 괄목할 만한 성과를 이루어냈지만, 과거와 비교할 때 현재 세계 우주산업은 상상하기 힘들 정도로 커졌고 또 빠르게 변화하고 있습니다. 따라서 이에 적극적으로 대처하기 위해서는 투자확대와 함께 전담국가조직이 필요하게 되었습니다. 특히 국제우주협력의 역할이 매우 중요한 국가우주개발에서 미국 NASA, 중국 CNSA, 러시아 Roscosmos, 일본 JAXA, 유럽 ESA, 인도 ISRO 등 세계 주요 우주국들이 모두 전담 국가우주조직이 있는 반면, 우리나라는 대등한 국가조직이 없어 거버넌스 차이에 따른 여러 문제가 야기되었고 또 이들과의 예산 격차도 점점 커지고 있었습니다.

이에 따라 빠르게 재편되고 있는 우주신기술개발과 세계우주시장에 효율적으로 대처하기 위해 지난 2024년 5월 독자적인 우주항공 컨트롤타워로서 미국 NASA를 벤치마킹한 우주항공청이 개청되었습니다. 비록 여야 간 일부 의견 차이로 계획보다 늦어지긴 했지만, 이제라도 우주항공청이 본연의 임무를 시작하게 된 것은 우리나라 우주항공 분야 발전을 위해 큰 다행이라 생각됩니다.

우주항공청의 역할

우주항공청은 국내 우주항공 전담기구로서 거시적으로 우주개발을 계획하고 다차원적 국제협력을 이끌어내 뉴스페이스 시대에 21세기 K－우주항공을 이끄는 초석이 될 것으로 기대됩니다. 이번 개청과 더불어 우주항공 전략수립, 임무조정, 예산확보, 국제협력 등 그동안 우주항공 분야의 컨트롤타워가 없어 야기되었던 많은 문제들이 자연스럽게 해소될 것이며, 또 막대한 예산이 소요되는 국가 우주개발도 앞으로는 더 체계적이고 효율적으로 추진될 수 있을 것입니다. 그러나 이를 달성하기 위해서는 앞으로 우주항공청이 풀어야 할 많은 난제들이 산적해 있습니다.

가장 시급히 해결해야 할 문제는 우주예산의 확충입니다. 현재 우리나라의 우주예산은 주요 우주 선진국들과 비교할 때 GNP 대비 적정 수준 이하이며, 더구나 뉴스페이스 시대를 헤쳐 나가기에는 턱없이 부족한 것이 현실입니다. 그러나 국가예산의 특성상 갑자기 특정분야의 예산을 확대하는 것은 매우 어렵기 때문에, 우주항공청이 설립된 지금이야말로 우주예산을 확충할 수 있는 유일한 기회가 될 것입니다. 따라서 우주항공청은 이번 개청과 함께 최우선적으로 필요한 우주예산을 확보해야 할 것입니다.

이와 병행하여 뉴스페이스 시대에 맞도록 빠른 시간 내에 국가우주전략을 새로 수립하고, 이에 맞추어 국가 우주개발계획과 우주개발체계도 종합적으로 재편해야 합니다. 특히 민간이 우주 역량을 구축해 세계 우주시장을 주도할 수 있도록 국내 우주산업 생태계를 구축하는 것이 매우 중요하며, 이를 위해서는 국가우주개발에서 민간의 역할을 확대하고 예산 및 기술 측면에서 적극적인 지원방안을 수립해야 합니다. 우선 출연연구소가 주도하는 국가우주개발은 국제우주협력을 통한 우주과학탐사에 초점을 맞추어 추진하고, 기상위성 등 이미 개발된 기술을 활용하는 각 관련 부처의 우주사업은 특별한 사유가 없는 한 모두 민간으로 이관하는 것이 바람직합니다. 또한 국가우주개발에서도 최대한 업체의 역할을 확대하고, 최첨단 우주기술을 이전하여 관련 기업들이 이를 활용해 새로운 우주시장을 개척할 수 있도록 해야 합니다.

또한 우주개발을 효율적으로 추진하기 위해서는 우주항공청을 중심으로 산학연 우주협력 체제를 강화해야 합니다. 특히 K-우주항공의 성패는 경쟁력 있는 우주 신기술을 누가 먼저 개발하느냐에 달려 있기 때문에, 지난 30여 년간 대한민국의 우주개발을 주도해온 항공우주연구원, 천문연구원, 인공위성센터 등 관련 연구기관들과 효과적으로 역할을 분담하고 협력체계를 구축하는 것이 매우 중요합니다. 비록 우주항공청이 NASA를 벤치마킹해 설립되어 연구개발도 직접 수행할 수 있게되었지만, 무에서 시작할 수밖에 없었던 미국 NASA와 우리 우주항공청은 상황이 크게 다릅니다. 따라서 역할을 분담하여 이미 연구기반이 구축된 이들 기관들을 최대한 활용하고 발전시켜야만 우주항공청이 단기간 내에 목표하는 성과를 낼 수 있을 것입니다. 이를 위해서는 빠른 시간 내에 우주항공청이 직접 수행하는 연구개발 분야와 산하 연구소 등 관련 기관들이 수행하는 분야, 그리고 민간이 수행하는 분야를 명확히 할 필요가 있으며, 그렇지 못할 경우 연구현장에서 혼란과 갈등이 증폭될 수 있습니다.

한편 우주항공청 설립의 핵심목표인 우주항공 분야의 산업화는 철저한 상황분석과 추진전략 그리고 이에 따른 특단의 대책 없이는 기대하는 목표 달성이 어려울 것으로 예상됩니다. 현재 세계 우주시장 규모는 약 4,000억 달러로, 그중 70% 이상이 위성통신, 위성항법, 원격탐사 등 우주 서비스 및 활용 분야이며, 핵심 분야인 우주발사체와 위성은 실제 우주시장의 10%도 되지 않습니다. 또 국가 전략적 특성 때문에 우주발사체와 위성은 우리나라가 Space−X 등 세계적인 우주항공기업과 맞먹는 기술 및 가격 경쟁력을 갖춘다 해도 세계시장 진출이 쉽지 않은 것이 현실입니다.

따라서 K−우주항공의 실현을 위해서는 우선 우리나라 산업체들이 우주서비스 및 활용 분야에서 세계시장에 진출할 수 있도록 국가차원의 투자 및 지원을 확대해야 합니다. 특히 앞으로는 수천 개의 중저궤도 위성으로 구성된 우주통신 네트워크가 미래통신 시장을 선도할 것으로 예상되며, 이를 유지하기 위해서는 매년 상당수의 위성 및 우주로켓의 신규 발사가 필요합니다. 그리고 이 신규시장은 결국 우주통신, 원격탐사 등 우주서비스 시장을 주도하는 기업이 결정권을 가질 수밖에 없기 때문에, K−우주항공이 성공하기 위해서는 먼저 우리 기업들이 세계 우주서비스 시장을 선점할 수 있도록 우주항공청이 필요한 지원과 환경을 제공해야 합니다. 그래야만 향후 이를 바탕으로 발사체,

위성 등 핵심 우주시장에도 진출이 가능할 것입니다.

마지막으로 우주항공청이 특별히 신경 써야 할 분야는 우주사업의 긴밀한 민군협력입니다. 물론 군의 특성상 우주항공청이 군 우주사업을 조정 통제하는 것은 어렵겠지만, 국방부와의 협의체 구성 등을 통하여 중복투자를 피하고 역할을 분담함으로써 국방을 포함한 전체 국가우주사업을 효율적으로 추진하고 미래 우주산업 기반을 구축해야 합니다.

앞에서 언급했듯이 미래전은 이미 육해공을 넘어 사이버와 우주를 포함하는 5차원 전쟁으로 확대되고 있으며, 우리 군도 이에 적극 대응하기 위해 감시, 정찰, 통신, 위성항법 등 우주국방력을 강화하고 있습니다. 특히 북한의 핵미사일 방어와 저궤도 군 위성통신을 위해 상당수의 군 위성 발사를 계획하고 있기 때문에 앞으로 국내 국방우주시장규모는 크게 확대될 것으로 예상됩니다. 강대국들이 독점할 수밖에 없는 세계 무기시장에서 K-방산이 세계 8위의 방산수출국으로 도약할 수 있었던 것은, 군소요를 바탕으로 첨단 국산무기를 개발하고 또 전략적으로 국내 방위산업을 육성했기 때문입니다. 전략분야로서 국내 민간시장규모가 제한적인 우주산업도 같은 상황으로, 국방수요를 통해 체계적으로 국내 산업기반을 마련해야만 세계 우주시장 진출이 가능합니다. 또한 우리 군도 민군협력을 통해 민간의 우주기술을 적극 활용해야만 중복투자를 피하고 제한된 국방예산으로 필요한 우주국방력을 갖출 수 있을 것입니다.

그러나 우주개발에 있어 그 무엇보다 중요한 것은 실패를 딛고 일어나는 국민적 의지입니다. 나로호 개발에서 보아왔듯이 앞으로도 우주개발 추진과정에서 많은 좌절과 어려움이 있을 것입니다. 그러나 이제

는 우리 대한민국도 이에 일희일비하지 않고 장기국가전략 차원에서
과학기술자들이 우주개발에 전념할 수 있도록 우주개발을 추진해야 합
니다. 21세기는 우주를 지배하는 자가 세계를 지배할 것입니다. 그리고
우리가 단합해서 도전한다면 21세기는 대한민국이 이끌 수 있을 것이
며, 머지않은 미래에 우주로 향한 대한민국의 꿈이 이루어져 자랑스럽
게 K-우주항공을 이야기할 날이 올 것입니다.

우주기술 산학협력과 인력양성

뉴스페이스 시대 국가우주개발을 위한 정부 우주기술 연구개발사업과 산
학협력체계의 효율성을 확보하고 전문인력을 양성하기 위해서 어떻게 하
면 좋을까요?

윤근진 우리나라는 80년대부터 시작된 인공위성 연구를 시작으로 지
구저궤도/정지궤도 위성, 발사체개발 기술 등 지금까지 독자 우주기술
개발을 추진할 수 있는 역량을 확보하였습니다. 특히 위성제작, 운용
및 데이터 활용 기술은 해외에 수출할 만큼 고도화되었다고 할 수 있습
니다. 최근 제4차 우주개발진흥계획(안)에 따르면 우리나라는 지난 16
년(2006~2021)간 총 7조 1,883억 원으로 꾸준히 투자를 확대해 왔지만
미국, 러시아, 프랑스, 일본, 중국, 인도와 같은 우주기술 선도국의 투자
규모는 GDP대비 0.06% 이상인 데 비해 우리나라는 0.04% 수준에 머
물러 있습니다. 다행히 나로호와 누리호 3차 발사 성공으로 우주개발
투자확대에 대해서는 국민적 공감대가 형성되어 있고 정부와 관련부처
의 구체적인 중장기 계획도 수립되어 있습니다. 하지만 우주기술의 연
구개발을 위해서는 다음과 같은 전략이 필요할 것입니다.

첫째, 전통적인 발사체기술과 위성활용기술을 탈피하여 우주에서
지속성이 있는 인류의 활동을 가능하게 하는 적극적인 연구개발 투자
패러다임이 필요합니다. 우주영역은 인류가 생활하는 지상과는 완전히

다른 환경의 영역으로 도달하기도 어려울 뿐 아니라 우주영역에서 인류가 지속가능한 경제가치를 실현하기는 더더욱 어려운 제약이 많습니다. 하지만 우주개발은 인구증가에 따른 지구자원의 고갈과 에너지 환경문제의 전 지구적 사회문제 해결, 지구안보, 기초 우주과학의 진보에 있어 반드시 필요하다고 할 수 있습니다. 인류는 심우주탐사, 외계행성 탐사의 노력을 통해 더 이상 우주는 미지의 영역이 아닌 인류의 새로운 미래 공간으로 여겨집니다. 재사용 발사체기술과 위성활용 기술은 더 이상 선진국의 전유물이 아니기 때문에 이제는 어떻게 하면 우주영역에서 지속가능한 경제가치를 실현할 수 있을지에 대한 고민과 관련 기술개발 경쟁이 본격화되었습니다. 전통적 발사체, 위성기술을 뛰어 넘어 우주교통관리, 우주쓰레기, 위성서비스, 행성 간 소위성, 로보틱스 마이닝, 의공학응용을 위한 마이크로 그래비티 연구, 무선파워, 우주통신, 지구관측데이터과학, 우주항공안전, 우주농업, 우주식품영약학 등 인류가 우주에서 안전하게 활동할 수 있는 지속가능성 기술에 적극적인 연구개발 투자가 필요합니다.

둘째, 지상에서의 인류를 윤택하게 하는 모든 기술이 우주에서도 필요한 시점이 도래하였기 때문에 융합적 연구를 통해 개발을 도모해야 합니다. 항공우주뿐 아니라, 전기전자, 기계, 소재, 에너지자원, 건설환경, 생명공학, 의공학, 농공학 전문가 집단의 범학문적인 융합연구가 필요합니다. 효율적으로 우주개발 융합연구에 투자하기 위해서는 국제협력이 필요한 임무뿐 아니라 국내 독자적인 임무 목표를 중심으로 다학제적인 소요기술을 분야별로 식별하여 중장기적인 기술로드맵을 기초로 한 연구개발 투자가 필요합니다. 특히 우주개발 선도국의 임무를 추격하기보다는 우리나라가 강점인 정보통신, 전기전자 등 선도기술을 응용한 새로운 경제가치를 창출할 수 있는 연구개발 정책이 중요합니다. 국제협력이 필요한 임무는 미국이 2028년까지 달에 유인기지를 건설하는 아르테미스 계획입니다. 아르테미스 계획에서는 달 탐사에 SpaceX(社)의 '팰컨 헤비' 발사체와 '스타쉽' 착륙선을 활용하는 것으로 계획되어 있습니다. 또한 심우주통신, 항법기술, 착륙선 및 로봇이 관련 우주산업으로 자리매김하고 있으며 달 기지 최초 통신장비 구축은 핀란드의 노키아로 선정되어 달에 LTE이동통신망 구축 계획을 수립하였습니다. 우리나라도 세계시장을 선점하고 있는 우위기술을 중심으로 국제협력 우주외교를 통해 아르테미스 계획에 적극적으로 참여하여 관련 기술을 확보하는 전략이 필요합니다.

또한 연구개발 투자를 위해서는 우주기술 국가경쟁력 향상을 위해 산학연의 전문가 의견을 적극 반영하여 세계 최고 기술우위를 선점할 가능성이 높은 분야, 세계 최고 기술 선점은 어렵지만 반드시 추격이 필요한 분야, 다양한 산업으로의 파급효과가 기대되는 도전적 기초연구 분야 등으로 나누어 우주개발사업을 기획해야 할 것입니다.

셋째, 기존 공공 R&D를 중심으로 한 연구개발 정책에서 민간의 우주 기술개발 및 새로운 사업화를 위한 지원사업을 추진해야 합니다. 국내에서 나로호, 누리호의 중소형 발사체를 독자개발하고 위성설계 기술은 해외수출까지 할 수 있는 단계로 고도화되어 있지만 재사용 발사체 등을 포함한 대형발사체와 우주탐사 관측 기술분야에서는 우주기술 선도국과 10년 이상의 기술격차가 있는 현실입니다. 특히 다목적 실용위성의 경우 소재 부품 장비의 국산화율이 40~60%에 머물러 있어 더욱 과감한 투자가 필요합니다.

따라서 민간을 중심으로한 자생적 우주산업 생태계를 조성하기 위한 연구개발 사업뿐 아니라 인력양성과 관련 제도마련이 시급합니다. 현재 국내 우주기술 산업은 대부분 매출 10억원 미만의 영세한 업체로 공공주도 우주기술의 민간으로의 이전사업을 추진해야 합니다.

국내의 우주개발 기술 산업규모는 2020년을 기준으로 3.42조원으로 전 세계 우주시장 규모(2020년 기준 약 386조원) 대비 1% 정도의 수준입니다. 대다수의 국내 우주산업 기업은 공공사업 의존도가 높은 상황으로 영세한 수준에 머물고 있습니다.

민간 우주산업 생태계구축을 위해 해결해야 할 대표적 과제는 첫째, 우주개발 기술 전문인력의 노령화와 신규인력의 부족, 둘째, 우주개발에 특화된 소재, 부품, 장비업체 기술의 국산화 사업 지원, 셋째, 공공개발 위성 및 발사체 기술의 민간 우주개발 기술로의 이전, 넷째, 우주개발 기술 중점사업 신규창업 지원 정책과 사업입니다.

우리가 직면한 전문인력양성 부족문제의 가능한 해결 방법은 다음과 같습니다. 대부분 항공우주연구원, 천문연구원, 국방과학연구소, 전자통신연구원에 산재되어 있는 우주개발 고급 전문인력을 관련 임무를 기준으로 민간 기업에 장기파견 또는 재취업시키는 방법으로 우주개발 기술인력을 집약하여 임무기반의 우주개발 기술을 지속할 수 있도록 장려합니다. 신규진입 우주개발 기술인력은 우리나라 우주사업전망의 불확실성으로 미래 우주분야에 진출 종사하기가 어려운 실정입니다. 국가차원에서 우주기술 교육인증제도를 도입하고 특급, 고급, 중급, 초급 기술자로 자격제도를 도입하여 신기술 교육을 꾸준히 실시합니다. 또한 우주기술 자격증 소지자에게는 우주인센티브를 지급하는 제도를 도입하고 우주산업 업체에 세제혜택과 같은 제도를 마련하면 신규 인력채용과 양성에 많은 도움이 될 것입니다. 과학기술인력과는 별개로 우주개발 기술인력 풀을 구성 관리하여 적극 활용하는 방안도 필요합니다.

아직까지 국산화율이 미진한, 소재, 장비, 부품기술 개발사업 촉진을 위해 우주기술부품의 인증체계를 마련하여 한국표준을 제정·설립하는 것이 필요합니다. 또한 첨단기술을 보유한 인력을 위해서는 신규창업을 전주기로 지원하는 방안도 좋겠습니다.

우주기술이전센터를 중심으로 공공개발 우주기술의 특허 등 지적재산권의 장벽을 완화하여 사업화하고자 하는 신규업체로의 기술이전을 도모하고 또한 산학연 공동연구개발을 통해 자생적으로 기술개발 역량을 키울 수 있는 체계적인 지원이 필요합니다.

NASA. (2014). Public－Private Partnerships for Space Capability Development: Driving Economic Growth and NASA's Mission.

US Government. (2020). National Space Policy of the United States of America.

관계부처 합동. (2022). 2045년 우주경제 강국 실현: 미래 우주경제 로드맵 이행을 위한 제4차 우주개발진흥기본계획(안).

21세기 뉴스페이스 시대 국가 우주개발 전략

10

안보와 수출을 담보하는 K-방산 고도화

● ● ●

소총도 못 만들던 우리나라는 이제 가격과 기술 경쟁력을 두루 갖춘 세계 8위 무기 수출국으로서 K-방산은 주요 수출산업이다. 국가안보와 세계 방산 시장 주도를 위한 첨단 국방과학기술 확보와 수출 고도화 전략은?

소총도 못 만들던 우리나라가 어떻게 모든 병기 분야에서 최첨단 현대 무기를 독자 개발하고, 나아가 성능과 가격경쟁력을 갖춘 세계 8위의 무기 수출국이 될 수 있었나요?

우리나라 국방과학기술의 발전

백홍열 우리나라가 현재와 같이 방산 선진국이 될 수 있었던 것은, 지난 반세기 동안 변함없이 되풀이되는 북한의 군사 위협 속에서 대한민국을 지키기 위해, 국방과학기술을 끊임없이 발전시켜 왔기 때문입니다. 그리고 그 뒤에는 자주국방의 기치 아래 국방과학연구소를 설립하고 경제발전 전략의 일환으로 방위산업을 일으킨 박정희 대통령이 있었습니다. 1967년 과학기술입국의 기치 아래 KIST를 설립한 박정희 대통령은, 1970년에는 자주국방의 기치 아래 "국방의 초석"으로 국방과학연구소(ADD)를 설립하고 북한의 남침 위협에 맞서 무기 국산화에 매진하였습니다. 그 결과 국방과학연구소는 번개사업을 통해 소총, 박격포, 곡사포 등 대부분의 기본 병기를 단기간에 국산화하였으며, 개발된 이들 병기를 국내기업이 생산함으로써 우리나라 방위산업의 기틀을 마련하였습니다. 이후 미군 철수 등 급변하는 국제정세 속에서 북한의 핵미사일개발에 대응하기 위해 국방과학연구소는 북한 전역을 타격할 수 있는 지대지 미사일 개발에 착수하였고, 1978년 마침내 우리나라 최초의 미사일인 백곰 개발에 성공하였습니다. 공식 확인된 바는 아니지만, 이때 우리나라도 핵무기 개발을 같이 추진하였으나 이를 알게 된 미국의 강력한 반대로 포기할 수밖에 없었고, 백곰 미사일 사거리도 한미 미사일 협정을 통해 180km로 축소된 것으로 알려져 있습니다.

이후 백곰 미사일 개발 성공에 고무된 국방과학연구소는 당시 특별팀을 만들어 우주발사체 개발계획까지 검토하였으나, 제5공화국이 수립되며, 800명에 이르는 과학기술자들이 국방과학연구소를 떠나야 하는 아픔이 있었고, 그 여파로 1980년대 초 우리나라의 국방과학기술은 크게 후퇴하였습니다. 그러나 1983년 아웅산 사태로 정부가 다시 국방과학기술 개발에 투자하면서 대한민국의 국방과학기술은 다시 도약할 수 있는 전기를 맞게 됩니다. 이에 따라 1980년대 우리나라는 국방과학연구소를 중심으로 K2 신형소총, 다연장로켓, 장갑차, 잠수정 등 선진국의 주요 무기체계들의 성능을 개량해 국산화하였고, 첨단무기 분야에서도 현무 지대지 유도탄, 해룡 함대함 유도탄 등을 개발하며 선진국이 보유한 첨단무기를 독자 개발할 수 있는 능력을 배양하였습니다.

이런 기술적 능력과 경험을 바탕으로 1990년대에는 K9자주포, 천마 단거리 지대공 유도무기, 무인정찰기, 중어뢰, 함정용 전자전장비, KT 기본훈련기 등 그동안 우리나라 육해공군이 수입할 수밖에 없었던 정밀 무기체계를 독자 개발하게 됩니다. 사실 각 군은 그동안 정밀무기의 경우 국산 무기는 개발에 시간이 오래 걸리고 성능도 떨어질 것으로 생각해, 미국·프랑스 등 선진국의 무기 도입을 선호하였습니다. 그러나 1990년대를 거치며 점차 국산 무기도 성능이 뒤떨어지지 않고 정비유지와 후속 군수지원 등에도 장점이 많다는 점을 인식함에 따라 첨단무기에 대한 국내 개발 요구가 급속히 증가하게 되었습니다. 여기에는 단순

그림 10-1 MUAV 중고도 무인기

히 군 소요만 만족시키는 무기 획득이 아니라 그 무기가 운용돼 폐기될 때까지 드는 전순기 비용과 국가 경제에 미치는 영향까지 모두 고려해 무기체계의 획득 방안을 결정하는 국방정책도 큰 역할을 하였습니다.

이런 배경하에 2000년대에는 중거리 정밀 탄도탄, 순항미사일, 중거리 지대공 유도무기, 신궁 휴대용 대공미사일, 함대함 미사일, 경어뢰 청상어, 군 위성통신 등 거의 모든 군 전력 분야에서 첨단무기를 독자 개발하는 데 성공하였습니다. 그리고 2010년 이후에는 전술 지대지 유도탄, 장거리 지대공 유도무기, 중고도 무인기, AESA 등 고도 정밀 무기를 개발함으로써 세계 수준의 첨단무기를 독자 개발할 수 있는 기

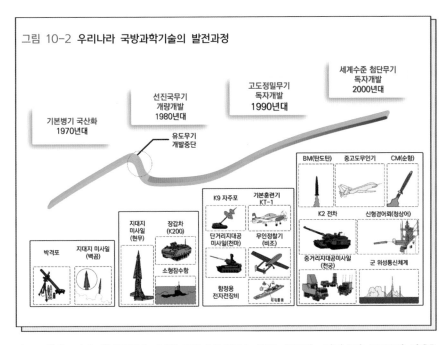

그림 10-2 **우리나라 국방과학기술의 발전과정**

세계수준 첨단무기
독자개발
2000년대

고도정밀무기
독자개발
1990년대

선진국무기
개량개발
1980년대

기본병기 국산화
1970년대

유도무기
개발중단

박격포

지대지 미사일
(백곰)

지대지
미사일
(현무)

장갑차
(K200)

소형잠수함

K9 자주포

기본훈련기
KT-1

단거리지대공
미사일(천마)

무인정찰기
(비조)

함정용
전자전장비

BM(탄도탄)   중고도무인기   CM(순항)

K2 전차   신형경어뢰(청상이)

중거리지대공미사일
(천궁)   군 위성통신체계

자료: 헤럴드경제, "'자주국방 초석' 국방과학연구소 창립 45주년…경제효과 297조원 창출",
2015.07.29

술 역량을 확보하였습니다. 또한 2021년 한미 미사일지침이 해제됨에
따라 숙원이었던 고체 우주발사체 개발에도 성공하였습니다. 그 결과
현재 우리 군이 사용하는 핵심 무기 294종(2023년 기준)을 국내연구개
발로 전력화하였고 국방과학기술 수준도 미국 대비 79%로 세계 9위
수준으로 평가받고 있습니다. 국방과학연구소가 설립된 1970년부터
2020년까지 지난 50년 동안 국방과학연구소의 연구개발 투자비는
41.2조 원으로 이에 대한 총투자 효과는 전력 증강, 기술 파급, 예산
절감 등 경제효과를 포함 약 11배인 442.7조 원의 경제효과를 창출한
것으로 분석되었습니다.

우리나라 방산수출 현황

그동안 우리나라는 국방과학기술의 눈부신 발전에 힘입어 최신 탱크, 자주포 등 기존 병기뿐만 아니라 정밀 미사일, 전투기 등 첨단무기를 개발해 생산하고 있으며, 최근에는 북한의 위협에 대처하기 위해 새로운 한국형 독자 무기도 개발해 배치하고 있습니다. 그리고 이렇게 개발된 국산 무기들의 성능과 가격 경쟁력을 바탕으로 그 어느 국가보다 빠르게 방산수출이 증가하고 있습니다. 그 결과 이제 K-방산은 국가 안보뿐만 아니라 국가 경제도 지키는 대한민국의 주요 수출산업으로 성장하였습니다.

방산수출은 방위산업체의 가동률을 높여 국가안보뿐만 아니라 국가 경제발전에도 큰 역할을 할 수 있습니다. 우리나라의 방산수출은 1975년 풍산이 M1 소총용 탄약을 필리핀에 수출한 이후 1990년대에 K200 장갑차 111대를 말레이시아에 수출하기 시작하였습니다. 그리고 이제는 수출하는 무기도 전차, 자주포로부터 함정, 잠수함, 항공기 미사일 등 최첨단 무기로 다양화되고 있고, 수출시장도 동남아에서 중동, 남미로 확대되고 있습니다. 최근에는 우크라이나 전쟁의 여파로 폴란드를 비롯해 유럽에도 K-9 자주포, K-2 전차 등 핵심 병기를 수출하고 있고, 아랍권에도 천무 등 초정밀 지대지 유도탄과 북한 핵미사일을 방어하기 위해 개발한 천궁 등 대공 유도탄을 수출하고 있습니다. 2023년 기준 우리나라는 세계 8위의 방산수출 국가로서 수출액은 170억 달러에 이르고 있으며, 이런 추세가 계속된다면 방산수출 4대 강국으로 진입해, 방위산업을 고부가가치 차세대 수출산업으로 발전시킬 수 있을 것입니다.

방산기술 혁신

앞으로 미래전은 어떻게 변화하고 있으며, 미래전에 대비하기 위해 선진
국들은 어떻게 국방 기술혁신을 추진하고 있나요?

미래전의 변화

백홍열 국방과학기술 발전은 미래의 전쟁 양상에 크게 달려 있으며,
이를 예측하는 것이 매우 중요합니다. 인류 역사를 되돌아보면 언제나
기술 발전이 전쟁의 패러다임을 변화시켜 왔으며, 특히 폭발하고 있는
21세기 과학기술의 발전을 고려할 때 앞으로의 전쟁은 과학기술의 전
쟁이 될 수밖에 없습니다. 특히 컴퓨터와 우주 기술의 발전은 미래전을
육해공을 넘어 사이버 및 우주 공간까지 포함하는 5차원 전쟁으로 확장
했으며, 전쟁 양상도 기존의 물량 위주의 화력전에서 무인 자율화, 통
합 네트워크, 그리고 원거리 정밀타격에 의한 효과 중심의 전쟁으로 변
화하고 있습니다.

한편 미사일 기술이 획기적으로 발전함에 따라 미래전은 원거리
정밀타격이 중심이 될 것이며, 이에 따라 비행장, 방공기지, 지휘통제소
등 고정 군사시설은 물론, 그동안 지상 해상 및 하늘에서 전투를 주도
했던 전차, 함정 그리고 항공기의 전투 생존율이 낮아져 그 역할이 크
게 변화할 것으로 예상됩니다. 따라서 이런 미래전에서 승리하기 위해

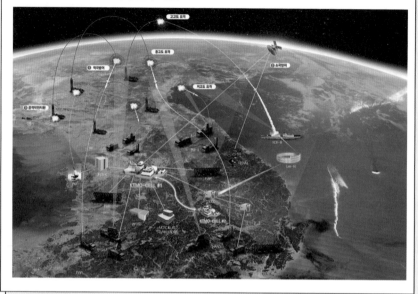

그림 10-3 미래 5차원 우주전의 개념도

자료: 한화시스템

서는 먼저 보고(감시정찰), 먼저 판단하여(지휘통제), 먼저 공격(정밀타격)할 수 있는 능력과 함께 인적 피해를 최소화하고 전투 효율을 극대화할 수 있는 무인전투체계와 미래 신개념 무기, 그리고 이를 통합하는 네트워크 구축이 필요합니다.

특히 정보통신 기술의 획기적인 발전에 힘입어 미래전은 네트워크 중심의 전쟁으로 급속히 변화하고 있으며, 체계적인 작전통제하에 효과 중심의 전쟁방식으로 발전할 것입니다. 그리고 여기에 AI 기술이 접목된다면 엄청난 변화가 올 것으로 예상됩니다. 특히 로봇과 드론을 이용한 무인 무기들이 대량으로 도입되면, 미래전은 네트워크 기반의 무인 자율전투체계로 패러다임이 바뀔 것입니다.

이런 미래전의 변화에 따라 미래 무기체계도 하드웨어 중심에서 소프트웨어 중심으로, 개별 플랫폼 중심에서 종합 네트워크 중심으로, 화력 위주에서 정밀타격으로, 유인 반자동에서 무인 자동화 시스템으로, 대량 살상에서 비살상 제압으로 진화하고 있습니다. 또한 현대전의 핵심인 감시정찰 능력도 전 지구적으로 초정밀 실시간 전장 감시가 가능케 될 것이며, 이와 함께 기존 무기체계를 뛰어넘는 미래 신개념 무기들도 개발될 것입니다.

이에 따라 군의 전쟁 수행 능력도 2차 세계대전에서는 6일당 1개의 작전을 수행하였고 사단의 전투영역도 80㎢에 불과했지만, 걸프전에서는 1일당 148개의 작전을 동시에 수행하고 사단의 작전 영역도 10,000㎢로 확장되었으며, 앞으로 미래전에서는 시간당 1,500개의 작전을 동시에 수행하고 사단의 전투영역도 15,000㎢에 이를 것으로 예상됩니다. 정찰탐지, 지휘통제 및 정밀타격 능력도 걸프전에서는 적군 활동의 15%를 탐지해 24시간 이내에 명중률 65%로 타격했다면, 미래전에서는 적군 활동을 100% 탐지해 1분 이내에 명중률 100%로 타격할 것입니다. 즉 미래전에서는 감시정찰 체계를 통해 적을 먼저 보고, 이를 전장 네트워크를 통해 즉시 전파하고, 모아진 정보를 AI 기술을 통해 즉각 분석하고, 지휘통제 체계를 통해 먼저 판단하여, 정밀타격 무기로 먼저 공격하게 될 것입니다.

그리고 이런 미래전을 뒷받침하기 위해서는 기존 무기체계의 성능을 획기적으로 발전시키는 한편, 혁신적인 기술을 통해 신개념 미래 무기들을 개발해야 합니다. 우선 감시정찰 분야에서는 인공위성, 성층권 비행선, 고고도무인기, 드론 등 여러 플랫폼을 이용해 전 지구를 정찰하는 초고해상도, 주야간 전천후, 실시간 감시 시스템이 구축될 것입니다. 또한 적의 정보를 정확히 분석하기 위해서는, 일반 광학뿐만 아니라, 적외선, 초분광, SAR 등 다양한 관측 센서를 이용해 여러 정보를 수집하는 것이 필요합니다. 한편 지휘통제 분야는 네트워크 중심의 AI 기반 C4I 체계로 발전할 것이며, 여기에 우주통신 및 위성항법이 중요한 구성요소로 활용될 것입니다. 이와 함께 정밀타격무기는 초정밀 초고속 고화력 장거리 유도무기로 발전할 것이며, 현재는 UN 협약으로 금지되어 있지만 국제정세에 따라 우주 기반의 스타워즈 무기가 등장할 가능성도 있습니다.

특히 미래전의 가장 중요한 변화는 로봇, 드론 및 AI 기술을 이용한 무인 전투체계이며, 여기에는 무인전투기, 무인정찰기, 자폭 드론, 무인함정, 무인전차, 전투로봇 등이 IOT 기술을 통해 네트워크 중심의 미래 지휘통제 체계와 결합해 유무인 복합체계로 운영될 것입니다. 그리고 이런 무인 시스템들이 전장의 3D 임무를 대부분 처리하게 될 것입니다. 한편 미래 병사체계에도 획기적인 변화가 예상됩니다. 특히 고에너지 팩을 장착한 소수 정예의 장갑 보병은 C3I 등 첨단 웨어러블 장비를 장착하고 막강한 화력을 구사하며 무인 무기체계와 협동으로 지상 전투임무를 주도하게 될 것입니다.

또한 급속히 발전하고 있는 탐지추적 및 정밀타격 기술에 대응하기 위해 전장의 스텔스화가 국방기술의 주요 화두로 떠오르고 있습니다. 전파 반사를 줄여 레이더로 탐지가 어려운 스텔스기와 저소음 잠수함은 이미 실전배치가 되고 있고, 광학은 물론 열적외선으로도 보이지 않는 투명망토 기술도 개발하고 있습니다. 그 외에도 고출력 레이저포, 전자기포, 초공동 어뢰, 초저주파 음향무기, 탄소섬유탄, EMP 무기, 사이버 무기 등 다양한 미래 신개념 무기들이 개발되고 있습니다.

세계 국방 기술혁신 동향

현재 세계 주요 선진국들은 모두 국방 기술혁신을 강력히 추진하고 있으며, 신개념 첨단무기를 개발하고 이를 통해 미래 전장을 주도하기 위한 다양한 노력을 기울이고 있습니다. 그러나 이에 필요한 첨단 국방과학기술은 단기간 내에 확보되는 것이 아니며 지속적인 투자와 도전적인 연구개발을 통해서만 가능합니다.

한편 국방과학기술의 발전은 군의 무기 획득 방안과 밀접한 관계가 있으며, 크게 소요기반형과 소요창출형의 두 가지 형태로 구분할 수 있습니다. 소요기반형은 먼저 군이 미래의 전장 환경을 분석해 필요한 무기체계의 소요를 제기하고 이를 맞춤형으로 개발하는 방식입니다. 반면 소요창출형은 급변하는 기술발전을 신속히 반영하기 위해 과학기술 측면에서 신개념 무기체계를 군에 제안하여 개발하는 방식입니다. 기존에는 대부분 소요기반형으로 무기를 개발하였지만, 21세기에 들면서 급격한 기술 발전을 따라잡기 위해 점차 소요창출형으로 전환되고 있으며, 이를 통해 혁신적인 무기체계들이 개발되고 있습니다.

이처럼 현재 주요 선진국들은 모두 국가 역량을 총동원하여 과학기술 중심의 국방혁신을 추진하고 있으며, 특히 급격히 발전하는 민간의 최신 기술을 국방에 활용하기 위해 민군협력을 강화하고 있습니다. 특히 미국은 과학 기술력을 바탕으로 세계 최강의 군사력을 보유하고 있으며, 우리나라도 미국의 국방과학 기술혁신 정책을 정확히 분석해 벤치마킹할 필요가 있습니다.

미국의 국방기술 혁신정책

　미국은 냉전 시대에는 대량 군사 보복을 통한 1차 상쇄전략, 그리고 냉전 이후에는 군사혁신을 통한 2차 상쇄전략을 통해 군사력 우위를 유지해 왔습니다. 그러나 다른 경쟁국들도 첨단 기술을 활용하여 국방기술력이 비약적으로 발전함에 따라, 상대적으로 미국 군사력의 근간인 국방과학기술의 우월적 지위가 약화되었습니다. 이에 따라 신 냉전구도 속에서 중국·러시아 등 군사 경쟁국들의 기술 추격을 따돌리고 현재의 군사력 우위를 지키기 위해, 미국은 국방과학기술 혁신을 통한 3차 상쇄전략을 추진하고 있습니다. 그리고 이번 3차 상쇄전략의 핵심은 급속히 발전하고 있는 민간 분야의 기술을 국방 분야에 신속히 도입함으로써 압도적인 국방과학 기술력을 유지하고 국방혁신을 가속시키는 것입니다.

　이를 위해 미국은 국방과학기술 총괄책임자로 연구공학 국방차관직을 신설하여 3차 상쇄전략과 기술 중심의 국방혁신을 주도하고 있으며, 양자 기술, AI 등 3대 영역 및 14대 핵심 국방과학기술 분야에 집중 투자하고 있습니다. 또한 지난 60년간 미국의 국방기술 혁신을 선도해 온 미 국방고등연구소 DARPA는 최장 9개월인 국방 신기술 '씨앗 뿌리기'사업을 통해 제안된 국방 신기술의 구현 가능성을 확인하고, 그 결과를 국방 기술혁신에 활용함으로써 큰 성과를 내고 있습니다. 이와 함께 민간 기술을 국방 분야에 신속히 도입하기 위해 국방혁신단을 신설하여 AI, 우주 등 5대 분야에 집중투자하고 있습니다.

　그러나 미국의 기존 무기 획득 시스템은 규제가 많고 복잡하며 경직되어 있어 급변하는 21세기 국방 기술혁신에 큰 한계로 작용해 왔습니다. 이에 따라 미 국방부는 국방 기술의 혁신 속도를 높이기 위해 사업책임자가 상황에 따라 최적의 획득 방안을 선택할 수 있는 적응형 획득 제도를 도입하였습니다. 적응형 획득 제도는 기존의 4개 획득 방식과 함께 긴급 획득 방식과 중간단계 획득 방식이 추가돼 총 6개의 획득 방식으로 구성되어 있으며, 신무기 개발이 결정되면 사업책임자는 이 중 적절한 획득 방식을 선택할 수 있습니다. 통상 기존의 획득 방식은 무기를 개발해 전력화하기까지 10~20년이 걸리지만, 긴급 획득 방식은 2년, 중간단계 획득 방식은 5년 이내에 전력화할 수 있습니다. 이에 따라 이 제도는 군이 요구하는 무기체계를 저렴한 비용으로 신속히 제공함으로써 근래 가장 혁신적인 국방획득 정책으로 평가받고 있습니다.

이렇게 미국의 국방 기술혁신이 큰 성과를 낼 수 있는 데에는, 획득 제도개선과 함께 이를 실현시킬 수 있도록 국방계약에 있어 기타거래권한을 허용해 주었기 때문입니다. 즉 그동안 긴 국방획득 절차의 주요 원인이었던 기존의 국방계약 관련 연방 규정 일부를 면제받음으로써 무기 개발에 필요한 계약을 신속히 체결할 수 있었을 뿐만 아니라, 그동안 정부와의 협력에 소극적이었던 첨단기업들의 참여와 경쟁을 촉진해 국방 기술혁신을 가속할 수 있었습니다. 이에 따라 미국의 전체 국방연구개발 예산 중 기타거래권한이 적용되는 비중이 증대되고 있습니다.

중요 강대국들의 국방기술혁신 정책

우선 중국은 미국과의 기술패권 경쟁에 대비하기 위하여 장기 육성이 필요한 7대 과학기술을 포함한 '14.5 규획'을 마련하여 수행 중입니다. 이와 함께 인공지능 분야 초강국을 목표로 과학기술혁신 2030 프로젝트도 추진하고 있으며, 과학기술 인재를 양성하여 미국을 능가하는 과학기술 강국으로 부상하는 것을 목표로 삼고 있습니다. 또한 미국에 이어 세계 2위의 국방예산을 바탕으로 국방과학기술을 통한 군사력 증강을 도모하고 있습니다.

유럽연합은 공급망 문제를 타개할 기술혁신에 주력하고 있으며, 총 955억 유로 규모의 유럽 지평선 프로그램에 따라 혁신적인 기술의 연구개발과 혁신기업에 대한 투자를 총괄하는 유럽혁신위원회를 출범시켰습니다. 또한 2022년도에는 신생기업과 획기적 신기술 연구에 17억 유로를 투자하는 등 기술혁신을 강력히 추진하고 있습니다. 한편 영국도 첨단 국방과학기술 분야의 우위를 점하기 위해 발전 전략을 수립하고 투자를 확대해 기술혁신을 통한 국방력 강화에 많은 노력을 기울이고 있습니다.

일본도 5년간 1,000억 엔 규모의 기금을 창설하여 인공지능·양자 컴퓨터·바이오·로봇 기술 등 미래 경제발전 및 국방력 강화에 필요한 분야에 적극적으로 투자하고 있습니다. 또한 무인체계 등 국방연구개발 4대 중점분야를 설정하여 적극적으로 국방과학기술을 개발하고 있습니다.

이스라엘은 국방과학기술 분야의 강소국으로 선택과 집중을 통해 가장 성공적으로 국방 기술혁신을 추진하고 있으며, 그 중심에는 탈피오트 제도가 있습니다. 탈피오트(Talpiot)는 히브리어로 '최고 중의 최고'를 뜻하며, 1973년 10일 전쟁 후 첨단무기 개발을 목적으로 설립된 기술 인력양성 프로그램입니다. 매년 과학, 수학, 물리 분야의 우수한 인재 50명을 선발하여 예루살렘의 히브리 대학에서 40개월간 수학 후 장교로 6년간 군 연구기관이나 방산업체에 복무하게 되며, 전역자는 탈피온(Talpion)으로 불리며 현재 이스라엘의 방산 벤처사업을 주도하고 있습니다.

북한은 현재 미사일 등 첨단무기뿐만 아니라 핵무기까지 개발해 우리나라를 위협하고 있는데, 국방과학기술을 고도화하여 대한민국을 굳건히 지키고 북한을 압도하는 방안은 무엇인가요?

북한의 군사 위협

백홍열 2006년 10월 9일 북한 풍계리에서 진도 3.9의 인공지진파가 관측되었습니다. 북한의 핵무기 위협의 서막이 올라간 것입니다. 북한은 6.25전쟁 이후 미국이 있는 한 핵무기와 이를 운반할 미사일 없이는 남한을 무력 통일하는 것은 불가능하다고 판단하고, 지난 70년간 일관되게 미사일과 함께 핵무기를 개발해 왔습니다. 이를 위해 1955년 원자 및 핵물리 연구소를 설립하였고, 1962년부터는 영변에 원자로를 가동하였으며, 1990년에는 핵무기 연료를 생산할 수 있는 핵 재처리 시설을 구축해 핵무기 개발에 박차를 가하여 왔습니다. 그리고 드디어 2006년 핵실험에 성공한 것입니다. 이와 함께 북한은 김일성의 지시로 1962년 함흥 군사연구소를 설립 미사일 연구를 시작하였고, 그 결과 1984년에는 스커트B를 역설계한 사거리 300km의 화성 5호 개발에 성공하였습니다. 이후 노동, 무수단 등을 거쳐 1998년에는 대륙간 탄도탄인 대포동 1호를 개발하였으며, 2006년에는 핵실험과 함께 대포동 2호로 우주 로켓을 시험 발사하였습니다. 현재는 군 정찰위성을 우주로 발사하고 있을 뿐만 아니라 순항미사일, 잠수함 발사 탄도탄, 무인기 등 현대 무기들도 개발하고 있습니다. 이러한 첨단무기 외에도 북한은 휴전선 부근에 배치된 수 천문의 장사정포로 서울을 불바다로 만들겠다고 위협하고 있으며, 최근에는 남한에 대한 핵 선제타격을 기정사실로 하며 핵어뢰 공격까지 공언하고 있는 상황입니다. 또한 사이버 공격 특별부대를 창설하여 전쟁 초기 군 지휘통제 체계와 함께 우리나라의 정보통신 인프라를 무력화시킬 계획이며, 평시에도 다양한 사이버 공격을 시도하고 있습니다.

북한의 군사 위협에 대비한 전력 강화 방안

이에 따라 우리나라는 북한의 군사 위협과 미래 전쟁에 대비하기 위해 지휘통제, 감시정찰, 정밀타격, 무인화 그리고 우주 및 사이버의 5대 분야를 선정해 집중적으로 전력을 강화해 왔습니다. 그리고 이와 연계하여 정밀타격무기, 미사일 방어무기, 북한의 위협에 대비한 맞춤형 무기, 감시정찰 및 사이버 무기, 무인 무기 및 육해공군의 최첨단 무기와 함께 고출력 레이저무기, 전자기포, 미래 병사체계 등 국방 신개념 무기를 개발해 왔습니다.

특히 최근에는 미래전에 대비한 국방혁신 4.0을 추진하고 있으며, 그 첫 번째 과제는 북한의 핵미사일 위협을 압도할 수 있는 대응능력을 확보하는 것입니다. 이를 위해 북한의 도발 시 대량 응징 보복능력을 획기적으로 강화하고, 복합 다층 방어체계로 수도권 및 국가 주요시설에 대한 방어 능력을 촘촘히 구축할 계획입니다. 우선 북한의 도발 징후가 있으면 초전에 다양한 정밀유도무기와 전투기를 동원하여 북한의 전력을 괴멸시키고, 일부 살아남은 공격력에 대해서는 이미 구축되고 있는 고고도, 중고도, 저고도의 대 탄도탄 3중 방공망으로 무력화시킨다는 전략입니다. 북쪽 산 경사면 터널 안에 배치돼 기존 무기로는 타격이 어려운 북한 장사정포에 대해서도, 이를 무력화시킬 수 있는 맞춤형 초정밀 유도탄을 이미 개발해 배치하고 있습니다. 그러나 이를 위해서는 먼저 북한 전역에 대한 실시간 감시정찰이 필요하며, 다수의 광학, 적외선, 그리고 SAR 정찰위성을 지구 극궤도에 배치해 정밀 위성 감시체계를 구축하고 있습니다. 그러나 극궤도 특성 및 제한된 위성 수량으로, 현재의 정찰위성 체계로는 북한의 핵전력을 완벽히 탐지하기에는 한계가 있으며, 이를 보완하기 위해 전쟁 징후가 포착되면, 정찰위성을 저궤도에 즉시 투입해 작전기간 동안 전쟁지역을 정밀근접 감시하는 계획과 함께, 북한 미사일을 발사 즉시 탐지할 수 있는 한국형 조기경보위성의 개발도 검토하고 있습니다.

두 번째 과제는 사이버 공격 등 비대칭 위협에 대한 효율적인 대응입니다. 현대전에서는 사이버 및 전자전이 전쟁의 승패를 결정짓는 게임체인저가 될 수 있으므로 공수 양면에서 이에 대한 대비가 필요합니다. 이는 기존의 지휘통제 시스템뿐만 아니라, 앞으로 드론 등 많은 무기체계가 무인화됨에 따라 이들이 원거리에서 사이버 공격을 당할 경우 치명적인 결과를 초래할 수 있기 때문입니다. 따라서 무기 개발 단계부터 전자전 및 사이버 공격에 대비한 방비책을 마련할 계획입니다.

세 번째 과제는 미래 전쟁환경에 대비해 AI 기반의 유무인 복합 전투체계를 구축하는 것입니다. 유무인 복합 전투체계는 네트워크 중심의 지휘통제 체계 안에서 유무인의 모든 무기체계를 초연결하여 AI를 기반으로 모든 위협에 신속하게 대응하기 위한 것입니다. 2040년에는 가용한 병사자원이 15만 명에 불과한 점을 고려할 때, 우리나라의 무기체계는 급속히 자동화 수순을 밟을 수밖에 없으며 또 무인화가 될 것입니다. 이런 상황에서 AI 기반의 유무인 복합전투체계는 전쟁을 효율적으로 수행하기 위한 필수적인 선택입니다.

국방과학기술의 고도화 방안

이렇게 급변하는 안보 환경 속에서 북한의 위협과 미래전에 대비하기 위해서는 과학기술 중심의 국방혁신 전략이 유일한 해결책이 될 것입니다. 따라서 우리나라의 국방과학 연구개발은 첫째, 창의적이고 도전적인 연구로 국방 신기술을 개발해 국가 과학기술에 기여하고, 둘째, 국방 신기술 개발로 경제적이고 효율적인 미래 첨단무기를 개발해 자주국방에 기여하고, 셋째, 개발된 첨단무기를 수출해 일자리를 창출하고 국가 경제에도 기여해야 합니다. 그러나 이를 실현하기 위해서는 새로이 등장하는 혁신적인 국방 기술을 신속 과감하게 전력화할 수 있는 새로운 무기체계 획득 절차가 마련돼야 합니다. 특히, 첨단 신기술을 신속히 무기체계에 적용하기 위해서는 국방연구개발에 있어 유연성과 자율성을 보장해 줄 필요가 있습니다. 또한 민수기술이 앞서가고 있는 분야는 이를 국방 분야에 바로 적용할 수 있도록 적극적인 지원과 함께 신속한 전투 운용성 확인을 위해 다양한 전투실험을 수행할 수 있는 전담 국방조직도 필요합니다.

이렇게 북한의 핵무기 위협과 미래 전쟁의 변화 속에서, 지금 우리 대한민국은 외부적으로는 주변 강대국의 군사력 강화에 대처해야 하고, 내부적으로는 국방개혁에 따른 국방예산 축소와 함께 인구감소로 병력까지 감축해야 하는 이중의 도전에 직면해 있습니다. 그러나 위기는 곧 우리 군이 21세기 미래 강군으로 탈바꿈할 수 있는 절호의 기회가 될 수 있습니다. 인류 역사상 같은 전쟁이 되풀이된 적은 없으며, 승리는 언제나 누가 주도적으로 또 먼저 전쟁의 패러다임을 바꿨느냐에 달려 있었습니다. 따라서 우리 군도 20세기 전쟁의 패러다임에서 벗어나 첨단 국방과학기술을 바탕으로 새로운 개념의 미래전을 준비한다면 세계 최고의 강군으로 다시 태어날 수 있을 것입니다. 즉 최소의 인력으로 우주까지 확장된 전투공간을 담당할 수 있도록 새로운 작전개념과 신개념 무기체계를 신속히 개발한다면 북한의 군사력을 압도할 수 있을 것입니다.

10-4 K-방산 수출전략

현재 우리나라는 그동안 쌓아온 국방과학 기술력을 바탕으로 방산수출이 급격히 증대되고 있으며, 우크라이나 전쟁으로 이런 추세는 지속될 것으로 예상됩니다. 앞으로 우리나라가 해외 방산시장을 주도하고, 세계 4위의 방산 수출국으로 도약하기 위한 K-방산의 장기 발전전략은 무엇인가요?

K-방산을 위한 국방과학기술 발전 전략

백홍열　우리나라는 현재 '국방과학기술 7대 강국 진입'과 '4대 방산수출 국가 달성'을 위해 매진하고 있으며, 이를 위해서는 무엇보다 먼저 미래전에 대비한 혁신적인 국방 신기술을 개발해야 합니다. 국방 신기술이 있어야만 이를 바탕으로 새로운 첨단 무기체를 개발하고 기존 무기체계의 성능을 획기적으로 개량하여 자주국방은 물론 방산수출도 가능합니다. 그러나 국방과학기술의 꾸준한 성장에도 불구하고 미국과의 수준 격차는 여전하며, 특히 AI, 로봇, 레이저, 우주 등 국방 신기술 분야의 기술 역량이 부족합니다. 이를 해결하기 위해서는 우리나라도 국방비의 6%에 불과한 국방연구개발 예산을 늘리고, 소요기반형에서 벗어나 소요창출형 무기체계 개발을 확대해야 합니다. 이를 위해 우리 정부는 국방과학기술혁신 촉진법을 제정하여, 무기체계 소요가 없더라도 미래 도전적인 국방 신기술을 개발할 수 있는 법적근거를 마련하였고, 국방 전략기술 10대 분야와 분야별 세부 기술 30개를 선정하였습니다.

그러나 첨단 국방 신기술을 효율적으로 개발하기 위해서는 도전적인 연구개발과 함께 민군협력을 통해 민간의 우수 기술을 신속히 활용할 수 있는 개방형 연구개발이 중요합니다. 그동안 미국 등 선진국에서는 GPS, 인터넷 등 개발된 국방 신기술이 민간으로 이전돼 상용화되는 스핀오프 사례가 많았습니다. 그러나 최근 AI, 정보통신 등 민간 기술의 급격한 발전으로 민간 기술이 국방에 적용하는 스핀 온 사례가 증가하고 있습니다. 따라서 우리나라도 국방 신기술을 효율적으로 개발하기 위해서는 민군협력이 활성화될 수 있도록 민간 기술을 국방에 활용하는 개방형 연구개발을 강화해야 하며, 민군겸용기술사업도 확대할 필요가 있습니다.

따라서 한국형 DARPA를 표방하고 시작한 미래도전 국방기술개발사업의 성공을 위해서는 민간의 우수한 기술 역량과 창의적인 아이디어를 활용할 수 있도록 지속적인 제도개선이 필요하며, 우리도 DARPA처럼 민간의 혁신적 아이디어를 단기간 내에 검증하여 사업화할 수 있는 가칭 씨앗 뿌리기 과제의 신설도 고려해야 합니다. 이와 함께 일부 경직된 국방계약 규정을 면제하고 과제별 특성에 적합한 계약 방식을 적용함으로써 민간의 국방 신기술 개발을 활성화해야 할 것입니다. 이와 함께 국방과학 인재 양성을 위해 국방과학기술대학원을 설립하고 이스라엘을 벤치마킹한 한국형 탈피오트 프로그램의 도입도 필요할 것으로 판단됩니다.

그러나 가장 주요한 것은 연구원들이 연구개발에 몰두할 수 있는 환경을 마련해주는 것입니다. 국방연구개발은 행정절차가 많아 국방 신기술을 개발하기 위해서는 행정업무를 최소한으로 줄여줘야 합니다. 이런 뜻에서 우리 정부도 DARPA 홈페이지의 "혁신은 힘들다. 혁신적인 연구는 더 힘들다. 따라서 우리는 행정업무가 혁신에 방해가 되지 않도록 하겠다."라는 문구의 의미에 대해 고민해야 할 것입니다.

결론적으로 K-방산의 발전을 위해서는 선택과 집중을 통해 미래 전에 대비하고, 창의적이고 도전적인 국방 신기술 개발로 연구 패러다임을 전환하고, 개방형 연구개발로 민간 참여를 확대해야 하며 이와 함께 참여 연구자들이 연구개발에 몰두할 수 있도록 해야 할 것입니다.

방산수출 확대 방안

한국 무기의 가장 큰 장점은 가격 경쟁력과 빠른 공급 능력 등으로 분석되고 있으며, 러시아-우크라이나 전쟁과 미·중 갈등의 여파로 향후 전 세계 무기소요는 크게 증가할 전망입니다. 최근에는 수출 물량이 늘어나면서 설비 증설 및 시설 확장이 진행 중이나, 향후 이들이 유휴설비가 되지 않기 위해서는 추가 수출물량을 확보하고 미사일 등 첨단무기 수출도 지속해서 확대해야 합니다.

그러나 방위산업은 일반 제조업과는 달리 수요자가 국가로 제한되어 대부분 생산라인 유지 등 경제성을 충족시키기 어려운 특징이 있습니다. 또한 방산수출은 정부의 허가가 필요하고, 국제적으로도 바세나르체제 안에서 국제수출통제규정을 따라야 하는 제한이 있습니다. 그리고 장기간 운용되는 무기체계의 특성상 수출 후에도 지속적인 후속지원이 필요하며, 금융 면에서도 거래금액이 크고 거래 기간이 길어 대부분 수출신용기관을 통한 국가보증이 필요합니다. 이와 함께 방산수출은 그 특성상 단순 무기 구매를 넘어 국가 간 전략적 고려와 군사협력이

그림 10-4 세계 각국에 수출하는 명품 무기 K-9 자주포

함께 고려되기 때문에, 정부의 전폭적인 지원 없이는 추진하기 어려운 분야입니다. 이 때문에 주요 선진국들은 국익을 위해 방산 수출 전담조직을 운영하며 정부 간 거래, 금융 지원 등을 통해 방산수출을 지원하고 있습니다.

따라서 우리나라가 세계 방산시장을 주도하고 방산수출을 지속하기 위해서는 첨단국방과학 기술의 축적과 더불어 국가별 맞춤형 방산수출전략 수립과 정부의 전폭적인 지원이 요구됩니다. 즉 방산수출을 위한 범부처 차원의 통합 지원체계를 구축하고, 해당 국가별로 방산시장 수요조사를 통해 맞춤형 방산수출전략을 수립해야 합니다. 또한 국가 차원에서 방위산업체를 지원하고 우리 기업들이 방산수출을 확대할 수 있도록 제도적인 지원이 필요합니다. 다행히 최근 수출입은행법이 개정되어 앞으로 방산수출에 큰 도움이 될 것으로 예상됩니다.

또 방산수출은 일회성 판매가 아니라 무기 도입부터 폐기까지 전 과정에 대한 운용 지원과 향후 성능개량 방안이 제시돼야 합니다. 하나의 무기가 제대로 작동하기 위해서는 다른 무기체계와의 통합 운용이 필요하기 때문에, 개별 무기의 수출보다는 관련된 전체 무기체계를 같이 수출하는 것이 바람직합니다. 예를 들어 전투기를 수출하면 전투기 무장과 훈련용 비행 시뮬레이터도 같이 판매하는 방식입니다. 또한 수출 규모에 따라서는 정부가 전면에 나서 해당 국가와의 방산계약을 주도할 필요가 있습니다. 또한 방위산업이 지속 가능한 성장산업으로 발전하기 위해서는, 정책적 제도적 지원을 통해 국방 벤처기업들이 육성될 수 있는 방산 생태계를 조성해야 합니다. 또한 국가 차원에서 첨단 무기체계를 신속하게 전력화하고 이를 수출함으로써 규모의 경제를 이루고 선순환 구조를 구축하는 것이 매우 중요합니다.

이처럼 우리 대한민국이 미래 전쟁에 대비한 국방 신기술을 개발하고, 국가 차원에서 방산수출을 적극 지원한다면, 가까운 미래에 우리 K-방산은 차세대 주력 수출산업으로 우뚝 설 것입니다.

11

인구절벽 시대 과학기술인재 확보·육성

급격한 학령인구 감소로 2050년 이공계 대학원생 규모는 반토막이 나고 20여 개 대학만 일반대학원 운영이 가능할 것으로 예측된다. 미래 국가 핵심 인적 자원으로서 과학기술인재를 어떻게 확보·육성할 것인가?

11-1 과학기술 고급인력 확보

대한민국의 산업은 과학기술 인력의 능력과 성취에 달려있다고 봅니다. 인구감소 시대에 박사급 과학기술인력의 수와 질을 어떻게 담보할 수 있나요?

이긍원   우리나라 이공계가 산업발전에 큰 공헌을 하였음을 그 누구도 의심하지 않을 것입니다. 특히 박사급 고급인력은 세계적 수준에 다다른 높은 연구력을 가졌음에도 경쟁국가에 비해 낮은 임금을 받고 있습니다. 그럼에도 불구하고 우리나라 이공계 인력은 묵묵히 임무를 수행해 왔습니다.

이공계 박사급 인력의 적절한 수와 높은 경쟁력을 갖추는 것은 향후 국가 산업의 활력을 가늠할 척도가 될 것이기에 매우 중요합니다. **국내에서 박사급 인력을 확보하는 데 어려운 환경을 돌아보고, 이에 대한 대안을 짚어 보겠습니다.**

현재 수도권 대학의 학부 정원은 모두 채워지고 있지만, 이공계 대학원은 정원을 채우지 못한 지 오래 되었습니다. 서울대조차 그렇습니다. 지방의 이공계 대학원은 붕괴위기에 다다랐지요. 정부에서 발간하는 산업기술인력 수급동향을 보면 IT 분야 등에서 인력 부족 현상이 몇 년째 지속되고 있습니다. 전자상거래의 일상화에 따라 IT 분야가 확장

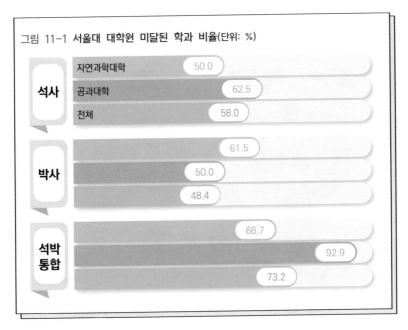

그림 11-1 서울대 대학원 미달된 학과 비율(단위: %)

석사
자연과학대학 50.0
공과대학 62.5
전체 58.0

박사
61.5
50.0
48.4

석박 통합
66.7
92.9
73.2

자료: 서울신문 2023.10.18

되고 더구나 AI시대로 전환되는 시점이기에 타 분야 이공계 인력까지 흡수하는 현상이 일어났습니다. 근래 반도체 분야 인력 수급에 어려움을 겪는 현상의 원인도 여기에 있습니다. IT와 반도체 업계에서 경쟁적으로 인력을 충원하다보니 자연스레 수도권 이공계 대학원마저도 정원을 채우지 못하는 현상이 속출하고 있습니다. IT기업의 임금이 반도체 산업분야의 임금을 추월하며 IT 분야로 우수인재가 흡수되고 있는 현상입니다. 반도체 회사에 취업을 원하는 대학 졸업자는 많은데 기업은 인력수급이 부족하다고 합니다. 기업이 요구하는 수준에 미치지 못해 지원자를 뽑지 못하는 것입니다. 기업이 원하는 우수인재는 학부만 졸업해도 탁월한 능력을 보여 뽑을 수 있겠지만, 보통 석사급 이상의 학력을 요구합니다. 이공계 대학원 진학률이 떨어지는 것은 이런 고급 인재

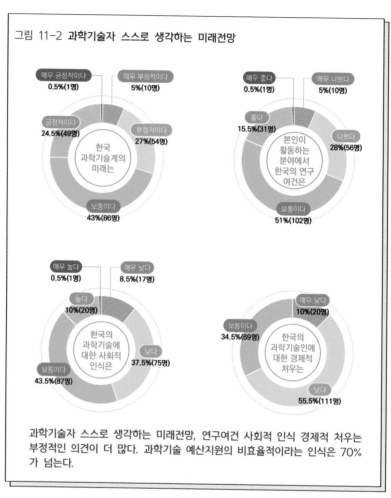

그림 11-2 **과학기술자 스스로 생각하는 미래전망**

매우 긍정적이다
0.5%(1명)

매우 부정적이다
5%(10명)

긍정적이다
24.5%(49명)

부정적이다
27%(54명)

한국
과학기술계의
미래는

보통이다
43%(86명)

매우 좋다
0.5%(1명)

매우 나쁘다
5%(10명)

좋다
15.5%(31명)

나쁘다
28%(56명)

본인이
활동하는
분야에서
한국의 연구
여건은

보통이다
51%(102명)

매우 높다
0.5%(1명)

매우 낮다
8.5%(17명)

높다
10%(20명)

한국의
과학기술에
대한 사회적
인식은

낮다
37.5%(75명)

보통이다
43.5%(87명)

매우 낮다
10%(20명)

보통이다
34.5%(69명)

한국의
과학기술인에
대한 경제적
처우는

낮다
55.5%(111명)

과학기술자 스스로 생각하는 미래전망, 연구여건 사회적 인식 경제적 처우는 부정적인 의견이 더 많다. 과학기술 예산지원의 비효율적이라는 인식은 70%가 넘는다.

동아일보 2009년 9월 25일 기사

의 양성에 빨간 불이 들어오고 있다는 것을 뜻합니다.

[그림 11-2]는 과학기술자들의 인식 조사결과 기사입니다. 경제적 처우가 낮다는 의견이 3분의 2 수준입니다. 또한 사회에서 과학기술자에 대한 인식은 약 절반 정도가 부정적이었습니다.

사실 대한민국에서 학부졸업자가 고급 석박사급 학위 취득을 망설이는 데에는 어려운 학위취득 이후의 진로와 대우에 대한 불안감이 있습니다. 이공계 인력이 대학교수와 국가출연연 연구직을 더 이상 동경하지 않게 된거죠. 대학은 등록금이 15년간 동결되어 교수의 인건비는 제자리에 머물렀고, 국가 출연 연구기관의 연구직은 과도한 정부의 간섭과 관리, 그리고 예측할 수 없는 연구비의 지원 때문에 연구의 자율성이 많이 훼손되어 있습니다. 고도의 수련과 노동에 비해 그 대가가 크지 않다는 것을 대학 졸업자가 이미 알고 있다는 의미입니다. 그래서 바로 학부 졸업과 동시에 상대적으로 대우가 많이 좋아진 기업체 취업을 선택하는 경향이 늘고 있습니다. 사실 석박사급 인력이 산업체로 많이 가는 것은 매우 바람직한 일입니다. 다만 석박사과정을 밟으며 연구훈련을 받고 깊이 있는 지식을 체계적으로 배울 기회를 건너뛰고 바로 산업현장으로 이동하는 인력이 늘고 있는 것은 국가의 학문발전과 미래산업의 경쟁력 관점에서 걱정되는 일입니다.

　　다음은 오랜 기간 석박사 과정을 밟으려는 학생의 불안감 해소에 관해 말씀드리겠습니다. 체계적으로 이공계 석박사 인력을 양성하는 데 가장 어려운 점은 연구지원의 항상성입니다.

　　우리나라는 유럽과 같이 국가와 지자체가 대학에 연구예산까지 통합지원하는 형태가 아니라 각 연구자가 국가과제에 경쟁체제로 지원하여 선발되면 지원하는 방식을 취하고 있습니다. 정부출연연의 연구자가 단기지원 기획성 과제를 따서 인건비를 메꾸는 PBS(project base system)도 마찬가지입니다. 오래 시간을 두고 깊이 있는 연구를 해야 하는 대학과 정부출연연은 연구비와 인건비 확보를 위해 단기적 성과 위주 경쟁으로 내몰릴 수밖에 없습니다. 대학원생 수급과 여건이 좋은 수도권의 대학은 더욱더 이 경쟁에서 유리해지고, 지방의 거점대학들은 도태되어 가는 과정이 반복되고 있습니다. 정부출연연도 외부에서 과제를 수주받아야 하기에 정부에서 발주하는 사업에 촉각을 곤두세울 수밖에 없어 장기적으로 집중하는 데 어려움이 있습니다. 깊이 있는 연구보다 시의성 있는 연구에 단기적으로 몰리는 구조입니다. 석박사 인력을 양성하려면 적어도 대학원생 연구진의 생활비는 끊이지 않고 지급할 수 있는 항상성이 담보되어야 합니다. 개인별 연구비의 지원보다 대학단위 연구소 단위의 지원을 확대하여 안정성과 연속성을 확보해야 합니다.

항상성을 유지하는 방안을 말씀드리겠습니다. 단기적 연구결과물로 연구를 정량적으로 평가하는 수준 낮은 관행에서 벗어나 과학기술인의 전문성을 존중하고 평판으로 평가하며 오랜 기간 연구에 몰두할 수 있도록 연구지원 시스템이 개선되어야 합니다. 작은 개인과제 하나하나 계약하는 지원기관의 마이크로 매니지먼트 시스템에서 벗어나 대학과 연구소에서 각자 특색 있고 앞서가는 연구를 오랜 기간 지속할 수 있도록 통합적으로 지원하는 시스템으로 전환되어야 합니다.

수능에서 심화과목인 물리Ⅲ 화학Ⅱ 생물Ⅱ 지구과학Ⅱ를 선택하는 학생은 1%에 불과합니다. 초중등 교육에서 과학문해력(scientific literacy) 향상을 위한 교육과정의 근본적인 대책은 무엇일까요?

이긍원　　고도화된 산업사회이며 성숙한 자본주의 사회로 진입한 대한민국의 국민소득이 증가 추세를 유지하려면 국민 한 사람 한 사람의 우수한 경쟁력이 요구됩니다. 인문사회과학적인 지식과 감성만큼 과학기술에 대한 상식과 논리적 사고방식의 수준 또한 높아져야 합니다. 우리나라 교육은 선진국의 산업기술계가 요구하는 대학 졸업자의 수준과 대학에 입학하는 고교 졸업자의 수준이 서로 무관하게 설정되어 있고, 대학입학까지 교육과정의 설계에 산업계와 수학·과학계 등의 목소리가 배제되는 등 여러 면에서 과학기술인재양성에 어려움이 있습니다. 하나씩 짚어보고 해결책을 말씀드리겠습니다.

(1) OECD에서 만15세(고교 1학년) 학생의 읽기와 수학·과학의 학업성취도를 평가하는 PISA 성적이 매년 발표되는데, 한국은 전 세계의 순위권에 있는 것으로 보도되고 있습니다. 그러나 주력산업 분야에서 우리나라와 경쟁분야가 중첩되는 동아시아의 일본, 대만, 싱가폴, 홍콩 등과 비교해보면 한국은 오히려 하위권에 속합니다. 몇 년째 수학과 과학의 성취도가 일본과 대만에게 계속 밀리고 있는데도 교육당국은 세

계 상위권만을 논하고 있습니다. 많은 학생이 선행교육이나 사교육을 받는 우리의 현실을 고려하면 우리의 수학 과학 교육 시스템에 문제가 있음을 알 수 있습니다.

(2) 고교에서 학생의 과목 선택권이 강화되었습니다. 그런데 현실은 대학입시에서 학생의 심화과목선택과 무관하게 입시에 유리한 수능 시험과목을 선택합니다. 전자 기계 화학 등 우리나라 주력산업과 연관된 학과에 진학을 희망하면서도 이 전공 공부의 기초가 되는 물리I, 화학I이나 심화과목인 물리II, 화학II 과목을 수능 시험으로 선택하지 않는 학생이 대부분입니다.

(3) 인문계 고교에서 수험생의 부담을 덜어준다는 취지 아래 가르치는 내용을 10여 년간 계속 줄여가며 선택 후 심화를 강조했습니다. 그러나 심화 내용은 수능에서 배제되며 수험생에게 외면받게 되었습니다. 90년대 초까지 우리나라의 고교 교육과정 내용은 선진국의 이공계 교육을 수용하기에 충분한 수준이었으나, 이제는 동아시아에서 가장 낮은 수준으로 떨어졌습니다. 수학을 여러 과목으로 나누어 선택하게 하면서 일본의 고졸자보다 기본적인 수학 개념을 접하지 못한 학생 수가 늘고 있습니다. 산업별로 대졸자에게 요구되는 교육수준은 과학기술의 발전으로 높아져만 가는데, 우리나라 고졸자에게 가르치는 교육 내용은 자꾸 줄어들며 뒷걸음치고 있습니다. 수학과 물리를 배우지 않고 이해가 부족한 학생이 대학에 들어가기만 하면 저절로 깨닫게 되는 마법이 있어 선진국 대학 졸업자 수준으로 만들 수 있을 것이란 대국민 최면이 진행되고 있다고 볼 수 있습니다. 중고교 과정에서 배우지 않은 개념을 대학에서 단기간에 메우며 선진국 수준의 대졸자를 양성하는 것은 불가능합니다.

표 11-1 PISA 2022 전체 참여국의 영역별 국제 비교

수학		읽기		과학	
국가명	순위*	국가명	순위	국가명	순위
싱가포르	1~1	싱가포르	1~1	싱가포르	1~1
마카오(중국)	2~4	아일랜드	2~9	일본	2~5
대만	2~6	일본	2~11	마카오(중국)	2~5
홍콩(중국)	2~6	한국	2~12	대만	2~7
일본	3~6	대만	2~11	한국	2~9
한국	3~7	에스토니아	2~12	에스토니아	4~8
에스토니아	6~9	마카오(중국)	2~11	홍콩(중국)	4~11
스위스	7~10	캐나다	2~13	캐나다	5~13
캐나다	8~18	미국	2~18	핀란드	6~18
네덜란드	7~26	뉴질랜드	3~17	호주	7~21

*해당 국가가 위치할 수 있는 최고·최하 순위
자료: OECD·교육부, 서울신문 2023년 12월 6일 보도

(4) 중등학교 선생님에게 부과된 과도한 행정에 에너지를 소모하듯, 지난 10여 년간 교육당국의 대학교육에 대한 과도한 개입으로 성인교육, 자율교육을 전제하는 대학에서조차 학생생활 관리, 진로관리, 수업출석관리 등 교육과 연구의 본질에서 벗어난 업무에 교수진의 시간과 노력을 빼앗기는 현상이 일어나고 있습니다.

미국을 비롯한 세계는 지난 10여 년간 수학과학기술(STEM)에 많은 노력을 기울였습니다. 특히 미국의 경우 STEM 교육에 대한 전반적인 설계와 실행에 과학전문가가 주관하도록 교육관련기관보다 과학기술연구지원기관인 국가연구재단(NSF)에게 그 임무를 맡겼습니다. 과학기술과 산업전문가가 세계 시장에서 요구하는 대학졸업자의 이공계 최종 달성수준을 제시하고 이에 맞추어 역으로 초등학교까지 교육과정이 설정되는 방식입니다.

반면 우리나라는 예술(art)과 인문사회과학 마저 함께 녹이겠다는 취지하에 STEAM(Science, Technology, Engineering, Arts, Mathematics) 교육을 교육부 산하 창의재단 주관으로 진행하였으나 미국같이 초중등 과정에서 수학과학 교육이 성공적이었다는 평가를 받지 못하고 있습니다. STEAM 교육이 교육부 산하 초중등교육 공급자 관점에서 기획되었기에 수요기관인 산업계와 이공계 대학의 눈높이에 맞추기가 어려웠고, 방대한 융합분야의 확대까지 구상되었기에 구체성이 떨어졌기 때문입니다. 일례로 NASA를 포함한 미국의 대부분 과학기술연구기관이 STEM에 깊이 관여하는 정책을 표방하는 반면, 우리나라의 과학기술분야에서 참여한다는 한국의 연구재단에는 STEAM 교육에 대한 어떤 내용도 홈페이지에 실리지 않았습니다. 산업과 연구 현장에서 과학기술자가 갖추어야 할 수준부터 역산된 교육과정을 갖춘 미국의 STEM이 성공한 교훈을 우리나라는 이제라도 무겁게 받아들여야 할 것입니다.

이 외에도 과학기술 교육의 큰 문제점은 우리나라의 최고 교육의 결기관인 '국가교육위원회'의 구성원에서 과학기술분야 전문가를 찾아보기 어렵다는 것입니다. 수학과 과학교육은 벽돌을 쌓듯 기초부터 숙련되어야 하는 특수성이 있습니다. 그러하기에 교육과정의 기획에는 과학기술의 수준을 세계와 경쟁하는 인재의 수요자, 즉 산업계와 과학기술계의 전문성이 담보되어야 합니다. 그런데, 국가적 교육의 철학을 엿볼 수 있는 국가교육위원회의 구성에서부터 수학과 과학은 전문성과 특수성이 무시된 채 외면받고 있습니다. 우리나라의 수학·과학교육이 입시부담 경감이라는 사회의 담론에 밀려 경쟁력을 잃어가고 있는 것은 심각한 문제입니다.

지난 10여 년간 정부는 대학에 '사회수요'에 맞게 전공 모집인원을

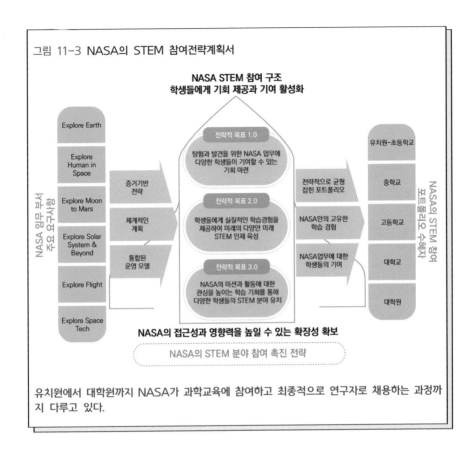

그림 11-3 NASA의 STEM 참여전략계획서

NASA STEM 참여 구조
학생들에게 기회 제공과 기여 활성화

NASA 임무 부서 주요 요구사항

- Explore Earth
- Explore Human in Space
- Explore Moon to Mars
- Explore Solar System & Beyond
- Explore Flight
- Explore Space Tech

증거기반 전략

체계적인 계획

통합된 운영 모델

전략적 목표 1.0
탐험과 발견을 위한 NASA 업무에 다양한 학생들이 기여할 수 있는 기회 마련

전략적 목표 2.0
학생들에게 실질적인 학습경험을 제공하여 미래의 다양한 미래 STEM 인재 육성

전략적 목표 3.0
NASA의 미션과 활동에 대한 관심을 높이는 학습 기회를 통해 다양한 학생들의 STEM 분야 유치

전략적으로 균형 잡힌 포트폴리오

NASA만의 고유한 학습 경험

NASA업무에 대한 학생들의 기여

NASA의 STEM 참여 포트폴리오 수혜자

- 유치원-초등학교
- 중학교
- 고등학교
- 대학교
- 대학원

NASA의 접근성과 영향력을 높일 수 있는 확장성 확보

NASA의 STEM 분야 참여 촉진 전략

유치원에서 대학원까지 NASA가 과학교육에 참여하고 최종적으로 연구자로 채용하는 과정까지 다루고 있다.

개편하라는 요구를 해오면서도 정작 국가의 미래가 달려있는 과학기술 수준 향상을 위한 더 큰 그림은 외면하고 있습니다. 무한 경쟁으로 질주하는 세계에서 대한민국이 리더로 자리매김하도록 인재 강국으로서 교육의 수준과 목표를 설정해야 합니다. 그 목표에 따라 수학과 과학교육을 재설정하도록 산업과 과학기술 전문가가 교육의 틀을 짜는 데 적극 참여할 수 있게 정부와 정치권이 길을 만들어 주어야 합니다.

NASA가 STEM 교육에 참여하는 전략에서 밝힌 최종단계는 우리

STEAM 교육이 놓친 것을 다시 돌아보게 합니다. 최종적으로 STEM 교육으로 성장한 학생을 NASA의 연구자로 채용하겠다는 것입니다. 진정 '사회수요'를 맞추려 한다면 최전선에 있는 산업전문가와 과학기술자가 초등학교부터 대학까지 교육의 수준과 과정을 설계하는 데 참여해야 합니다.

심각한 학령인구 감소 상황에서 국가경쟁력의 핵심이 되는 과학기술 분야에 인재를 지속적인 유입할 수 있는 국가적 차원의 통합 전략은 무엇인가요?

조용훈 저출산의 여파로 인하여 학령인구가 급격히 감소하는 가운데, 소규모의 초등학교가 큰 폭으로 늘어나고 폐교하는 초중고 학교도 2023년 대비 1년 사이에 약 2배 늘어난 것으로 조사되었습니다. 특히 지방 소재 대학의 신입생 모집에 큰 영향을 미쳐서 정원보다 지원자가 적은 대학 및 학과들도 급격히 증가하고 있습니다.

2024년 2월 한국교육개발원(KEDI)에서 발표한 2024~2029년 학생 수 추계에 의하면, 전국 초·중·고교생 수는 2024년 약 513만명에서 2026년 약 483만명으로 감소하고, 예상 학령인구는 2027년 약 466만명에서 2029년 약 428만명으로 꾸준한 감소세가 이어질 것으로 예측됩니다. 특히, 초등학교 취학생 수에서 감소 경향이 뚜렷한데, 초등학교 1년 취학생 수는 2024년 30만명 수준에서 2029년에는 24만명 수준으로 감소할 것으로 예상됩니다.

이와 같은 급격한 학령인구 감소로 인해 사회적으로 많은 분야에서 인력 감소가 예상되는 가운데, 과학기술 분야에서의 핵심 인재 감소

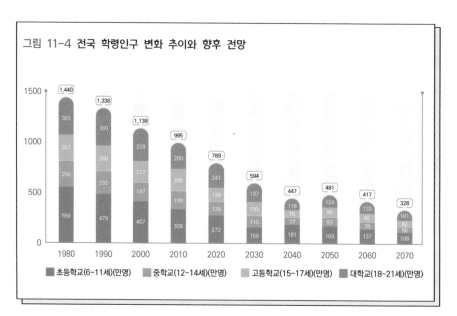

그림 11-4 **전국 학령인구 변화 추이와 향후 전망**

■ 초등학교(6~11세)(만명) ■ 중학교(12~14세)(만명) ■ 고등학교(15~17세)(만명) ■ 대학교(18~21세)(만명)

자료: 충남일보(통계청 자료)

는 학술적인 관점뿐 아니라 경제적인 입장에서 국가 경쟁력 하락으로 이어지게 될 것이 자명합니다. 이에 과학기술 분야에 인재를 지속적으로 유입하기 위해서 국가적 차원에서 다양한 관점에서 통합 전략을 마련하는 것은 어느 때보다 중요하고 시급한 상황입니다. 당연히 저출산 시대 극복을 위해 출산율을 높일 수 있도록 국가 차원의 전략과 노력이 동시에 진행되어야 하겠습니다만, 여기서는 현 상황에서 어떤 요인들을 점검하고 진행해야 하는지에 대해 논의하고자 합니다.

과학기술 분야의 지속적인 인재 유입을 위해서는 ▲초중고 및 고등교육 과정에서 과학기술에 대한 호기심을 기반으로 지속적인 흥미를 갖도록 실습 및 프로젝트 중심의 교육 체계를 갖추는 것이 효과적이며, ▲전공을 택하고 연구를 진행하였을 때 연구 인프라와 연구비 지원을 통해 연구 수행에 연속성이 있도록 하고 장벽이 생기지 않도록 해야 합니다. ▲ 의대 지망생에 우수한 인재들의 지원이 몰리는 현 상황들을 고려할 때, 과학기술 분야의 전공을 택하고 산학연 분야에 진출하였을 때의 근무환경과 처우를 충분히 개선하여 과학기술 분야 연구자로서의 긍지를 느끼고 국가 차원의 지원이 충분히 되도록 하는 것이 필수적입니다.

첫째, 과학기술 분야의 지속적인 인력 양성 강화를 위하여 **초중등 및 고등 교육을 통하여 보다 연속적이고 일관성 있는 교육 체계를** 마련하는 것이 중요합니다. 초중등 교육에서 실험과 프로젝트 기반 학습을 확대하여 학생들의 흥미를 유도하고, 과학, 기술, 공학, 수학(STEM) 교육을 강화하는 것이 중요하며, 고등 교육에서는 첨단 연구 장비와 시설 인프라를 구축하여 국제적 경쟁력을 갖춘 연구 환경을 제공해야 합니다. 또한, 이렇게 양성된 과학기술 전문인력들이 사회에 진출하는 데 어려움이 없도록 다양한 산학연 협력체계를 구축하는 것이 중요할 것입니다. 이를 통해 인턴십과 실습 기회를 확대하고 산업체 맞춤형 교육 프로그램도 활성화 될 수 있습니다. 한편, 국가 전략적으로 시급하고 중요한 핵심 분야의 인력 양성을 위해서는 기존의 교육 체계를 따라 지원하는 방법뿐 아니라, 이미 사회활동을 하고 있는 기존 인력에 대한 재교육 및 경력 개발을 지원하는 체계도 매우 중요합니다. 이러한 재교육 시스템은 최근 반도체 분야의 인력난과 같이 국내 핵심 산업 발전과 직접적으로 연관 있는 경우 효과적일 것입니다.

둘째, **연구 인프라를 충분히 구축하고 연구비 지원을 확대**하여 과학기술 분야에 인력이 지원하고 연구를 수행하는 데 발생되는 여러 장벽들을 제거해야 합니다. 연구 시설과 장비 구축 없이는 이에 상응하는 교육을 받기 어렵고 실질적인 연구를 수행하는 데 더 많은 시간과 노력이 소요되는데, 문제는 국제적인 연구 경쟁에서 시간적으로 뒤처지게 되어 후발주자를 면하기 어렵게 된다는 점입니다. 기초 분야와 응용 분야에 걸쳐 연구비를 잘 배분하여 사용하도록 하되, 선도적인 분야에서 새로운 아이디어 창출을 위한 기초 분야 활성화에 더욱 투자를 강화할 필요가 있습니다. 또한, 연구 관련 행정을 간소화하여 중요한 시간을 연구 행정보다는 연구 자체에 집중하여 사용할 수 있도록 환경을 구축하는 것이 매우 중요합니다.

셋째, 지속적으로 과학기술 분야의 인력을 유입하기 위해서는 무엇보다 **사회 진출 후에 근무환경과 처우가 매우 중요**합니다. 이를 위해 현재 사회에 진출하여 과학기술 분야에 종사하는 연구자들에 대한 동기부여와 근무 환경을 살펴야 할 것입니다. 특히, 해외로 인력 유출이 되지 않도록 고등교육부터 사회 진출에 이르기까지 급여와 복지 혜택을 제공하여 우수한 인재들이 국내에서 과학기술 분야를 선도할 수 있는 사회적 보상 체계를 잘 마련해야 합니다. 근무 시간 위주의 형식적인 관리보다는 연구 특성을 고려하여 일과 삶의 균형이 잘 유지될 수 있도록 유연한 근무 체계를 확보하는 것도 중요합니다.

넷째, 국가 정책 지원 차원에서, **과학기술 전문가들이 장기적인 비전을 수립하고 이를 실현하기 위한 로드맵을 마련**하는 것이 중요한데, 한 번 수립한 내용을 그대로 유지하는 것이 아니라 급변하는 국제적인 과학기술 발전 상황과 국내의 강점을 잘 살펴 주기적으로 수정 보완하는 작업이 중요합니다. 또한 연구자들에 대한 신뢰를 기반으로 연구 개발을 저해하거나 지연하는 규제를 완화하고 지원할 수 있는 환경을 조성하여 혁신적이고 창의적인 연구가 활성화될 수 있도록 할 필요가 있습니다.

　다섯째, 국제적으로도 경쟁력 있는 인재를 확보하기 위해서는 **고 등 교육 단계부터 국제적으로 경쟁력을 갖춘 국내외 산학연 기관에서 연수할 수 있는 기반**을 만들고 교류할 수 있도록 지원체계를 갖추어야 합니다. 국제 학술대회, 세미나, 국제 협력 연구를 통하여 국내 연구기 관의 국제적 인지도를 꾸준히 높여가야 하며, 이러한 국제적인 경험과 노하우를 바탕으로 국내에서 활동하는 적극적인 지원 기반을 갖추도록 하여, 사회 진출시 해외 인재 유출이 되지 않도록 하는 방안을 강구해야 합니다. 나아가 해외의 우수한 과학기술 인력들이 국내에서 교육 받고 사회에서 자리잡고 활동할 수 있도록 다양한 정책을 고려해야 합니다.

　여섯째, 과학기술 분야의 **호기심에 기반한 대중 문화 확산의 중요 성**에 대한 것입니다. 특히, 초중고 교육에 있어서 부모님과 선생님의 역할과 영향이 매우 중요하며, 대중의 과학기술에 대한 인지도는 청소 년들의 고등교육 기관의 진로에도 큰 영향을 미치게 됩니다. 대중 강연, 과학 축제, 전시박람회, 대중 매체 및 소셜 미디어를 통한 다양한 프로 그램 개발 등을 통하여 과학기술이 대중에게 보다 친밀하게 다가갈 수 있도록 해야 합니다. 물론 최근 새롭고 흥미로운 연구 결과를 이해하기 쉽도록 풀어서 전달하는 것도 중요한 부분입니다.

　상술한 다양한 관점에서 국가적 차원의 통합 전략을 펼칠 수 있다 면, 최근의 인구 절벽 환경 속에서도 과학기술 분야에 인재를 지속적으 로 유입하고 국가의 과학기술 경쟁력을 강화할 수 있는 길을 찾는 데 도움이 될 수 있을 것으로 기대됩니다.

과학기술 분야에 부족한 인적 자원을 글로벌 우수인재 유치(brain gain)를 통해 유입하는 경우 고려해야 할 사안들은 무엇인가요?

조용훈 국내 저출산과 학령 인구 감소로 인한 어려운 상황에서 과학기술 핵심인력의 감소 문제에 대한 적극적인 대처가 중요해지고 있는 가운데, 과학기술 분야의 지속적인 발전을 위한 인적 자원을 확보하기 위해서는 국내뿐 아니라 국제적으로 우수한 인재를 꾸준히 유치하는 노력을 동시에 기울여야 할 것입니다.

대학 차원에서는 우수한 해외 학생 유치와 외국인 교원 유치를 들수 있는데, 최근 국내 학령 인구 감소와 더불어 학부와 대학원 과정의 해외 학생 유치가 가속되고 있으며, 외국인 교원 수도 점진적으로 증가하고 있는 추세입니다. 연구소와 기업체에서도 상대적으로 국내 역량이약하고 핵심 인력이 부족한 상황에서 글로벌 우수인재 유치에 적극적입니다. 이와 같이 우수한 외국 학생들과 글로벌 우수인재를 유치하고자 하는 노력들이 진행되고 있는 가운데, 궁극적으로 유치를 통해 국내사회 진출을 하였을 때 이들을 어떻게 한국 사회에 융화되도록 하여 사회와 과학기술 분야에 기여할 수 있도록 할지에 대한 정부 차원의 고민과 적극적인 지원이 필요합니다.

한편, 이미 국내에 거주하고 있는 다문화 학생(친부모 중 한 명이 외국 국적인 국제결혼 가정의 학생이나, 친부모 둘 다 외국 국적인 외국인 가정 자녀) 수도 꾸준히 증가하고 있습니다. 우선 국내 거주하고 있는 다문화 학생 수는 2022년 16만 8천명 수준에서 18만 1천명 수준으로 1만 2천명 수준으로 약 7.4% 증가한 것으로 2023년 교육기본통계에 보고되었습니다. 이는 국내 초·중·고교생이 2022년 532만 7천명 수준에서 2023년 526만 2천명 수준으로 6만 5천명 정도 감소한 상황과 대조적인 상황으로, 저출산 현상으로 초·중·고교생 수는 꾸준히 감소하고 있는 상황에서도 다문화 학생 수는 지속적으로 증가하고 있습니다.

다문화 학생 수는 2025년에는 20만명 수준에 도달할 것으로 예측되고 있고, 초·중·고교생 가운데 다문화 학생 비율은 2023년 기준 3.5%로 꾸준히 상승하고 있습니다. 참고로, 다문화 학생은 크게 국제결혼가정과 외국인 가정으로 나뉘는데, 전체 다문화 학생의 약 72%가 국제결혼가정의 국내출생 다문화 학생이며, 약 22%는 외국인 가정학생, 약 6%는 국제결혼가정의 중도입국 학생으로 조사되었습니다.

따라서 외국에서 거주하고 있는 우수한 학생과 인재들에 대한 유치를 적극적으로 추진하고, 다른 한편으로는 현재 국내에 거주하고 있는 다문화 학생에 대한 포용성 있는 교육 정책과 지원을 통하여 한국 사회와 잘 융화되어 일원이 되도록 하고 과학기술 분야에도 기여할 수 있도록 하는 방법을 국가 차원과 소속 기관 차원에서 함께 고민해야 합니다.

특히, 과학기술 분야의 우수한 글로벌 인재를 발굴하고 유치하기 위해서는 국내 상황에 익숙하지 않은 외국인 관점에서 바라보고 지원할 수 있도록 노력해야 하는데, 궁극적으로 이들을 내국인으로 인식할 수 있도록 국민적 정서와 산업체의 인식도 함께 크게 개선되어야 할 것입니다. 그러나, 이는 그 동안의 국내 환경에 비추어 보면, 보다 국가 차원의 많은 노력과 국민의 인식 변화가 필요한 일입니다.

일반적으로 다문화 또는 글로벌 인재들이 잘 적응하는 데 필요한 교육에는 한국어와 한국 문화에 대한 적응 교육, 한국 문화와 집단에 대해 긍정적인 태도를 갖도록 하는 정체성 교육, 그리고 집단 사이의 편견이나 갈등을 해결해 주는 공동체 교육을 포함합니다. 그리고, 편견과 차별을 없애기 위한 다수자들 대상의 소수자 이해 교육도 매우 중요합니다. 이렇게 포용적인 환경이 마련되어야만 이미 한국에 거주하고 있거나 유치하고자 하는 우수 해외 과학 인재들을 한국에 뿌리를 내리고 만족감을 느끼면서 사회에 기여하고 생활할 수 있을 것입니다.

핵심 과학기술 분야의 우수한 인재는 해외 어느 곳에서 일하더라도 높은 급여와 복지 혜택을 받을 수 있다는 점을 염두에 두고, 국제적으로 경쟁할 수 있는 임금, 자녀 교육비, 의료비, 주거 지원 등의 정주 여건을 고려한 혜택을 제공할 수 있어야 합니다. 또한 충분한 정착 연구비를 마련하여 초기부터 안정적으로 연구에 집중할 수 있는 환경을 마련하는 것이 매우 중요합니다. 덧붙여, 우수한 인재가 쉽게 국내에 이주할 수 있도록 비자 절차 등 입국 절차를 간소화하고 가족들이 함께 이주할 수 있도록 하여 장기간 한국에 체류할 수 있는 제도적 기반을 마련할 필요가 있습니다.

한국으로 이주하여 연구하더라도 학문적 자유와 독립을 보장하고 혁신적이고 창의적인 연구에 매진할 수 있는 환경이 중요한데, 첨단 장비와 연구 인프라를 갖출 수 있도록 하여 이주시 새로운 연구 환경에 적응할 수 있다는 확신을 갖도록 해야 합니다. 또한, 국내에서 연구를 하는 경우 본인의 경력 발전에 어떠한 기회를 얻을 수 있는지 잘 정의할 필요가 있으며, 국내 연구 및 생활 환경에 잘 적응할 수 있고 학술적인 발전을 거둘 수 있도록 지속적인 교육과 전문성 개발을 위한 프로그램 개발이 필요합니다. 특히, 문화적 차이를 이해하고 적응할 수 있도록 도와주며, 본인과 가족들이 현지 언어를 쉽게 습득할 수 있도록 하는 체계적인 지원이 큰 도움이 됩니다.

또한, 국제적 네트워킹과 산학연 협력 네트워크를 잘 만드는 데도 도움을 주어 국내외 학술적 교류와 산학연 교류에 접근성을 높여줄 수 있도록 해야 합니다. 본인의 연구 결과와 지적재산권을 보호할 수 있도록 하고, 복잡한 행정 절차를 간소화해 주거나 도와 줄 수 있는 행정 인력을 지원해 줄 필요도 있습니다. 결과적으로 국내에서 연구하면서 생활을 하면 안전한 사회적 보호 장치 속에서 높은 삶의 질을 보장할 수 있다는 확신을 줄 수 있는 제도적 그리고 정서적 지원이 중요하다고 할 수 있겠습니다.

마지막으로 상술한 내용들 이외에 필자가 소속한 대학에서 유치한 외국인 교원들과의 오랜 교류를 통해서 느낀 외국인 입장에서의 어려움을 추가로 설명하고자 합니다. 우선 언어에서 오는 장벽은 한국에서의 생활뿐 아니라 제안서 및 보고서 작성, 각종 회의 및 행정 등 연구 활동에 있어서도 꽤 많은 제한을 줍니다. 또한 자녀 교육이나 가족이 함께 생활할 수 있는 정주 요건이 충분히 갖추어지지 않으면 가족들과 떨어져 지내게 되는 경우가 생길 수 있고, 그 결과 정기적으로 가족들을 만나기 위해 출국하거나 한국에 발붙이게 하는 데에도 장벽으로 여겨지기도 합니다. 이러한 상황들을 해소하기 위하여 번역 및 통역 서비스, 한국어 교육 지원, 별도 행정 지원, 정주 요건 개선, 가족 만남 휴가 제도 등 다양한 관점에서의 지원이 필수적입니다. 다른 한편으로는 담당할 수 있는 적절한 역할을 부여하여 동료로서 원만한 관계를 형성하고 소속 기관의 일원으로서 자부심과 긍지를 느끼도록 하는 것도 매우 중요합니다. 결국은 손님이 아닌 동료로서 지낼 수 있도록 자연스런 환경과 적극적인 지원책을 만드는 것이 핵심입니다.

이와 같은 요소들을 종합적으로 고려하여 정부와 유치 기관 차원의 정책을 수립하고 실행한다면, 글로벌 우수 인재를 효과적으로 유치하여 과학기술 분야의 발전을 촉진하고 국가 경쟁력을 강화하는 데 크게 기여할 수 있을 것으로 기대됩니다.

인구절벽 시대
과학기술인재
확보 · 육성

12

지역균형과 통일을
대비한 과학기술

● ● ●

지역소멸은 더 이상 비수도권의 문제가 아니며 자원의 지리적 불균형에 따른 국
가적 위기를 초래하고 있다. 지역의 교육 및 산업 생태계 활성화에 기여할 수 있
는 지역 과학기술 정책은?

지역 경제가 활성화되면 국가균형발전이 이루어지고 지역의 인구가 늘며 양호한 거주환경이 조성되어 출생률의 증가도 기대할 수 있습니다. 한편, 산업체나 국가기관이 수도권에 모이는 이유는 경쟁력 있는 인재 확보가 수월하기 때문입니다. 장기적으로 지역 격차를 극복하며 수월성 있는 과학기술 연구·교육 생태계를 어떻게 조성할까요?

이공원 　대학진학 연령의 지역인재가 수도권으로 몰리고 수도권에서 직장을 잡으면서 점차 지역의 청년 숫자는 줄어들며 지역경제의 몰락과 소멸을 재촉하고 있습니다. 지역이 발전하려면 청년을 끌어들이는 산업이 있어야 하고 그 산업을 이끌고 갈 중추대학이 있어야 한다는 것은 여러 지역발전 모델에서 제시된 내용입니다. 지역을 광역지자체로 잡게 될 경우 우리나라의 거점국립대학 정도가 지역발전의 중추역할을 할 수 있는 곳이 될 것입니다. 출산율 저하라는 국가적 문제와 지역의 부흥, 그리고 그 연결고리 역할을 하는 지역거점대학의 육성 방안에 대해 말씀드리겠습니다.

　2024년 국토연구원의 출산결정요인에 대한 조사에서 주택가격(매매·전세)이 차지하는 비율이 30.4%, 주변에서 아이 갖는 분위기가 27.9%, 사교육비가 5.5%로 나타났습니다. 서울에 있던 정부 산하기관이 세종시로 옮겨오며 서울에서 출산을 엄두내지 못하던 직원들이 세

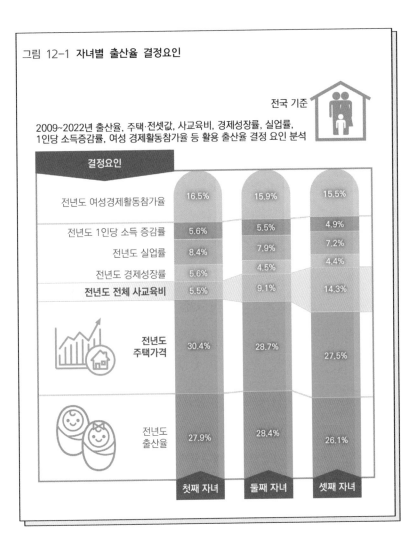

그림 12-1 **자녀별 출산율 결정요인**

전국 기준

2009~2022년 출산율, 주택·전셋값, 사교육비, 경제성장률, 실업률,
1인당 소득증감률, 여성 경제활동참가율 등 활용 출산율 결정 요인 분석

결정요인	첫째 자녀	둘째 자녀	셋째 자녀
전년도 여성경제활동참가율	16.5%	15.9%	15.5%
전년도 1인당 소득 증감률	5.6%	5.5%	4.9%
전년도 실업률	8.4%	7.9%	7.2%
전년도 경제성장률	5.6%	4.5%	4.4%
전년도 전체 사교육비	5.5%	9.1%	14.3%
전년도 주택가격	30.4%	28.7%	27.5%
전년도 출산율	27.9%	28.4%	26.1%

자료: 국토연구원

종시에서 훨씬 저렴한 가격에 부동산을 구입하며 자녀를 갖는다는 얘기는 안정된 직장과 집 장만이 출산율 증가에 큰 영향을 미친다는 것을 단적으로 보여주는 예입니다.

문제는 서울에 집중된 기업을 지역으로 이전하는 것인데, 기업 입장에서 인재를 구하기 용이한 수도권을 포기하기는 어렵습니다. 최근 정치권에서 논의되는 지역과 수도권의 기업에 부과하는 법인세에 차등을 두자는 제안은 지역의 상공인들에게 넓은 지지를 받고 있습니다. 국가 전체 경제 발전에도 도움이 되고 부동산 문제로 경제적 어려움을 겪는 수도권 거주 청년층에게도 가정을 꾸밀 수 있는 좋은 기회가 될 수 있습니다. 법인세의 적용 효과는 유럽의 최빈국 아일랜드가 갑자기 유럽의 최고 국민소득을 자랑하는 나라로 떠오르는 데 큰 역할을 한 바 있습니다. 이처럼 우리나라에도 큰 효과가 있을 것으로 예상됩니다.

지역에 기업과 산업체가 들어와도 여기에 취업할 인재와 산업발전을 위한 연구력을 공급하지 못하면 지역의 매력이 그만큼 떨어지게 됩니다. 지역거점대학의 역할이 그만큼 중요합니다. 지역거점대학이 수도권의 대학 이상의 경쟁력을 확보할 수 있는 방안을 말씀드리겠습니다.

대학알리미의 자료를 정리한 대학교육연구소(사)의 자료를 보면 ([표 12-1]) 등록금 수입이 대동소이한데도 수도권에 위치한 사립대의 학생 1인당 교육비가 지방거점국립대보다 확연히 높은 것을 알 수 있습니다. 대학의 현안을 보도하는 Veritas의 분석 기사를 보면 교육여건, 연구여건이 좋은 수도권 대학에 집중지원되는 것이 당연하다는 논조의 기사를 볼 수 있습니다. 수월성 중심의 사고방식입니다. 정부가 대학의 연구와 교육에 지원이 이루어진 이래로 지역거점대학에 대한 인구대비 예산편성에 대한 개념 없이 수월성과 우수성 위주로 각 사업비 지원이 이루어졌습니다. 당연히 학생모집과 인재영입이 수월한 수도권 국립·사립 대학이 혜택을 보았고, 대규모 초기 투자와 지속적 경상비 지원이

표 12-1 **2019년 대규모 국·사립대 학생 1인당 교육비 비교**(단위: 천 원, 명)

대학명	총 교육비 (A)	재학생 수 (B)	학생 1인당 교육비 (A/B)	대학명	총 교육비 (a)	재학생 수 (b)	학생 1인당 교육비 (a/b)
경북대	488,767,413	28,251	17,301	연세대	1,183,906,203	38,701	30,591
부산대	534,444,077	27,830	19,204	고려대	906,037,765	36,892	24,559
서울대	1,341,205,609	27,784	48,273	경희대	560,605,265	34,016	16,481
전남대	396,471,684	23,624	16,783	한양대	707,942,869	33,148	21,357
충남대	402,220,351	22,773	17,662	중앙대	499,146,577	28,981	17,223
강원대	367,897,922	22,414	16,414	건국대	446,850,218	27,944	15,991
전북대	386,949,798	21,757	17,785	성균관대	755,602,640	27,097	27,885
충북대	283,573,533	16,858	16,821	동국대	381,981,439	25,915	14,740
경상대	270,054,026	16,546	16,321	홍익대	272,447,610	21,987	12,391

* 학생 수: 재학생 수(학부생＋대학원생)
자료: 대학알리미

가능했던 과학중점대학들이 혜택을 보게 되었습니다. 이런 수도권 집중 지원 현상이 수십 년 누적되며 지역 거점대학은 점차 황폐화되어가기 시작하였습니다. 지역에 대한 우선 배정 철학이 없이 수월성 중심으로만 배정한다면 수도권 인구집중은 가속되고 청년의 주거불안정 우려는 높아지며 출산율 저하와 지역소멸은 가속화될 것입니다. 수도권의 기득권을 지키기 위해 대한민국 전체가 희생하는 일은 피해야 합니다.

유럽의 경우 중앙정부와 지방정부가 각 지자체의 인구와 형평성에 연계하여 대학자체를 지원하며, 수월성을 따지며 교수 개인별, 국가기관의 사업별로 지원하지 않습니다. 지방의 거점국립대는 기울어진 균형추 때문에 더욱 지원이 부족하여 서울의 사립대에 뒤처지게 되면서 더욱 경쟁력을 상실하게 될 수밖에 없습니다. 최근 데이터를 확인할 수

표 12-2 2013년 국비 지원액 상위 100개 대학 비교(단위: 천 원)

순위	학교명	전체 지원금	국립대 경상운영비	1인당 지원금	학생 수	설립 구분
(총계)		10,507,432,485	2,767,520,572	3,376	2,292,858	
1	서울대	715,523,284	369,738,000	20,691	16,712	국립대법인
2	KAIST	311,536,483		77,132	4,039	특별법인
3	연세대	175,558,548		9,131	19,226	사립
4	고려대	155,113,252		7,715	20,105	사립
5	부산대	310,062,253	162,403,718	6,811	21,678	국립
6	경북대	316,416,499	177,569,676	5,814	23,882	국립
7	성균관대	137,517,077		7,101	19,365	사립
8	GIST	124,086,481		336,278	369	특별법인
9	전북대	254,947,094	149,177,883	5,594	18,909	국립
10	UNIST	105,142,306		41,773	2,517	국립대법인
11	한양대	101,975,821		6,547	15,577	사립
12	경희대	99,629,577		4,000	24,906	사립
13	전남대	260,880,907	162,543,601	4,749	20,707	국립
14	포스텍	89,580,452		63,532	1,410	사립
15	충남대	198,728,864	116,398,408	4,484	18,361	국립
16	이화여대	81,542,330		5,070	16,083	사립
17	DGIST	80,995,108		539,967	150	특별법인
18	한기대	80,247,037		18,567	4,322	사립
19	인하대	78,716,615		4,226	18,627	사립
20	충북대	198,190,266	119,839,336	5,339	14,674	국립
21	강원대	207,200,882	129,856,701	3,557	21,746	국립
22	경상대	187,785,043	117,220,381	4,723	14,942	국립

없지만 2013년 국립대학별 경상운영비 지급액을 보면 서울대가 3천 7백억 원인 반면, 2위인 부산대는 1천 6백억 원에 머무르고 있습니다. 가장 규모 있는 지방거점국립대가 서울대학교의 절반 수준에 머무르면서 지역거점 대학의 발전을 논하는 것은 균형이 맞지 않습니다. 최소한 서너 개의 국립지역거점대학들이 서울대와 어깨를 나란히 할 수 있을

때, 비로소 지역인재가 지방에 머무르며 지역으로 옮겨온 기업에 취업하여 안정적인 주거생활을 영위하게 되고 출산율이 높아지는, 그야말로 살기 좋은 지방시대가 완성될 것입니다.

AI를 비롯한 21세기 기술 발전을 상징하는 디지털 대전환의 핵심 내용은 무엇이고, 이것이 지역 균형 발전에 미치는 영향은 무엇인가요?

정태옥 앨빈 토플러의 '제3의 물결'에서는 인류 역사를 세 번의 주요 혁명으로 구분합니다. 첫 번째는 농업혁명으로, 이 시기에는 수렵 채집 생활을 하던 인간이 정착하여 농사를 시작하면서 잉여 생산이 가능해지고 노동의 분화가 이루어져 문명 시대가 도래했습니다. 두 번째는 산업혁명으로, 기계와 공장이 도입되어 대량생산이 가능해진 시기입니다. 증기기관과 내연기관 같은 기계의 도입으로 공장제 대량생산 체제가 확립되었으며, 현대 산업사회의 기반이 마련되었습니다. 이에 따라 정치적으로는 1인 1표제가 보장되고, 사회적으로는 대중 매체가 발달하며, 경제적으로는 물질적 풍요와 경제적 번영을 이루어 대중사회를 이끌었습니다.* 세 번째는 정보화 혁명으로, 디지털 기술과 인터넷의 발전이 정보통신 방식을 혁신적으로 변화시켰습니다. 1970년대에는 PC가 등장하고, 1990년대에는 인터넷이 보급되었으며, 2000년대 이후에는 모바일 기술이 발전하였습니다. 초기에는 컴퓨터가 단순한 계산과 메모

---

* 대중사회는 사회 하층민으로 여겨지던 일반 시민들이 1인 1표제를 통해 정치적 주권을 획득하고, 대중 매체의 보급으로 일반 상식이 확산되었으며, 대량 생산 체제로 물질적 풍요 사회가 형성된 것을 의미한다.

리 기능만을 수행했으나, 오늘날에는 연산 작업과 자기주도 학습까지 담당하며 디지털 기술의 일상화와 산업화가 급격히 이루어졌습니다. 이러한 변화로 현대 사회는 지식과 정보에 쉽게 접근할 수 있게 되어 효율성이 크게 향상되었고, 이는 원자 사회로의 변화를 이끌었습니다.[*]

이러한 역사적 흐름 속에서 에릭 브린욜프슨과 앤드루 맥아피는 디지털 대전환을 '제2의 기계시대'라고 표현했습니다. 이들은 디지털 혁명을 산업혁명과 비교하면서, 산업혁명이 육체노동을 기계로 대체한 것처럼 디지털 혁명은 인간의 두뇌 작용을 기계로 대체하는 과정이라고 설명합니다. 제2의 기계시대는 정보화 혁명을 기반으로 한층 더 발전하여, 인공지능과 자동화 기술이 인간의 지적 능력과 결합함으로써 새로운 가능성과 도전을 열어두고 있습니다. 이러한 변화는 중화학공업이 중심이었던 과거의 산업 구조에서 벗어나 ICT 기반의 첨단 기술 산업이 주도하는 새로운 산업 구조로 변화시키고 있습니다.[**] 이는 생산성과 효율성을 극대화하지만, 새로운 산업과 직업을 창출하는 동시에 기존 일자리를 대체하여 대량 실업 가능성을 높입니다.

디지털 대전환을 통해 생산성과 효율성은 크게 향상되었으나, 단순 반복 작업의 일자리 감소와 기술 격차로 인한 사회적 불평등이 심화되고 있습니다. 또한, 개인정보 침해와 사이버 보안 등 법적, 윤리적 문

---

[*] 예전에는 소수 집단으로 여겨졌던 여성, 장애인, 성소수자 등의 욕구가 SNS와 플랫폼을 통해 분출되면서 개인의 고립과 갈등, 분열이 일상화되고 있다. 또한, 저숙련 기술 인력의 실업으로 인해 이러한 현상은 더욱 심화되고 있다. 필자는 이를 기존 대중사회와 비교하여 '원자 사회'로 명명한다.

[**] 첨단 기술 산업은 현대 사회의 발전을 이끄는 핵심 분야로, 정보 기술(IT), 생명 기술(BT), 나노 기술(NT), 우주 기술(ST), 환경 기술(ET), 문화 기술(CT)을 포함한다.

제가 발생하고 있습니다. 이처럼 인공지능이 인간의 역할을 대체하거나 보완하면서 노동 시장, 경제 구조, 교육 및 훈련 시스템 등 사회 전반에 걸쳐 중대한 변화가 예상됩니다. 이러한 맥락에서 디지털 대전환의 의미는 단순히 기술의 진보를 넘어, 인류가 직면한 새로운 도전과 기회를 이해하고 준비하는 과정이라고 할 수 있습니다.

디지털 대전환은 정보통신 방식을 혁신하여, 중후장대(重厚長大)한 상품 중심의 중화학공업 대중사회에서 경박단소(輕薄短小)한 제품의 디지털 산업사회로의 전환을 이끌고 있으며 이는 지역 균형 발전에 큰 영향을 미치고 있습니다. 기존 중화학공업 시대에는 철강, 조선, 건설, 화학 등 산업에서 생산 효율성과 원가 절감이 핵심 가치였으며, 주요 경영 기능이 수도권에 집중되더라도 대규모 공장이 지방에 위치하여 지방 경제가 활성화될 수 있었습니다.

반면, 디지털 대전환 시기에는 R&D와 기술 개발이 산업 발전의 핵심이 되면서 지역 경제에 미치는 영향이 달라지고 있습니다. 기술 발전과 R&D, 산학연계의 중요성이 강조되면서 우수한 대학과 고급 인력이 밀집된 수도권은 유리할 수밖에 없는 구조가 되었습니다. 디지털 시대의 산업은 경박단소의 특성을 가지므로 대규모 공장의 필요성이 줄어들었으며, 그마저도 많은 공장이 외국으로 아웃소싱되는 상황입니다. 이로 인해 지방의 공장과 일자리가 줄어들고, 사람들이 지방에 거주할 이유가 점점 사라지고 있습니다.

특히 청년층이 일자리와 대학을 찾기 위해 수도권으로 이주하는 현상이 가속화되고 있습니다. 2023년 기준 20대 이동률은 22.8%, 30대는 20.1%로 젊은 세대의 수도권 유입이 지속되고 있습니다. 이는 R&D

예산의 절반 이상이 수도권에 집중되고, 주요 대기업, 연구소, 대학이 수도권에 몰려 있기 때문입니다. 국내 상위권 대학의 약 70%가 수도권에 집중되어 있는 상황으로, 수도권의 대학들은 뛰어난 교육과 연구 환경을 제공하고, 산업계와의 협력을 통해 취업에 유리한 조건을 마련합니다. 반면, 지방 대학은 제한된 자원과 인프라로 인해 교육과 연구 역량이 부족합니다. 그 결과, 많은 지방 학생이 수도권으로 이동하고, 졸업 후에도 취업을 위해 수도권으로 다시 이동하는 경우가 많아 지방의 인재 유출과 경제 약화를 초래하게 됩니다.

지방 소멸의 문제도 고조되고 있습니다. 전국 228개 기초자치단체 중 118곳이 소멸 위험지역으로 분류되었으며, 주로 호남, 영남, 강원 지방에 집중되어 있습니다. 인구 유출이 진행되면서 지방의 경제적, 사회적 기반이 약화되고, 지역 소멸의 위험이 현실화되고 있는 것입니다. 지방 소멸은 필연적으로 고령화와 저출산 문제를 동반하며, 이는 다시 인구 감소와 경제 침체로 이어지는 악순환을 일으킵니다.

이러한 문제들은 지역 불균형을 심화시키고 국가적 손실을 초래합니다. 수도권으로의 인구 집중은 출퇴근 시간 증가와 주거 비용 상승 등의 고비용·저효율 구조를 낳아 생산성 저하와 경제적 부담을 가중시킵니다. 예를 들어, 서울에서는 출퇴근 시간이 평균 1시간 이상 걸리고 월세는 80만 원 이상인 반면, 대구에서는 출퇴근 시간이 평균 30분 내외, 월세는 40만 원 정도로 약 2배 차이가 납니다. 이러한 상황은 지방 소멸, 고령화, 저출산 등의 문제를 가속하며, 지방의 경제적 활력을 크게 저하시킵니다. 수도권의 경제적 집중은 지방의 인재 유출을 부추겨 지역 간 불균형을 더욱 심화시키고, 이는 국가 전체의 균형 발전을 저해할 염려가 큽니다. 따라서, 균형 잡힌 국가 발전을 위해 지방 경제 활성화, 인프라 개선, 교육 및 연구 역량 강화 등 다각적인 노력이 필요합니다.

디지털 대전환이 진행됨에 따라 수도권과 비수도권 간의 경제적 격차가 확대되고, 지방의 인구 유출과 고령화가 가속화되어 지방 소멸의 위험이 증가하고 있습니다. 이러한 문제를 해결하기 위해서는 디지털 기반 산업의 지방 이전, 교육환경 개선, 정주 여건 마련 등의 여러 가지 대책이 필요합니다.

첫째, 데이터센터와 같은 디지털 인프라를 지방에도 충분히 배치될 수 있도록 해야 합니다. 현재 국내 데이터센터 187개 중 수도권에 105개소가 있으며, 지방 주요 시도에는 많게는 13개소, 적게는 2개소만이 있습니다. 최근 카카오 서비스 장애 사례를 보면, 데이터센터가 특정 지역에 집중될 때 발생하는 피해는 매우 큽니다. 그러므로 대규모 전력을 요하는 데이터센터를 지방에 분산 배치함으로써 전력망의 균형을 유지하고 수도권의 전력 과부하를 완화할 수 있습니다.

아울러, 지방에 데이터센터를 유치하면서 IT, BT, NT 등의 첨단 산업을 지방으로 이전시키고 필요한 여건을 마련함으로써, 일자리 창출과 지역 경제 활성화를 도모할 수 있습니다. 이러한 분산 배치는 국가 전체의 디지털 인프라 안정성을 높이는 데 중요한 역할을 할 것입니다.

둘째, ICT 관련 민간 기업과 공기업의 연구개발(R&D) 기능을 지방에 유치해야 합니다. R&D 센터가 지방에 위치하면 관련 산업의 발전과 함께 고급 인력의 유입을 촉진할 수 있으며, 이를 통해 지역 내 기술 혁신과 경제 성장이 이루어질 수 있습니다. 이와 더불어, 지역 거점 대학들과 협력하여 연구개발을 추진해야 합니다. 특히, 지역 거점 국립대학과 같은 주요 지방 대학들에 대한 지원을 강화하여 연구 및 개발 역량을 높여야 합니다. 지방 고등교육기관의 졸업생들이 지방 직장에 대한 만족도가 높다는 점을 활용하여, 지방 대학과 지역 기업 간의 협력 프로그램을 강화함으로써 인재들이 지역에 정착하고 지역 경제에 기여할 수 있도록 유도해야 합니다.

셋째, 정주 여건을 개선하여 유능한 인재들이 지방에서 만족스럽게 살아갈 수 있도록 해야 합니다. 이를 위해 주거와 교통을 개선하고, 수도권 수준의 교육 시설, 의료 서비스, 문화 공간, 레저시설을 확충해야 합니다. 또한, 공연장과 박물관 같은 문화시설을 강화하여 지방의 생활 환경을 풍부하게 만들어야 합니다. 기업과 인재를 유치하기 위해 법인세, 상속세 등 조세 감면 정책이나 주택 지원과 같은 실질적인 효과를 발생시킬 수 있는 정책과 제도를 마련하는 것도 중요합니다. 이러한 노력을 통해 지방에서의 삶의 질을 향상시키고, 더 많은 인재가 지방으로 유입되는 계기를 마련할 수 있습니다.

결론적으로, 디지털 대전환이 가져오는 지방 소멸 문제를 해결하기 위해서는 현실적 문제를 타개할 수 있는 다각적 접근이 필요합니다. 디지털 관련 기능과 고급 인력의 지방 정착을 촉진하고, 지방의 R&D 역량을 강화하며, 인프라 확충과 생활 환경 개선을 통해 지방의 경제적 활력을 회복할 수 있습니다. 이를 통해 국가 전체의 균형 발전과 미래 세대를 위한 지속 가능한 발전을 도모하기를 기대합니다.

북한은 분단 후 세계 최빈국으로 전락했음에도 핵무기를 개발하고 세계 최강의 사이버 해킹 실력을 보유하고 있는데, 북한의 과학기술 수준은 어느 정도인가요?

김소영 북한은 1960년대 초 경제발전을 위한 핵심 노선으로 '과학기술 중시'를 천명했습니다. 1998년 출범한 김정일 정권은 '강성대국 건설'을 국정 목표로, '과학기술 발전'을 국정과제로 내세웠습니다. 2011년 권력을 세습한 김정은은 36년 만에 2016년 제7기 당대회를 개최해 '과학기술강국' 구상을 제시했습니다. 이 구상에서는 과학기술강국을 과학기술이 세계 첨단 수준에 올라선 나라, 과학기술의 주도적 역할로 경제, 국방, 문화 등 모든 부문이 급속히 발전하는 나라로 규정하고 사회주의 강국을 실현하기 위해 선차적으로 달성해야 할 목표로 제시했습니다.

제7차 당대회에서 제시된 과학기술강국 실현 과제들은 북한이 그간 추진해 온 과학기술정책을 집대성한 것으로 크게 세 가지로 나뉩니다. 첫째는 과학기술 인재를 양성하기 위한 '전민과학기술인재화', 둘째는 국가적 차원의 과학기술 지도관리체제 확립으로 연구개발 분산과 중복 방지 및 첨단기술산업화 등 전략목표 실현, 셋째는 과학기술에 대한 국가적 투자 확대 및 연구기관과 대학의 첨단기술제품 생산 확대입니다. 이에 따라 북한의 과학기술 부문 예산지출은 전년 대비 증가율이

표 12-3 제7차(2016년) 및 제8차(2021년) 당대회 과학기술 부문 주요 내용

구분	주요 내용
제 7 차 당대회	**목표: 과학기술 강국 건설** – "과학기술력은 국가의 가장 중요한 전략적 자원이며 사회발전의 강력한 추동력" – 첨단돌파전, 정보기술, 나노기술, 생물공학 등 핵심 기초기술과 새 재료기술, 새 에네르기기술, 우주기술, 핵기술에 집중 – 실용위성들 제작, 발사 – 기계, 금속, 열, 재료 등 중요 부문 기술공학 발전과 성과를 경제 부문에 적극 도입 – 과학기술이 경제 강국 건설에서 기관차 역할 – 에너지, 철강재(주체철), 화학제품(경공업의 국산화·재자원화), 식량문제(농업의 과학화·공업화)의 과학 기술적 해결 – 과학기술과 경제의 일체화, 경제의 현대화, 정보화에서 과학기술이 주도 – 전민과학기술인재화 실현 – 과학기술 부문 연구인력 3 배 확대 – 과학기술 전당을 중심으로 전국적인 보급망 형성(기관·기업소·공장·협동 농장에 국가망으로 연결된 과학기술 보급실 설치) – 과학연구개발체계 정비 및 강화 – 과학기술에 대한 국가투자 증대 – 전 사회적으로 과학기술 중시 기풍 확립 – 지식경제시대의 선도자인 과학자, 기술자들의 사업조건과 생활조건을 보장할 것 – 인민 경제의 현대화, 정보화를 추진하여 지식경제로 전환 – 경제의 현대화, 정보화 실현의 전략적 목표는 생산의 자동화, 지능화, 무인화
제 8 차 당대회	**목표: 국가경제발전 5 개년 계획 기간에 과학기술 수준 발전** – 과학기술 발전은 사회주의 건설에서 중핵적 과제, 최선의 방략 – 과학기술은 사회주의 건설을 견인하는 기관차, 국가 경제의 주요 발전동력 – 국가경제발전 5 개년 계획 수행에서 제기된 긴박한 과학기술문제 해결, 핵심적이고 선진적인 첨단기술개발 촉구 – 국가경제발전 5 개년 계획 달성을 위한 중점과제, 연구과제들로 목표를 정하고 역량 집중 – 국가경제발전 5 개년 계획 기간에 과학기술 수준을 한 단계 발전, 과학자, 기술자들과 생산자들 간의 창조적 협조 강화 – 과학기술 발전을 위한 당적·국가적·행정적 지도·관리체계를 바로 확립, 과학연구 성과 상호 공유 – 전민과학기술인재화 사업 지속 – 체신 부문에서 통신 하부구조의 기술혁신, 이동통신기술을 발전시켜 차세대통신으로 이행

자료: 「로동신문」, 2016년 5월 7일, 2021년 1월 9일

2016년 5.2%, 2017년 8.5%, 2018년 7.3%, 2019년 8.7%, 2020년 9.5%로 계속 올라가는 추세입니다. 다만 2021년 코로나19 위기 속에서 증가율이 1.6%로 급감했습니다.

북한의 체제적 특수성으로 인해 북한의 과학기술 수준은 남한이나 외국과의 단순 비교가 쉽지 않습니다. 특히 논문 편수처럼 계량적 비교 평가가 가능한 분야의 경우 대부분 북한 내 학술지에 발표되어 국제 비교가 어렵습니다. 최근 북한의 과학기술 수준을 분석한 한 보고서(이춘근 2022)에 따르면, 생물공학(BT)의 경우 2016~2019년 사이 국가과학원 학술지 「생물학」에 총 936편의 논문이 게재되었는데, 부문별로 농업이 196편(20.9%)로 가장 큰 비중을 차지하였고, 수의축산(171건, 18.3%), 보건의료(164건, 17.5%) 논문이 그 뒤를 이었습니다. 한편 김정은 집권 이후에는 세포공학, 효소공학, 유전자공학, 생명체 게놈 해석 등 현대생물공학이 부상하는 현실에 주목하지만 뚜렷한 학술 연구 성과보다는 미생물살균제 개발이나 천연건강식품 등 실용적인 성과가 간혹 보도되고 있습니다.

반면 IT의 경우 기술과 산업이 비교적 빠르게 발전해왔습니다. 북한은 2001년부터 IT 인재 육성을 위해 금성 제1, 2고등중학교에 컴퓨터 수재 양성기지를 만들고, 2012년에는 국가과학원의 컴퓨터연구소를 정보과학기술연구소로 확대하였습니다. 소프트웨어 분야에서는 MS 윈도우 프로그램의 보안 문제로 2008년 '붉은별'이라는 자체적인 운영체제를 개발했는데 2018년 '붉은별 4.0'을 업그레이드해 보급했습니다. 동 운영체제를 개발한 '붉은별연구소'는 2021년 10대 우수 정보기업으로 선정되기도 했습니다. 또한 스마트폰('손전화') 사용자도 전체 인구의 약 19%인 490만 명으로 추산되고 있습니다.

표 12-4 북한 정보화 관련 ICT 기술 수준

구분	판단 기준	평가
정보 제공 기지	수요자 중심의 최신 정보의 적시 제공 능력	60%
공급망	인터넷 백본의 공급 역량	2010년 수준
정보화 단말기	하드웨어의 자체 생산 능력	20%
소프트웨어 개발	자체 개발 및 제품 기획 능력	90%
원격교육	원격교육 프로그램 개발 능력 적시 교육 정보 제공 능력	90%
전자결제 및 인터넷 쇼핑	활성화 및 관련 산업생태계 발전 정도	30%
전체 정보화 구축 수준	정보의 적시 제공 능력 사용자의 활용 정도 및 성과 창출	초기태동 및 학습기

자료: 이춘근(2022)

특히 블록체인 기술이 상당히 앞선 것으로 평가되는데, 비트코인, 이더리움 등 암호화폐 채굴이나 작업증명은 물론 블록체인 플랫폼에 대한 51% 공격까지 연구하고 있는 것으로 알려졌습니다(51% 공격이란 블록체인 네트워크상 의사결정에 필요한 연산력을 50% 이상 확보한 후 거래내역을 조작하는 공격을 뜻합니다). 이와 관련해 2022년 UN 안보리 대북재제위원회에서는 북한이 암호화폐 거래소 해킹으로 핵미사일 개발 자금을 조달해왔다고 적시한 바 있습니다.

한편, 북한은 로켓 기술을 집중적으로 개발해왔습니다. 북한은 1998년 8월 이래 현재까지 총 4차례의 액체 연료 엔진 기반 우주발사체를 발사했습니다. 이때 발사된 4개의 인공위성은 궤도 진입에 실패하거나(백두산 1호, 은하 2호), 비정상 혹은 부분적으로 운영되고(은하-3호, 광명성-4호) 있는 것으로 파악됩니다. 김정은 시대에 들어서는 고체 연료 엔진을 탑재한 중거리 미사일 개발을 추진해 2016년 첫 고체 엔진 미사일 북극성 1호 시험 발사에 성공했습니다. 한미 정보당국에서는 우주발사체와 미사일이 사실상 최상단 탑재물 차이라는 점에서 북한이 주장하는 로켓이 탄도 미사일로 규정하고 감시해왔습니다.

북한의 과학기술정책에서 주목할 점은 과학기술인력에 대한 파격적 우대와 과학기술 교육 강화입니다. 북한은 2016년 제7차 당대회에서 과학기술 부문 연구자를 3배 이상 늘리기로 하고 성과에 대한 보상 강화의 일환으로 국가 최우수 과학자를 신설했습니다. 또한 은하과학자거리, 미래과학자거리, 연풍과학자휴양소, 위성과학자주택지구, 김책공업종합대학 교원살림집 등 과학기술자들을 독려하기 위한 시설도 크게 확충했습니다. 이 중 가장 먼저 준공된 은하과학자거리는 핵실험에 기여한 국방과학원 연구자들을 위해 주택 21개동, 탁아소부터 고급중학교에 이르는 교육시설, 각종 공원과 식당, 상점으로 구성되어 있고, 이어 2014년 준공된 위성과학자주택지구는 국가과학원 소속 과학자들을 위해 주택 24개동, 과학자병원, 온실, 공원 등으로 구성되어 있습니다.

김정은 정권은 앞서 언급했듯이 '전민과학기술인재화'를 추진하고 있는데 이전 김정일 시대와 달리 과학자, 기술자만이 아니라 노동자, 농민 등 모든 인민이 이공계 대학 졸업 수준의 과학기술 지식을 갖추는 것을 목표로 하고 있습니다. 이를 '새 세기 교육혁명'이라 칭하면서 중등 및 고등교육 전반에 과학기술 교육 비중을 확대하고 있습니다.

통일을 대비해 과학기술 분야에서 남북한은 어떻게 협력할 수 있나요?
궁극적으로 통일이 되면 어떻게 두 과학기술체제를 통합할 수 있을까요?

김소영 박근혜 정부 시기 통일대박론, 문재인 정부의 한반도 평화 프로세스 등 지난 10여 년 남북관계 재정립, 남북 교류협력 등 통일에 대비한 남북 공동의 노력에 대한 관심이 부쩍 커졌습니다. 최근 신냉전이라 불리는 미중 기술패권 경쟁과 남북관계 악화 속에서 남북 과학기술 협력에 대한 논의는 상대적으로 부진합니다. 그러나 과거 미소 화해 과정이나 독일 통일에서 과학기술이 평화의 메신저 역할을 맡았다는 역사적 교훈을 감안할 때 통일 대비 과학기술 협력과 체제 통합 방안은 지속적으로 모색해야 하는 과제라 할 수 있습니다.

남북한은 오랜 분단으로 과학기술 분야 역시 체제 격차가 심화되었습니다. 북한은 국내산 원료와 기술에 치중하는 자립적·폐쇄적 기술혁신체제를 형성한 데 비해, 남한은 수출경제와 개방을 중심으로 과학기술혁신체제가 형성되어 왔습니다. 김정은 시대에 들어 지식경제 및 국제 비교우위 강조, 연구개발체제 개편 등의 개혁 조치로 남한 과학기술체제와의 상보성이 증가하고 있으나, 최근 경색된 남북관계 국면에서 남북한 과학기술 분야 협력을 지속하기는 쉽지 않은 상황입니다.

참고로 독일 통일 사례를 보면, 동서독은 1987년 과학기술협력협정을 맺고 동독의 기술 수준을 반영해, 27개 분야별 협력을 진행하면서 원활한 교류를 위해 상호 연락사무소를 설치·운영했습니다. 당시 동독은 현재 북한과 유사하게 과학원을 중심으로 과학기술 연구개발이 집중화된 체제였습니다. 베를린장벽 붕괴 이후 1990년 동서독 과학기술 장관회의에서 체결한 동서독 과학기술체제 합의에서는 (1) 통일 독일의 과학기술통합체제가 서독과 같이 분화된 구조여야 하고, (2) 동독의 과학원을 새로운 연구개발체제로 전환하고, (3) 동독 기업이 기존의 연구개발 능력을 유지하며 서독과 유사한 혁신 역량을 구축한다는 3대 원칙을 세웠습니다. 이에 통독 이후 독일은 동독 과학원을 해체하고 동독 연구소들을 통합해 막스플랑크와 프라운호퍼 산하 연구소들로 편입시켰습니다. 아울러 동독의 드레스덴을 유럽의 실리콘밸리로 육성함으로써 통일 독일의 세계 강국 도약의 발판을 마련한 것으로 평가되고 있습니다.

2015년 분단 70주년을 맞아 STEPI가 발간한 통일 대비 남북한 과학기술 협력과 체제 통합 방안 보고서에 따르면 동서독 통일 사례를 비추어 볼 때 통일로 인한 급격한 환경 변화 시 단순히 남한의 과학기술체제를 이식하지 않도록 주의할 필요가 있다고 지적하고 있습니다. 즉, 장기적 관점에서 북한의 과학기술체제 전환을 위해 남북한 과학기술체제를 일정 기간 공존시킬 필요가 있는데, 연구인력이나 연구기관의 급격한 이동이나 통합을 지양함으로써 시스템 전환의 충격 완화하고 가급적 북한 과학기술체제의 자생적 전환을 이끌어내자는 것입니다.

북한에는 인구 대비 상대적으로 많은 우수인력이 과학기술 분야에 포진해 있는데 이들을 남한 연구기관으로 이주시키기보다는 상당 기간 통일 후 체제에 적응할 수 있도록 하드웨어와 소프트웨어 차원의 연구 지원을 세심하게 추진함으로써 북한 지역 내 연구개발 경쟁력을 최대한으로 끌어올리는 것이 바람직합니다. 실제로 통독 직후 동독 과학자들이 서독으로 많이 이전했지만 별다른 효과를 얻지 못했고, 남한 이주 시 관습·언어 등의 차이로 소외되기 쉬운 상황을 감안할 때, 북한 내 과학기술인력이 자체적으로 개방적 연구 환경에 적응하도록 돕는 것이 훨씬 효과적이겠습니다. 예컨대 북한 지역 과학자들의 외국 연수나 파견 등을 통해 선진과학기술 습득과 개방적 연구 협력 문화를 제고함으로써 남북한 과학기술체제 통합이 훨씬 수월하게 이루어질 수 있습니다.

2015년 국가과학기술자문회의의 〈남북통일 대비 과학기술 협력〉 정책 제언에서는 남북과학기술 공동연구사업을 단계적으로 확대해 협력 기반을 마련하자고 제안합니다. 이를 위해 (1) 식량·에너지와 같은 민생 과학기술 분야에서 인프라 등 통일준비 분야로 점진적으로 공동연구사업을 확대하고, (2) 국가과학기술연구회 내 출연연 남북협력 전담주서 설치 등 전문가 협의체를 구성하고, (3) 남북과학기술 공동학술대회 개최 및 학술교류단 교환 등 다양한 활동을 제시하였습니다.

참고로 우리 정부는 2000년대 과학기술부 "남북과학기술교류협력사업"을 통해 북한 적응형 슈퍼옥수수 남북 공동연구개발(경북대 및 북한 농업과학원), 컴퓨터요원 양성(포항공대 및 평양정보센터), 자생식물 연구(한국생명공학연구원 및 북한 국가과학원), 북한 과학기술 정보 웹사이트 구축(한국과학기술정보연구원 및 북한 국가과학원) 등의 시범사업을 추진한 바 있습니다.

아울러 우리 정부는 남북한 과학기술교류협력의 촉진을 명시한 과

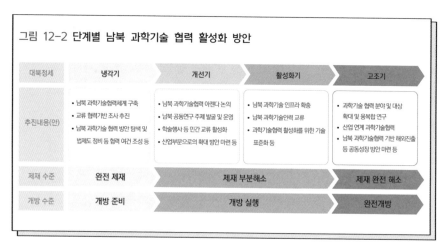

그림 12-2 단계별 남북 과학기술 협력 활성화 방안

대북정세	냉각기	개선기	활성화기	고조기
추진내용(안)	• 남북 과학기술협력체계 구축 • 교류 협력기반 조사 추진 • 남북 과학기술 협력 방안 탐색 및 법제도 정비 등 협력 여건 조성 등	• 남북 과학기술협력 아젠다 논의 • 남북 공동연구 주제 발굴 및 운영 • 학술행사 등 민간 교류 활성화 • 산업부문으로의 확대 방안 마련 등	• 남북 과학기술 인프라 확충 • 남북 과학기술인력 교류 • 과학기술협력 활성화를 위한 기술 표준화 등	• 과학기술 협력 분야 및 대상 확대 및 융복합 연구 • 산업 연계 과학기술협력 • 남북 과학기술협력 기반 해외진출 등 공동성장 방안 마련 등
제재 수준	완전 제재	제재 부분해소		제재 완전 해소
개방 수준	개방 준비	개방 실행		완전개방

자료: 유나리 · 김진하 2020

학기술기본법 제7조에 따라 2003년, 2009년, 2015년 세 차례 "남북 과학기술협력 기본계획"을 수립하였으나 북한의 지속적인 핵실험 강행으로 남북관계가 경색되면서 과학기술 분야 남북한 교류·협력이 난항을 겪고 있습니다. 특히 최근 미중 패권경쟁과 자국우선주의 확산으로 안보 중심의 신 국제질서로의 전환에 따라, 좀 더 장기적인 시각으로 남북한 과학기술협력과 체제 통합을 위한 단계적 전략과 거버넌스가 필요합니다. 예컨대 한반도 정세와 주변 4대 강국 관계에 따라 전반적인 남북협력 수준이 변화하기 때문에 과학기술 분야 역시 남북관계 냉각기와 활성화기 등 대북 정세 변화에 따라 유연하게 협력의제와 범위를 설정해야 할 것입니다.

강봉진. (2023.11.06). 민간 데이터센터 76% 수도권에 편중 … 전력수급 과부하 우려. 매일경제. https://www.mk.co.kr/news/it/10867542

국가과학기술자문회의. (2015). 남북통일 대비 과학기술 협력.

변상정. (2022). 김정은 시대 북한의 과학기술정책: '휘황찬 설계'와 불균형적 발전. INSS 연구보고서.

변학문. (2022). 김정은 집권 10년의 과학기술/ICT 평가. 통일과학기술연구협의회, 북한ICT연구회, 한국정보통신산업연구원 주관 포럼〈김정은 집권 10년의 과학기술 성과와 남북 협력 전망〉발표자료. 2022. 1. 20.

산업연구원. (2022). 수도권·비수도권 간 발전 격차와 정책 방향. p.32.

유나리·김진하. (2020). 남북 과학기술협력 활성화 방안. KISTEP 이슈페이퍼, 2020－18.

유정환·이석주. (2023.09.04). 국가 R&D 예산 절반은 수도권에… 부산은 고작 4.2%. 국제신문. http://www.kookje.co.kr/news2011/asp/newsbody.asp?key＝20230904.99004000670

이극찬. (2010). 정치학. 법문사.

이춘근·김종선·박은혜·남달리. (2015). 통일 이후 남북한 과학기술체제 통합방안. STEPI 정책연구, 2015－20.

이춘근. (2022). 북한의 과학기술 발전 수준 분석 및 정책적 시사점. 한반도평화포럼.

통계청 인구동향과. (2024). 2023년 국내인구이동통계 결과. p.5.

한국고용정보원. (2023). 지역산업과 고용 2023년 봄호. p.113.

에필로그EPILOGUE
글로벌 공급망과 세계 과학기술 지도상의 중추국 대한민국/
기술패권시대, 글로벌 과학기술 5대 강국 구현

우리는 지금 국가의 생존과 안보와 번영이 과학기술 경쟁력에 좌우되는 기술패권시대를 맞이하고 있습니다. 경제의 패러다임이 근본적으로 전환되고 있습니다. 과학기술의 수준과 산업화가 곧 산업경쟁력이며, 삶의 수준이고, 국방력이며 총체적인 국력이 되고 있습니다. 초격차의 기술을 확보하지 않으면 미래의 글로벌 공급망에서 탈락하게 되고 20세기 우리가 이룬 경제적 위상을 유지하기 어려워집니다. 시스템 반도체, 원자력 에너지, 초지능 인공지능기술, 친환경 모빌리티, 양자과학기술, 녹색기술, 바이오, 우주항공기술, 방산 등의 분야에 대한민국의 미래를 걸어야 합니다. 과학기술은 대한민국이 과학기술 선도국가로 세계를 향해 질주하게 해줄 고속도로가 될 것입니다.

기술패권시대, 대한민국의 미래 지속가능성과 번영을 위한 5대 과학강국 국가 비전을 향하여!

우리나라 과학기술은 지난 반세기 양적 측면에서 경제 성장 못지 않은 놀라운 발전을 이룩했습니다. 그러나, 연구 성과의 질적 우수성은 아직 부족합니다. 노벨과학상 수상자를 한 명도 배출하지 못했고,

국제특허 4대 강국이지만 기술무역수지는 0.77로, 매년 약 4조 원의 기술수입료를 지불하고 있습니다. 이런 문제의 근원은 새로운 지식이나 경제적 가치 창출 효과가 미미한 추격형 연구를 수행해 왔기 때문입니다.

이에 사단법인 인구와기후그리고내일(PACT)이 과학기술을 육성하는 싱크탱크의 활동을 전개함에 있어서 다음과 같은 핵심과업을 추구해 나가고자 합니다.

첫째, 세계적으로 최고(Best), 최초(First), 유일한(Only) 연구, 소위 'BFO 연구'를 추구하는 '글로벌 선도형 연구'가 이루어져야 합니다. 무엇보다 정권을 초월한 장기적 국가 과학기술 정책이 필요합니다.

새 정부가 들어설 때마다 정부 주도의 위원회를 만들어 국가 과학기술 계획을 단기간에 급조하였습니다. 그러나 이런 계획들은 국가의 지속적인 발전 전략으로 남지 못하고 5년 후 정권 퇴진과 함께 사장되고, 추진하던 사업은 대부분 다음 정권에서 중단되곤 하였습니다. 한 정권의 홍보용으로 그친 것입니다. 이제 우리도 전략 수립에서 집행까지 정부가 모두 주도하는 개발도상국 국가 운영체제에서 탈피하여야 합니다. 이런 문제점을 개선하기 위해 30여 명의 전문가로 구성된 상근 체제의 『(가칭)국가과학기술전략위원회』를 설치하여 운영할 필요가 있습니다. 위원들은 과학기술 전문 분야에서 오랜 기간 국제적 수준의 연구 업적을 쌓고, 아울러 정책 기안 능력을 겸비한 과학기술인으로 구성해야 합니다. 이들에게 국가 과학기술 발전 장기계획과 전략수립을 마련하게 하고, 정부는 이를 집행하며 정권을 초월·계승 발전시킨다면 과학기술 강국 진입이 앞당겨질 것입니다.

둘째, 과학기술 선도국과의 국제협력 연구를 강화해야 합니다. 우리나라 GDP 대비 연구개발비는 지난 30여 년간 지속적으로 증가하여 5.2%(2022년 기준)로 이스라엘 다음으로 높습니다. 그러나, 국가 총 연구개발비는 미국의 1/10 수준, 연구 인력은 중국의 1/5 수준입니다. 이런 부족한 연구자원으로 세계를 선도하는 연구 결과를 창출하기 위해서는 과학기술 강국과의 상호보완적 협업 연구를 추진해야 합니다.

과학기술 국제협력 활성화를 위해서는 국가적으로 『글로벌 연구협력 지도』를 마련하여 범정부 차원에서 관리할 필요가 있습니다. 이 지도에는 우리나라가 추진하는 국가전략 분야의 해외 대표적 연구자 및 차세대 연구자, 그리고 해외 유명 연구기관 연구 성과 데이터가 상세히 수록되어야 합니다. 전 세계에 위치한 167개 재외 공관과 19개 재외 한인과학기술자협회가 정보 수집의 첨병 역할을 하면 좋을 것입니다. 이를 위해 선진국처럼 Science Attache(과학외교관) 제도를 도입하여 과학기술외교 활동을 적극적으로 지원하면 좋을 것입니다.

셋째, 기술패권시대를 대비하여 우수 이공계 인재 유치와 육성이 절대적으로 필요합니다. 이를 위한 '(가칭)과학기술 선진화법'을 시급히 제정해야 합니다. 대한민국이 반세기 만에 이룬 기적적 경제 성장은, 이공계를 선호한 우수 인재들이 반도체, 가전, 정보통신, 자동차, 조선, 철강, 화공 등 첨단 산업을 일으켰기 때문입니다. 지금 우리나라는 우수 인재가 이공계를 기피하고 있습니다. 지방 대학은 말할 것도 없고 서울대를 위시한 수도권 이공계 대학원마저도 정원을 채우지 못하고 있습니다. KAIST 등 이공계 특화대학에 재학하는 우수 이공계 학생들이 대학을 떠나는 사례가 지난 4년간 1,200여 명에 이를 정도로 속출하고 있습니다. 더욱이 최근 의대 증원 여파로 우수 학생들의 이공계 기피 현상이 더욱 심화될 것으로 예상됩니다. 기술패권시대, 과학기술 우수 인재 양성 및 확보는 21세기 대한민국의 명운이 달려있다는 심각성을 갖고 국가 대책을 마련해야 합니다.

이를 위해 지난 2001년 제정된 과학기술기본법(법률 제6353호)을 개정하여 기술패권시대를 대비한 새로운 '과학기술 선진화법' 마련이 시급합니다. 여기에는 초중고 학생들의 과학문해력(scientific literacy) 향상을 위한 STEM(Science, Technology, Engineering, Mathematics) 교육 실시, 이공계 전공 학생들의 장학금 지원, 우수 과학기술인들을 위한 안정적 연구 환경 제공, 글로벌 우수 과학기술인 유치·지원 등에 대해 법제화가 되어야 할 것입니다.

과학기술적 경쟁력의 확보는 대한민국의 생존과 번영을 위한 국가적 과제입니다. 우리나라가 보유한 초격차의 기술이 점차 줄어들고 있다는 우려가 있습니다. 국가와 기업이 쏟고 있는 천문학적인 투자에도 불구하고 왜 정책의 효과가 제한적인지, 어떻게 정책 패러다임을 전환할지 따져봐야 합니다. 우리가 겪고 있는 실존적 위기와 불확실한 미래를 타개해 나가는 데 과학기술은 핵심 해결책입니다.

이제 기술패권시대를 맞이하여 글로벌선도연구, 국제협력 연구, 우수 인재 확보를 기반으로 한 과학기술 정책 패러다임의 전환을 통해 대한민국의 G5 국가 진입에 기여하겠습니다. 대한민국의 미래 발전과 지속가능성을 보장할 과학기술의 발전에 필요한 인재 양성을 위한 교육 혁신, 과학기술 정책, 성과 있는 R&D 투자 등에 대하여 지속적으로 연구하고 정책 대안을 제시하겠습니다. 과학기술 최고 경쟁력의 대한민국, 기술패권국가 대한민국의 비전을 향한 국가 정책 패러다임의 혁신에 기여해 나가고자 합니다.

사단법인 인구와기후그리고내일(PACT) 이사장

국회의원 나경원

집필진 소개

나경원

제17, 18, 19, 20, 22대 국회의원, 前 대통령직속 저출산고령사회위원회 부위원장, 前 기후환경대사

김병필

KAIST 기술경영학부 초빙교수, 前 법무법인(유한)태평양 파트너변호사

김소영

KAIST 과학기술정책대학원 교수·국제협력처장

김재완

고등과학원 前 부원장·석학교수, 한국양자정보학회 초대회장, 퀀텀코리아 조직위원장

김정호

KAIST 전기및전자공학과 교수, 삼성전자 산학협력 센터장, IEEE Fellow

류석영

KAIST 전산학부장, 카카오임팩트 이사장

문제일

DGIST 뇌과학과 교수, DGIST 후각융합연구센터 연구소장, 한국뇌신경과학회 회장

박형순

KAIST 기계공학과 교수·헬스사이언스연구소장, 미국국립보건원 재활로봇연구실 前 책임자

배충식

KAIST 기계공학과 교수, IEA 지속가능 연소기술 한국대표, KAIST 공과대학 前 학장

백홍열

前 항공우주연구원 원장·국방과학연구소 소장

신성철

KAIST 및 DGIST 前 총장·대한민국과학기술협력대사

윤군진

서울대학교 항공우주공학과 교수

이긍원

고려대 반도체물리학부교수, 국가과학기술위원회 전문위원, 고려대학교 기획처장

이우영

연세대학교 언더우드 특훈교수, 한국자기학회 회장, 국가핵심소재연구단 단장

정태옥

경북대학교 데이터사이언스대학원 원장·교수

조용훈

KAIST 물리학과 교수, 국가 양자팹 연구소장, KAIST 자연과학대학 前 학장

황일순

서울대 명예교수, (주) MicroURANUS 대표

PACT 총서 시리즈 Ⅲ
과학기술로 여는 대한민국 내일

초판발행	2024년 9월 5일
지은이	나경원·김병필·김소영·김재완·김정호·류석영·문제일·박형순 배충식·백홍열·신성철·윤군진·이긍원·이우영·정태옥·조용훈·황일순
펴낸이	안종만·안상준
편 집	전채린
기획/마케팅	허승훈
표지디자인	이수빈
제 작	고철민·김원표
펴낸곳	(주)**박영사** 서울특별시 금천구 가산디지털2로 53, 210호(가산동, 한라시그마밸리) 등록 1959. 3. 11. 제300-1959-1호(倫)
전 화	02)733-6771
f a x	02)736-4818
e-mail	pys@pybook.co.kr
homepage	www.pybook.co.kr
ISBN	979-11-303-2090-8 94330 979-11-303-2089-2(세트)

copyright©나경원·신성철 외, 2024, Printed in Korea

정 가   21,000원